MATTHIAS HORX

Zukunft wagen

Über den klugen Umgang
mit dem Unvorhersehbaren

Pantheon

Verlagsgruppe Random House FSC® N001967
Das für dieses Buch verwendete FSC®-zertifizierte Papier
Lux Cream liefert Stora Enso, Finnland.

Zweite Auflage
Pantheon-Ausgabe Oktober 2015

Copyright © 2013 by Deutsche Verlags-Anstalt
in der Verlagsgruppe Random House GmbH
Umschlaggestaltung: Jorge Schmidt, München
Satz: Brigitte Müller
Druck und Bindung: CPI books GmbH, Leck
Printed in Germany
ISBN 978-3-570-55280-3

www.pantheon-verlag.de

Inhalt

Im Keller meines Vaters
Vorwort   7

1 Der apokalyptische Spießer
Wie uns die Zukunft abhandenkam   17

2 Der Fahrstuhl-Effekt
Warum die Welt durch Wohlstand immer
schlechter wird   36

3 Wie ich in die Zukunft kam
Die Utopien meiner Kindheit   58

4 Das magische Denken
Wie nützliche Illusionen unsere Welt- und
Zukunftsbilder prägen   65

5 Die Menschheitswette
Warum uns die Knappheit nicht besiegen wird   87

6 Die Kunst des Zweifelns
Wie wir die Welt mit neuen Augen
betrachten können   117

7 Warum wir die Apokalypse lieben
Über die Sehnsucht nach Weltrettung und Endzeit   141

8 In welcher Richtung liegt die Zukunft?
Die fundamentalen Irrtümer der Futurologie   164

9 Wie zerbrechlich ist die Welt?
Über die Wahrscheinlichkeit des Krieges und
anderer Katastrophen   195

10 Das Morgenspiel
Wie sich die Welt immer wieder neu erfindet   224

11 Vor dem Jupiter
Unsere letzte Reise in die Zukunft   257

Pilze finden, nicht suchen
Eine Danksagung   279

Anmerkungen   285
Personenregister   308

Im Keller meines Vaters
Vorwort

Die Treppe hinab

Als ich das erste Mal das Gefühl habe, mit der Zukunft könnte etwas nicht in Ordnung sein, befinde ich mich im Keller meines Vaters.

Wir schreiben das Jahr 1962. Ich wohne am Rand einer westdeutschen Großstadt, wo zwischen den neuen Autobahnkreuzen überschaubare Reihenhausgärten in endlose Zuckerrübenfelder übergehen. Ich bin ein eher dünner, nervöser Zweitklässler mit Hang zu Magenweh und Albträumen. Ich bin sieben Jahre alt.

Mein Vater zeigt mir im Licht einer nackten Glühbirne lange Reihen von Konservendosen, die sich bis an die Decke stapeln. Regalmeter weiße Bohnen in Tomatensoße, Ravioli, Ananas und Pfirsiche; und diesen wunderbaren Fruchtcocktail, bei dem man immer lustig streiten kann, wer die knallroten kandierten Kirschstücke essen darf, von denen sich maximal drei in jeder Dose befinden. Stapel mit Thunfisch- und Ölsardinenkonserven, Kartoffelsäcke, Reiskartons, regalweise Zuckerpakete, Dosenmilch sowie Türme von »Kommissbrot« in glänzenden Hülsen, die wie Artilleriegeschosse aussehen, ohne Etikett.

Der ganze Raum – er ist etwa vier mal vier Meter groß und vom Heizungskeller her durch eine schwere Eisentür zu betreten – ist mit Vorräten gefüllt, die für eine Ewigkeit reichen sollten.

Für die Ewigkeit nach dem Atomkrieg.

Es ist der Oktober 1962. Auf der anderen Seite des Planeten, vor der Küstenlinie von Kuba, stehen in diesem Moment amerikanische Kriegsschiffe kurz vor einer Konfrontation mit sowjetischen Kriegsschiffen. Die Welt befindet sich am Rande eines nuklearen Krieges.

Aber all das spielt in meinem kindlichen Gemüt keine Rolle. Was zählt, ist das Hier und Jetzt.

Ich kann heute noch den Geruch des Kellers in meinem Kopf simulieren. Ich rieche die genaue molekulare Zusammensetzung von Schimmel, Staub, die süßen Ausdünstungen des Milchpulvers, der Kartoffeln und Trockenobstbeutel.

Gerüche sind wie Zeitkapseln in unserem Innern. All diese Wunder, die uns umgeben – *der Klang der Jahreszeiten, das Lachen der geliebten Person, das tiefe Blau des Planeten, der Genuss eines langen Mahles, das Klingen der Stimmen über den Platz, der Geschmack der Luft am Meer –*, all das ist nichts als Geruch. Und dieser Geruch im Keller war auf eine atemraubende Weise verbindlich.

In meiner Erinnerung erscheint die Szene wie ein Moment höchster Klarheit. Die Konservenregale sind wie Barrikaden gegen den Unbill der Welt. Weit und breit keine bösen Jungs wie die, die mich ständig auf dem Weg zur Schule verprügeln wollten. Dieses Reich gehört nur uns allein, und ich teile mit meinem Vater ein Geheimnis. In der gedämpften Stille des Kellers öffnet er eine Dose Ölsardinen, mit einem Schweizer Taschenmesser, das er mit Bedacht und präzise handhabt. Er hat das gelernt. Im Krieg. Wir ziehen die glitschigen Tiere mit den Fingern aus dem Öl und bekleckern uns beim Essen. Wir lachen. Wir zwinkern uns zu: Mama hätte das nicht erlaubt. Ich spüre die durchsichtigen Knochen der Fische auf der Zunge. Obwohl ich als Siebenjähriger verstehen kann, was

»Krieg« bedeutet, gibt es nur ein einziges treffendes Wort für die Stimmung dort unten im Keller:
Geborgenheit.

Angst und Antizipation

Normalerweise schreiben Zukunftsforscher keine Autobiografien. Aber in diesem Buch werden immer wieder Szenen aus meinem persönlichen Leben auftauchen. Und das hat seine Gründe.

Dies ist ein Buch über den Umgang mit Angst. Über die Art und Weise, wie Angst ein Eigenleben führt. In uns selbst, der Kultur, der Gesellschaft, in unseren Zukunftsbildern. Angst ist in vieler Weise der Schlüssel zur Zukunft. Dass wir in unserem komplexen Gehirn Angst empfinden können – und nicht nur instinktive Furcht mit Fluchtinstinkt –, macht uns zu jenen antizipierenden Wesen, die Gefahren wittern, aber auch Visionen des Kommenden entwerfen und neue Möglichkeiten wahrnehmen können. Die Zukunftsmaschine in unserem Schädel, in der ständig Antizipation stattfindet, ist das entscheidende Unterscheidungsmerkmal des Menschen zum Tier. Angst kann uns inspirieren und stimulieren, wenn sie in der richtigen Dosis unseren Verstand und die Sinne aktiviert. Angst kann uns aber auch zu falschen Schlüssen führen, und, auf der Ebene des Kollektivs, zu schrecklichen Taten.

Angst kann man nicht beschreiben, ohne sich selbst einzubeziehen. Es mag eitel sein, über sich selbst zu sprechen. Aber noch eitler wäre es, die eigenen Anteile zu verschweigen.

Jean-Luc Picard, mein liebster Raumschiffkommandant der Enterprise, ist ein ebenso sturer wie mutiger Mann. Als die Borg, diese gruselige Maschinenrasse (Widerstand ist zweck-

Vorwort

los, Sie werden assimiliert!), sein Raumschiff endgültig entern und der Kampf verloren ist, weigert er sich lange, die Realität anzuerkennen. Aus lauter Trotz trifft er falsche Entscheidungen, setzt das Leben seiner Crew aufs Spiel, agiert bockig und jähzornig. Dann aber gelingt es ihm, sich der Angst zu stellen, und schickt seine Mannschaft in die Rettungskapseln. So sieht es auch der Mann hinter Jean-Luc Picard:

»Angst zu überwinden ist für mich wahrscheinlich die wichtigste Aufgabe im Leben. Frei von Angst zu sein, das ist mein größter Traum. Furcht ist das Feuer, das all die politischen Krisen auf der ganzen Welt schürt. Angst ist die Basis für Hass, Irrsinn und Rücksichtslosigkeit. Solange es uns nicht gelingt, die Furcht aus unserem Leben zu verbannen, die Furcht vor dem Fremden, dem Unverständlichen, Unbekannten, werden wir das Chaos in der Welt nicht beseitigen können.«[1]

Das Pult

Im selben Kellerraum – die Konserven hatten wir die ganzen sechziger Jahre über aufgegessen – fand ich drei Jahrzehnte später, beim Aufräumen nach dem Tod meines Vaters, in einer von Umzugskartons und Matratzen verstellten Ecke, ein seltsames Artefakt. Ein Ding aus einer anderen Welt.

Das Kontrollpult meines Vaters.

Ein etwa eineinhalb mal ein Meter großer Kubus aus Sperrholz, mit einer nach oben verlängerten Rückwand. Über die ganze Oberfläche verteilt, befanden sich endlose Reihen von Schaltern, rote, blaue und weiße Lämpchen, Kurbeln, Zeiger, Skalen. Im Inneren der Kiste steckten faustgroße Kupferspulen, schwere Transformatoren und Relais, durchzogen von dicken Kabelbäumen, die aussahen wie Eingeweide oder Nervengeflechte eines Tieres. Von außen erinnerte es an ein

Schaltpult im Kontrollraum von Tschernobyl. Oder an eine dieser Raumschiffkonsolen aus der Urzeit des Fernsehens.

Auch den Geruch dieses Pultes kann ich bis heute präzise aus meinen olfaktorischen Speichern abrufen. Es verströmte den intensiven Plastikklebstoff-Duft eines Zeitalters, in dem man sich um Umweltbelastungen noch nicht kümmerte. Zudem roch das Pult stark nach oxidiertem Metall. Zusammen ergab das so etwas wie technischen Weihrauch.

Vier Möbelpacker renkten sich beim Versuch, das Gerät aus dem Keller zu wuchten, fast das Kreuz aus.

Mein Vater war ein passionierter Bastler. Ein deutscher Ingenieur. Nach dem Ende des Krieges – von seinen Lebenserfahrungen soll später noch die Rede sein – ging er ins geteilte Berlin, wo er Elektrotechnik studierte und den ersten vollautomatischen Haushalt Deutschlands erfand (ich habe dieses Projekt in meinem Buch »Technolution« beschrieben).[2] Mit diesem Steuerpult konnte mein Vater eine riesige Modelleisenbahn steuern, eine Anlage, die im Laufe meiner Kindheit immer wieder um- und weitergebaut wurde, zum Entsetzen oder auch manchmal Amüsement meiner Mutter.

Ich sehe diese glitzernde Miniaturlandschaft heute noch vor mir, wie in einem absonderlichen Traum. Mit ihren erleuchteten Häuserzeilen und Berghängen aus Pappmaschee, auf denen putzige Plastikbaumwälder wucherten. Aus den Lokomotiven quollen sogar kleine Rauchwölkchen. Ich durfte nichts berühren, nichts verändern, während die langen Züge in konzentrischen Kreisen über Rampen und Brücken, durch Bahnhöfe und Tunnel fuhren, leise rasselnd und mechanisch klickend. Nur eine rote Zugfahrermütze durfte ich aufsetzen. Und manchmal in eine Trillerpfeife pusten, während mein Vater mit einer kalten Tabakpfeife im Mund an seinem Pult saß und alles unter Kontrolle hatte.

Vorwort

Ich habe lange gebraucht, um die Chiffren dieses Kellers zu entschlüsseln. Es geht darum, wie wir das ganze Leben versuchen, ein immer perfekteres Kontrollpult zu bauen. Und daran scheitern müssen.

Der Keller meines Vaters hat aber auch noch andere, geradezu monströse Fragen aufgeworfen. Warum mussten wir diesen Keller niemals nutzen? War es reiner Zufall, dass es nicht zu einem Atomkrieg kam? Und was wäre passiert, wenn wir ihn hätten nutzen müssen?

Ist so etwas überhaupt vorstellbar?

Und auf welche Weise liegen Angst und Geborgenheit, Glück und Untergang, so nah zusammen?

Der Blick des Vergangenen auf das Morgen

In diesem Buch begründe ich den »Futurismus« aus einem anderen Blickwinkel. Es geht nicht in erster Linie darum, nach vorne zu schauen. Es geht darum, wie wir auf uns zurückschauen, wenn wir nach vorne blicken. Wir wollen uns mit der Zukunft beschäftigen, damit wir uns selber besser kennenlernen. Zukunft ist wie ein Spiegel, in dem wir das »Humanum« besser erkennen können.

»Voraussagen sind aus demselben Grunde schwierig wie sie wichtig sind: Sie werden dort gemacht, wo sich subjektive und objektive Realität überschneiden.«

So formulierte es der amerikanische Statistiker Nate Silver, der 2012 die Wahlergebnisse von US-Präsident Barack Obama exakt vorausberechnete und damit zum Shootingstar der neuen, datenbasierten Zukunftsforschung wurde.

Dies ist, ja doch, ein Buch über die Zukunft. Aber nicht über Zukunftsprognosen, wie sie in jeder Hochglanzbroschüre zu finden sind. Es geht nicht um Visionen von Siedlungen auf dem Mars, automatische Autos oder Cyberbrillen, die wir uns aufsetzen, um die Alltagswelt virtuell aufzurüsten. Es geht auch nicht – jedenfalls nicht in erster Linie – um die gesellschaftliche Zukunft, deren Erforschung ich mein Leben gewidmet habe.

Es geht um die Zukunft *in uns.*

Jedes Mal, wenn wir an das Morgen denken, machen wir eine komplexe Kalkulation. Wir messen und bewerten die Trends. Wir scannen und filtern das, was wir über die Welt zu wissen glauben, was sich einerseits in unserem Inneren an Erfahrungswissen abgelagert hat und was wir andererseits durch Medien und unsere sozialen Netzwerke in Erfahrung bringen. Aus all dem formen wir ein inneres Modell. So wie ein gigantisches Eisenbahnmodell, auf dem die Züge der Angst, der Erwartung, der Hoffnung hin- und herfahren.

Wie wir diese mentalen Modelle bauen, und wie wir dabei irren – darum soll es in diesem Buch gehen. Welche archaischen, unbewussten Bilder nutzen wir? Wie beeinflussen Gefühle, Ängste, Hoffnungen und kulturelle Prägungen unsere Zukunftsbilder? Und wie speisen sich diese Morgenbilder wiederum rekursiv in den realen Zukunftsprozess ein?

Wie beeinflussen unsere Vorstellungen von der Zukunft die Zukunft selbst?

Daniel Kahneman, israelisch-amerikanischer Nobelpreisträger und Autor des Buches »Schnelles Denken, Langsames Denken«, formulierte:

»Wir sehen die Zukunft als vorweggenommene Erinnerungen.«

Ein schwer verständlicher, aber zentraler Satz: Wir prozessieren Zukunft in unserem Bewusstsein immer aufgrund von Erinnerungen, die wir »nach vorne« projizieren. Wir schauen immer mit dem Blick des Vergangenen auf das Morgen. Aber selbst das, was wir für das »sicher Vergangene« halten – Erinnerungen –, fälschen wir. Es ist also ein Irrtum, zu glauben, dass die Vergangenheit, anders als die Zukunft, sicher ist, weil sie ja schon passiert ist. Die Vergangenheit ist genauso ein Vermutungs- und Interpretationsraum wie die Zukunft.

Dies ist also ein Buch über den Irrtum. Über meine Irrtümer als Zukunftsforscher. Über Ihre Irrtümer, wenn Sie sich darauf einlassen, mit mir die Kunst des Zweifelns zu üben. Aber keine Angst. Es geht nicht darum, jemanden vorzuführen. »Illusionen«, so der deutsche Kognitionsforscher Gerd Gigerenzer, »sind notwendige Konsequenzen von Intelligenz«.[3] Wenn wir tatsächlich gemeinsam die Zukunft besser verstehen wollen, müssen wir jedoch mehr über unsere »future bias« (»Zukunftsverzerrung«) lernen – über die Verzerrungen unserer Weltwahrnehmung und die evolutionären Ursachen unserer tiefsten, archaischen Gefühle.

Evolutionärer Humanismus

Im 18. Jahrhundert formulierte der Philosoph Immanuel Kant die vier Grundfragen der Philosophie:

»Was können wir wissen?

Was sollen wir tun?

Was dürfen wir hoffen?

Was ist der Mensch?«

Die letzte Frage – was ist der Mensch? – können wir heute mit den neuen Erkenntnissen der Kognitionsforschung und der evolutionären Psychologie, der Neurologie und der Soziobiologie besser entschlüsseln. Auch den beiden ersten Zeilen von Platons Fragekanon lassen sich neue Erkenntnisse abgewinnen – mithilfe der System- und Komplexitätsanalyse, der Spieltheorie, der Netzwerktheorie, der Soziokybernetik und anderer Disziplinen, die uns in der »integrierten Zukunftsforschung«, die alle diese Disziplinen zusammenbringen möchte, schon seit Jahren beschäftigen.

Im Fokus dieses Buches steht jedoch die dritte Frage: Was dürfen wir hoffen? Ist die Welt wirklich so unsicher, prekär, verderbt, wie man es uns in der medialen Dauererregung weismachen möchte? Steuern wir tatsächlich unentwegt auf den Abgrund zu und sind morgen schon ein Stück weiter? Ist unsere Welt wirklich zum Untergang verurteilt, weil wir uns als »Schmarotzer an der Natur« betätigen?

Die Antwort, die ich in diesem Buch zu geben versuche, lässt sich unter dem Topos »evolutionärer Humanismus« zusammenfassen. Dieser Begriff, den Julian Huxley, der erste Generaldirektor der UNESCO in den sechziger Jahren erfand, meint eine Haltung zur Welt, die die Wirklichkeit nicht mehr ständig denunzieren muss, um die Angst zu bewältigen; die Wandel bejahen kann, ohne seine Schwierigkeit zu leugnen; die Mensch und Natur, aber auch Mensch und Technologie in ein neues, rekursives Verhältnis setzen möchte.[4]

»Evolutionärer Humanismus unterscheidet sich von seinen traditionellen Vorgängern darin, dass er die zahlreichen neuen wissenschaftlichen Erkenntnisse *(inklusive der damit verbundenen fundamentalen Kränkungen)* produktiv verarbeitet.«[5]

Die fundmentalen Kränkungen, die das menschliche Leben prägen, lassen sich nicht abschaffen, auch in einem futurologischen Nirwana nicht. Das Morgen entsteht nicht in der Verwirklichung eines utopischen Ideals oder einer Abschaffung aller Nöte, sondern in steten Wechselwirkungen. Zwischen dem »Humanum« und der Natur, zwischen der »Anthroposphäre« und dem »Technium«, zwischen Geist und Welt. Erst wenn wir diese Wechselwirkungen besser verstehen, können wir wahrhaftig aufbrechen.

Vorwort

Es geht um die Vermutung, dass die Welt noch jung ist, und wir erst am Anfang stehen. Dass wir die Angst nicht endgültig überwinden, aber aushalten lernen können. Wir können sie lächelnd bei der Hand nehmen und hinausgehen. Wir können die Kellertür öffnen. Wir können Zukunft wagen.

1   Der apokalyptische Spießer
Wie uns die Zukunft abhandenkam

I want to change, but not if it means changing.
Stephen Grosz

Der Event

»Glauben Sie denn ernsthaft, dass Schwarzafrikaner irgendwann mal in der Lage sind, eine normale Zivilisation aufzubauen – wenn selbst die Griechen das nicht können?«

Die Person, die diese Frage stellt, sitzt ungefähr in der zwölften Reihe. Ein Geschäftsmann mittleren Alters, vielleicht Ende fünfzig, markantes Gesicht, dunkelblauer Zweireiher, graues Haar. Wahrscheinlich ist er weit gereist, hat Freunde überall auf der Welt, spricht englisch. Ein erfolgreicher Mittelständler, wie es in Deutschland so viele gibt.

Berlin im November 2009. Es nieselt. Durch die Fenster des Kongressgebäudes sieht man das Brandenburger Tor, angestrahlt von großen Energiesparlampen. 250 Bankenvertreter und ihre Großkunden aus der deutschen Industrie haben mir bei einem Vortrag zugehört. 92 Prozent Männer mit hohem Status und erheblicher Macht. Bei den wenigen Frauen handelt es sich um die Mitglieder der Veranstaltungsagentur, auch einige Ehefrauen des alten Typs lassen sich ausmachen.

Mein Thema an diesem Abend lautet: Die Zukunft der Globalisierung. Globalisierung, so mein roter Faden, ist im Grunde ein uralter Prozess. Er begann vor 90 000 Jahren, als die ersten Gruppen von Jägern und Sammlern aus Afrika nach

Kapitel 1

Norden auswanderten. Jeder von uns hat einen Migrationshintergrund. Eigentlich sind wir alle erbleichte Afrikaner.

An dieser Stelle reagiert das Publikum immer wie erwartet mit einem gedämpften Gelächter. Diesmal fällt es etwas lauter aus. Es ist die Zeit der Sarrazin-Debatten – über die Schuld der Ausländer an den sozialen Problemen. Es ist die Zeit des Krisengeheuls. Alle Zeitungen sind voll von der hysterischen Vermutung, dass alles den Bach heruntergeht. Es ist die Zeit, in der in Tagungshotels Männer mit großer Rolex auftreten, mit überlauter Stimme vom »Zusammenbruch des Weltwährungssystems« erzählen und verängstigte Bankkunden Goldbarren zu überhöhten Preisen kaufen. In der plötzlich Gaskocher, Feldbetten, Pfefferspray und Tarnnetze gehamstert werden.

Für den kommenden Krieg aller gegen alle.

Ich versuche, das Publikum für eine andere Blickrichtung zu sensibilisieren. Den Horizont zu öffnen.

In diesem Jahrhundert, fahre ich fort, wird dieser Drache der Globalisierung in einer gewaltigen Schleifenbewegung zu seinen Ursprüngen zurückkehren – über China, das in einer Art Turboentwicklung all jene industriellen Prozesse nachholt, für die Amerika und Europa 200 Jahre benötigten, bis zurück nach Afrika. Wer heute durch Nairobi oder Kigali fährt, sieht Spuren des Elends, aber auch Hochhäuser, Sportautos und eine schwarze Mittelschicht. Das Einkommen in den meisten afrikanischen Ländern hat sich im letzten Jahrzehnt verdoppelt. Das durchschnittliche Wirtschaftswachstum südlich der Sahara liegt jährlich bei fünf Prozent, wobei Ghana, Äthiopien und Mosambik zweistellig wachsen. Selbst das von einem schrecklichen Despoten gequälte Simbabwe erreicht chinesische Wachstumswerte. Beim Weg Afrikas in die Zukunft gibt es immer noch Unwägbarkeiten, fürchterliche Rückschläge, wie in Somalia oder im ewig versinkenden Kongo. Aber es gibt auch erstaunliche Veränderungen, wie das Frauenregime in Liberia, die Hoffnung im Herzen Mogadischus,[1] die Erfolge von Botswana, Ghanas kleines Wirtschaftswunder, die verblüffende Tatsache, dass man in der Hauptstadt des genozidgeplagten Ruanda einen hervorragenden Cappuccino in einem freundlichen Straßencafé trinken kann.

Und die Zukunft gehört den Frauen. Ganz besonders in Afrika.

Wenn wir die Zukunft verstehen wollen, kommen wir nicht an den Schmerzen der Vergangenheit vorbei. 1841 schossen englische Kriegsschiffe in der Mündung des Perlflusses die kaiserlichen chinesischen Dschunken zu Kleinholz. Englische Händler erzwangen so das Recht, im Großreich China Opium zu verkaufen. Das britische Imperium nannte diesen Akt »Öffnung der Märkte«. Währenddessen wurden Hunderttausende von afrikanischen Sklaven in alle Welt verschifft. Der Fortschritt des einen war das Elend der anderen.

Jetzt aber beginnt ein neues Spiel. Eine neue Runde der Weltgeschichte.

Wir leben auf einem Planeten der ungeheuerlichen Ungleichzeitigkeit. Der extremen Unterschiede. Doch gleichzeitig wird die Welt immer gleicher. Wie bitte?

Tatsächlich: Es gibt eine historisch neue Angleichung der Lebensverhältnisse quer über den Planeten. Dabei entsteht ein seltsames Paradox aus Gleichheit und Ungleichheit. Wir nennen das auch »polarisierte Konversion«. Es gibt immer mehr Superreiche, die ihr Vermögen nicht nur einer regionalen oder nationalen, sondern einer Weltmarktökonomie verdanken. Die Reichen werden also immer reicher. Doch gleichzeitig haben sich in den vergangenen zwei Jahrzehnten zwei Milliarden Menschen aus der bitteren Armut nach oben gekämpft. Diese neue aufwärtsmobile Schicht wird noch in

Kapitel 1

diesem Jahrzehnt, oder spätestens bis 2025, die Anzahl der
»noch Armen« übertreffen – 4,2 Milliarden Menschen gehören dann (von insgesamt 7,6 Milliarden) der Mittelschicht an.[2]
Diese neuen Weltbürger leben in modernen Dreizimmerwoh-
nungen in Nanking, Rio oder Lagos, haben einen Fernseher,
eine Einbauküche, ein kleines Auto vor der Tür. Sie gehen
in den Supermarkt wie wir. Sie überweisen per Internet ihre
Rechnungen.

Und genau das verunsichert uns zutiefst.

Die gute, alte Ordnung war uns im Grunde lieber. Hier der
Reichtum, für den wir ein schlechtes Gewissen, aber immer
genug zu Essen und Spesen hatten. Dort das Elend, der Hunger, die Abhängigkeit, für die man spenden oder die man
bemitleiden konnte. Hier die Klage über die Überflussgesell-
schaft, dort der Kampf ums Überleben. Das konstituierte eine
Weltordnung, an der wir uns orientieren konnten.

Nichts macht uns hingegen verwirrter als reiche Inder oder
schwarze Banker oder viele Chinesen, die plötzlich genau jene
SUVs fahren wollen, mit denen die besorgten linksgrünen
Eltern ihre Kinder zur Kita fahren.

Wir leben nicht in der finalen Weltwirtschaftskrise, wie
es uns viele weismachen wollen, sondern im größten Wirt-
schaftsboom aller Zeiten. Dieser Boom wird mindestens bis
zur Mitte des Jahrhunderts anhalten – ganz egal, welche Turbulenzen an Finanzmärkten herrschen mögen, oder ob Griechenland pleitegeht oder nicht. Die Tatsache, dass Milliarden
Menschen so leben wollen – und immer mehr auch können –
wie wir im Westen, zwingt uns zu eigenen Veränderungen.
Nicht, weil sonst der Planet bald untergeht, der ist robuster,
als wir denken. Sondern weil es schlichtweg intelligenter ist,
sich bessere Methoden der Mobilität, der Energieerzeugung,
des Städtebaus, der Agrikultur, der Kooperation auszudenken.

Wenn wir Zukunft verstehen wollen, müssen wir das Prinzip der Rekursion verstehen, durch die der Wandel der Welt auf uns selbst zurückwirkt. So verstehe ich meinen Job: die Zukunft als Spiegel zu nutzen, in dem die Richtung sichtbar wird, in die wir gehen können. Normalerweise funktioniert das ganz gut. An manchen Tagen entsteht tatsächlich jenes Leuchten, das uns mit dem Möglichkeitsraum des Morgen verbindet. An diesem Abend im November jedoch ist das anders. Das ist jedenfalls, nach einer lähmenden Schweigeminute, die einzige Frage, die aus dem Publikum kommt:

»Glauben Sie denn ernsthaft, dass Schwarzafrikaner irgendwann mal in der Lage sind, eine normale Zivilisation aufzubauen – wenn selbst die Griechen das nicht können?«

Betonung auf dem ersten Wort. Eine doppelte Verneinung, getarnt als Frage, verbunden mit einem Frageansatz, der in den subjektiven Bereich verweist. Das eine vermutete Nichtkönnen begründet das andere. Falls man die Frage dennoch bejaht, kann es sich nur um eine rein subjektive Meinung handeln, denn es wurde ja nach dem »Glauben« gefragt.

Eine perfekte rhetorische Falle. Eine hermetische Negation.

Ich denke nach. Ich suche nach Worten. Wurde nicht genau das auch über die Deutschen nach dem Krieg gesagt? Schwaches Argument. Ich sehe den Mann dort sitzen, in der zwölften Reihe, die Arme vor der Brust verschränkt. Er sieht auf eine merkwürdige Weise gelöst aus. Er lächelt. Noch weiß ich nicht, dass ich es mit einem Typus zu tun habe, den ich von nun an permanent wiedertreffen werde. Einen Charaktertypus, der von nun an nicht nur in jeder Talkshow, auf jeder Veranstaltung, bei jeder Debatte über die Zukunft anzutreffen ist, sondern auch in uns selbst. Tief drinnen in jedem von uns.

Den apokalyptischen Spießer.

Das Ende der Ideologien

Manchmal fällt es schwer, sich an die Zeit zu erinnern, als die Zukunft noch vor uns lag.

Als wir in den neunziger Jahren aufbrachen, die Trends und die Zukunft zu erforschen, herrschte eine Stimmung der Neugier, des geistigen Aufbruchs. Der Eiserne Vorhang war gefallen, die Konfrontation der Blöcke zu Ende. Eine Zeit großer Ängste und globaler Spannungen lag hinter uns, und die Welt öffnete sich in mehreren Ebenen.

Europa, dieser alte Kriegskontinent, wuchs zusammen. Die Schlagbäume fielen, und auch wenn die Menschen sich nicht immer gleich in die Arme fielen, entwickelten sich neue Perspektiven auf dem Kontinent unserer Kindheit, auf dem unsere Eltern und Großeltern so viel Schreckliches erleben mussten.

Eine neue Technologie – das Internet – schuf eine neue Logik der Vernetzung, die alles verändern sollte: Demokratie, Teilhabe, Wertschöpfung, Management, den Zugang zu Wissen.

Die Jahrtausendwende als magisches Symboldatum elektrisierte die Gemüter.

Zukunft im Sinne eines neu gedachten Fortschritts war ein gesellschaftliches Thema, das breit diskutiert wurde. Auf eine durchaus neue Art und Weise.

Erinnern wir uns an die Idee der New Economy. Das war ja mehr als nur die »digitale Ökonomie« oder wie es heute bösartig heißt, der »Informationskapitalismus«. Das Internet veränderte nicht nur Handelsstrukturen und Wertschöpfungsketten. Es führte auch zu neuen Verbindungen, Dialogen, Konversationen. Nach Jahrhunderten von Klassenkampf und Rechts-Links-Debatten schien sich eine neue Technologie der Kooperation zu entwickeln, in der Kreativität, Teilhabe, soziales Engagement und Geldverdienen sich nicht ausschließen mussten.

Der apokalyptische Spießer

Wir entdeckten den Menschen neu, auch in der Arbeitswelt. Wir sprachen von der »Talentökonomie«: In einer immer differenzierteren Wissensgesellschaft, so die Vision, mit der Hilfe eines neuen, individualisierten Bildungssystems, würde der Einzelne seine Ressourcen besser erschließen und verwirklichen können. Eine Emanzipation *in* den Arbeitsverhältnissen schien möglich: neue Selbstständigkeit, Kreativität und Teamwork, Arbeit und Leben neu verbunden; die Veränderung der Firmenkultur von starren Hierarchien zu kooperativen Netzwerken.

Dazu gehörte auch ein neues Denken in der Politik jenseits der alten ideologischen Schützengräben. In den politischen Think-Tanks diskutierten wir den Dritten Weg, eine intelligente Kombination aus marktwirtschaftlichen und sozialstaatlichen Systemen, in denen es nicht nur um Umverteilung, sondern um Inklusion ging. Um die Aufhebung der alten Antagonismen, die uns die Industriegesellschaft hinterlassen hatte: Kapital gegen Arbeit. Wirtschaft gegen Natur. Mann gegen Frau. Und so weiter.

Wir verstanden – und »wir« waren viele Menschen aus den unterschiedlichsten Milieus und Denktraditionen –, dass das Prinzip des Fortschritts nicht im Triumph des einen über das andere bestand. Weder der Sieg moralischer Prinzipien noch die Realisierung irgendwelcher finalen Ordnungsvorstellungen noch der Aufgang eines wahrhaft guten, neuen Menschen konnte die Gesellschaft voranbringen. Das Zeitalter der Ideologien ging zu Ende.

Die Zukunft schien auf interessante Weise offen. Entriegelt von den alten Denkmustern, befreit aus den mentalen Gefängnissen der Vergangenheit.

Krise als Dauererregung

Dieser regenreiche Herbst des Jahres 2009 markierte einen Wendepunkt im Denken und Fühlen über die Zukunft. Rein äußerlich hatte sich nichts verändert. Alle Züge fuhren wie immer. Die Geldautomaten spuckten weiter Geld aus. Die Supermärkte waren mit Waren aus aller Welt gefüllt. Kein Meteorit war vom Himmel gefallen. Aber dennoch schien sich über Nacht ein völlig anderes Weltmuster durchzusetzen.

Der Begriff »Krise« funktionierte wie ein Schwarzes Loch, der alles in seinen Bann zog und Optimismus in Furcht, Zutrauen in Misstrauen, Weiterdenken in Kleinmut verwandelte. Ein unentwegtes Nörgeln, Jammern und Klagen, ein generelles *Dagegensein* senkte sich wie Mehltau über alle Diskussionen, Debatten und Diskurse.

In meiner rebellischen Jugend, ein Vierteljahrhundert zuvor, gab es einen breiten Konsens des *Dafürseins*, eine kollektive Loyalität zum Staat, zu Normen und Werten, zu Gesetzen und Politikern. Damals gehörte ein gewisser Mut dazu, Kritiker zu sein, denn das rückte einen sofort an den Rand der Gesellschaft. Man bekam es mit harten Anwürfen zu tun. Wenn man nicht einverstanden sei, solle man doch verschwinden! Nach Drüben! Auf den Mond!

Jetzt aber war das Kritische plötzlich die absolute Mehrheitsmeinung. Und die duldete keinen Widerspruch mehr.

Da kann man mal sehen, wie die Reichen uns abzocken!

Die Politiker sollte man doch alle ins schmelzende Grönland jagen!

Warum soll man eigentlich noch Steuern zahlen?!

Der ganze Unsinn meiner rebellischen Jugend kehrte zurück – diesmal als Mehrheitsprogramm. Ganz normale Bürger wurden plötzlich zu geifernden Systemhassern. Achtzigjährige schrieben Pamphlete voller schwülstiger Allgemeinplätze, in denen sie zum Aufstand gegen den Kapitalismus aufriefen. Plötzlich stand wieder an jeder Ecke ein Propagandist der Weltrevolution und diagnostizierte die »Endkrise des Kapitalismus«, den »Schmelzpunkt des sozialen Systems«,[3] den »tiefsten Einschnitt in den Wohlstand, den die Welt je gesehen hat«.

Natürlich war immer »das System« schuld. Oder »die Gesellschaft«, die »immer kälter, anonymer und egoistischer« wurde.

Aber gleichzeitig schienen viele Menschen damit auf höchst seltsame Weise nicht nur zufrieden zu sein, sondern sogar eine tiefe Lust zu empfinden.

Haben wir es nicht schon immer gesagt?

Das konnte ja nicht gutgehen!

Das muss doch mal gesagt werden dürfen!

Eine seltsame Mischung aus Komfortabilität und Untergangsrhetorik machte sich breit. Auf dem Höhepunkt der Krise, um 2011, wurde in einer großen deutschen Tageszeitung ernsthaft darüber räsoniert, »warum immer noch fast die Hälfte aller Deutschen in den Umfragen eher optimistisch gestimmt sind«. Und als im Frühjahr 2012 die amerikanischen Banken einen strengen Konsolidierungsstresstest bestanden, titelte der »Spiegel«:

»US-Banken sind fit für die nächste Krise!«[4]

Hans Magnus Enzensberger beschrieb die Stimmungslage mit den Worten:

»Von unfassbaren Katastrophen eingeschüchtert und von winzigen Störungen verfolgt, leben wir in einer durchlöcherten Normalität, durch die das Chaos uns höhnisch entgegengrinst.«[5]

Und Talkshows im öffentlich-rechtlichen Fernsehen hatten von nun an nur noch Titel wie diese:

Kaputtgemacht, ausgebeutet, weggeworfen – Arbeit nur ein Horror?

Ausrangiert und Kaputtgepflegt – Sind unsere Renten noch zu retten?

Kapitel 1

Die Gier der Reichen – Das Ende des Wohlstands?
Abgehoben, abgeschottet, unsozial – sind so die Eliten?
Ob Fußballtrainer oder Putzfrau – Burnoutjobs immer gnaden-
loser?
Alt werden nur die Alten – wenn fit bleiben zur Pflicht wird.
Und alle Journalisten stellten mir plötzlich nur noch eine
einzige Frage:
Aber müssen wir nicht Angst haben?

Schwindel der Vernunft

Angst ist eine menschliche Reaktion, deren Hauptsitz der Körper ist. Gleichwohl schreiben wir sie der Seele zu. Angst ist der
»Schwindel der Vernunft«, wie der dänische Philosoph Sören
Kierkegaard formulierte. »Die Kammerjungfer der Kreativität« sagte T. S. Eliot dazu. Die britische Schriftstellerin Angela
Carter nannte sie »den Beginn des Bewusstseins«.[6] Und die
amerikanische Angstforscherin Sally Winston definiert sie
als »Anwesenheit von Unvorhersagbarkeit, Unsicherheit und
Unkontrollierbarkeit«.[7] Hier die Definition aus dem medizinischen Thesaurus:

»Angst ist eine multisystemische Reaktion auf eine emp-
fundene Bedrohung oder Gefahr. Sie bündelt eine Kombination biochemischer Veränderungen im Körper, in Bezug auf
die persönliche Geschichte des Patienten sowie seine soziale
Situation. Menschliche Angst beinhaltet die Fähigkeit, das
Gedächtnis und die Imagination zu benutzen und vorwärts
und rückwärts in der Zeit zu reisen; ein großer Anteil der
menschlichen Angst entsteht durch die Antizipation kommender Ereignisse. Ohne das Gefühl einer persönlichen
Kontinuität könnten Menschen den ›Rohstoff‹ der Angst nicht
erzeugen.«[8]

Im Unterschied zur Furcht, die auch Tiere kennen, ist menschliche Angst also *prädiktiv.* Sie sagt etwas voraus. Sie entstammt einer Abgleichreaktion zwischen gespeicherten Mustern in unserem Gehirn und Interpretationen von Umwelteindrücken.

Angst ist zunächst eine chemische Reaktion. Hauptakteur ist eine Substanz namens Adrenalin, die mehrere Dinge gleichzeitig bewirkt, wenn sie durch unsere Adern rauscht. Sie erhöht den Blutdruck und die Atmung und den Sauerstoffgehalt des Blutes. Sie macht uns wach. Sie erhöht die Seh- und Hörschärfe: Jedes Geräusch, jedes Knacken eines Astes, ein Wechsel des Windes, kann nun etwas bedeuten. Sie regelt die Immunabwehr herab und stellt Gerinnungsfaktoren im Blut zur Verfügung. Sie stellt unsere Verdauung ein oder versucht eine schnelle Entleerung. Sie pumpt Dopaminsubstanzen in unser Gehirn, die die synaptischen Reaktionen beschleunigen.

Angst verändert die Gehirnstruktur. Sie »überspringt« die langsamen, abwägenden Reaktionen unseres präfrontalen Kortex. Gründliches Nachdenken ist im Falle eines angreifenden Säbelzahntigers eher kontraproduktiv.

Ein gewisses Maß an Angsterregung findet sich in jeder Leistung. Schauspieler sind ohne das, was man Lampenfieber nennt, nicht gut auf der Bühne. Angst ist schwer von Aufregung zu unterscheiden; ebenso gibt es Ähnlichkeiten zu sexueller Erregung.

Ohne Angst wären wir alle nicht hier. Sie ist ein reproduktiver Vorteil. Wir sind die Nachfahren der Ängstlichen. Wer Angst hat, macht auch Pläne, wie er beim nächsten Mal, wenn der Säbelzahntiger aus dem Gebüsch bricht, besser dastehen kann.

Angst zu überwinden, macht stark. Adrenalin wird, bei bewältigter Gefahr, in die »Glücksdrogen« Endorphin und

Kapitel 1

Oxytocin umgewandelt – ein neurochemischer Prozess, der unsere Vorfahren anspornen sollte. Und deshalb kann Angst auch eine Droge sein, nach der man süchtig wird.

Wenn Angst nicht durch Flüchten, Kämpfen oder andere Formen der Leistungsbewältigung abgebaut wird, entsteht chronischer Stress. Kortisolderivate vergiften dann unseren Körper. Stresshormone können Gehirn und Körper regelrecht aufzehren, das Immunsystem schädigen, die Fähigkeit der DNA unserer Zellen, sich zu regenerieren, beeinflussen. Der Evolutionspsychologe Jeffrey P. Kahn sagt in seinem Buch »Angst – Origins of Anxiety and Depression«:

»Wenn man den Schmerz der Angst fühlt, spürt man im Grunde den Ruf uralter sozialer Instinkte. Aber die instinktiven biologischen Empfindungen, die unseren Vorfahren den Weg aufzeigten, um sich in ihrer Umwelt besser zurechtzufinden, können in der heutigen Gesellschaft zu hoffnungslosem emotionalem Schmerz führen.«[9]

Wenn Menschen nicht die Kapazität der Angst hätten, gäbe es keine Fähigkeit der Sprache, der Imagination, der Vernunft. Angst war über Millionen Jahre die stärkste aller humanen Eigenschaften. Sie bildete die Grundlage, das Fundament für alle anderen Fähigkeiten, die sich im Verlauf der Kulturgeschichte entwickelten.

Die Antwort auf die notorische Journalistenfrage lautet also: Natürlich müssen wir Angst haben. Immerzu. Dafür sind wir evolutionär konstruiert. Wenn wir aber Angst zum Weltsystem machen, zum Leitgefühl, zum einzigen Anlass, Fragen zu stellen, dann zerstören wir die Zukunft.

Hysterie am Stammtisch

Wollen wir eigentlich wirklich wissen, was man über die Zukunft wissen kann?

Nach zwanzig, nein fünfzig Jahren Zukunftsforschung glaube ich zu wissen, was man über die Zukunft sagen kann – und was nicht. »Events«, also konkrete Ereignisse, lassen sich nur im Rahmen von Wahrscheinlichkeitsmodellen voraussagen. Das heißt, »voraussagen« lassen sie sich eigentlich gar nicht, nur »vorhersagen«. Der Unterschied scheint spitzfindig, aber beide Wörter meinen etwas anderes. Voraussagen meint: Exakt bestimmen, wann etwas Bestimmtes eintreten wird. Vorhersagen meint: Wir können sagen, dass »etwas« kommt und mit welcher Wahrscheinlichkeit, aber nicht genau wann, was und wo.

Etwas anderes ist es, wenn wir uns mit Trends und Systemen beschäftigen. Hier können wir Stärke-Faktoren, Konsistenzen und Zusammenhänge bestimmen, und im Rahmen der Komplexitätsanalyse die Zukunftsfähigkeit eines Systems (dazu später mehr) bestimmen. Auf diese Weise lassen sich Modelle mit erheblichem Aussagewert erstellen.

2011 stand Europa nicht am Ende, sondern am Beginn einer neuen Ordnung. Die Turbulenzen in Währung und Bankensystem drückten aus, dass einige Rückkoppelungen des »Systems Europa« nicht funktionierten. Aber der Kern Europas blieb robust. Genau aus diesem Grund versagte die Mehrheit der europäischen Bevölkerung selbst im höchsten Krisengeheul nie seine Zustimmung zu Europa. Selbst im zornigen Griechenland nicht.

Meine Prognose der Europakrise lautete also: holperige Adaption. Das hieß auch, dass ein Land, oder einige, aus der Währungsunion herausfallen konnten. Aber Europa würde sich re-konfigurieren. Es konnte länger dauern. Es würde ver-

Kapitel 1

dammt schwierig werden. Aber am Ende würde ein neues Regelsystem stehen, eine neue europäische Integration.

Ich erinnere mich an eine Talkshow zur Zukunft Europas im Herbst 2011, zu der man mich eingeladen hatte. Auf dem Panel saßen ein Börsenexperte mit Dreitagebart, der durch besonders schrille Krisenthesen ein Medienstar geworden war, ein eher trockener Ökonomieprofessor und eine kluge Politologin. Ich wollte darüber sprechen, wie ein neues Rückkoppelungssystem aussehen müsste, dass die Fehler, die zur Schuldenkrise geführt hatten, korrigieren würde. Wie es gelingen könnte, ein besseres Geldsystem mit einem intelligenteren Feedback zu entwickeln. Und welche Maßnahmen die europäische Demokratie stützen könnten.

Aber darum ging es überhaupt nicht.

Der bärtige Börsianer sagte: »Wir werden in eine Weltwirtschaftskrise rutschen, gegen die die Weltwirtschaftskrise von 1928 harmlos war! Aber vorher werden die Griechen aus dem Euro fliegen! Der Euro wird zerfallen! Das ist doch sonnenklar, und wer das ignoriert, ist entweder bescheuert oder blauäugig!«

Die Politologin sagte: »Die Demokratie bricht auseinander. Weite Teile der europäischen Bevölkerung werden verarmen!«

Der Wirtschaftswissenschaftler beschwor den kommenden Bürgerkrieg in Südeuropa, der demnächst auf die ganze Welt übergreifen würde. »Wir müssen uns daran gewöhnen, dass wir Mangel haben werden. Richtigen Mangel!«

Beifall im Publikum.

Die Moderatorin fragte nach, ob das auch Bürgerkrieg inmitten Europas bedeuten könnte. Der Bärtige, die Politologin, der Börsianer nickten ernst. Das Publikum applaudierte heftig. Und schon kam der Abspann. Die Sendung war im Programm ganz anders angekündigt, als man es mir am Telefon gesagt hatte. Der Titel in den Programmheften lautete: »Wohlstand am Ende – Politik versagt – Europa am Abgrund«.

Ich hatte ein weiteres Phänomen erlebt, das mich in den nächsten Jahren verfolgen sollte. Den hysterischen Stammtisch. In dieser Runde, die sich seitdem tausendmal im Fernsehen und auf zahlreichen Podien wiederholt hat, wird ein bestimmtes Problem in einer unentwegten verbalen Eskalation so lange aufgepumpt, bis es sich nie mehr lösen lässt. Aus einem Problem wird ein Skandal, der nie mehr zu heilen, ein Abgrund, der nie zuzuschütten ist. Das garantiert, dass man gleich morgen und nächste Woche wieder darüber reden und sich wahnsinnig aufregen muss.

Vom pfiffigen John Updike, dem amerikanischen Bestsellerautor, stammt der Satz:

»Es ist unmöglich, jemanden von etwas zu überzeugen, wenn er dafür bezahlt wird, es nicht zu verstehen.«

Und wie sagte der Sozialwissenschaftler und Wirtschaftsnobelpreisträger Herbert A. Simon so schön?

»Ein Problem zu lösen bedeutet einfach, es so darzustellen, dass die Lösung erkennbar wird.«

Im Jahre 2011 erhielt ich folgenden Brief:

Sehr geehrter Herr Horx,

Ihr Optimismus wäre ja auch weiterhin uneingeschränkt anwendbar, befänden wir uns nicht am Anfang der Endphase des Kataklysmus, der im Zuge der kosmisch/irdischen Evolution eine epochale Metamorphose der Erde samt ihrer Bürger herbeiführen wird. In meinem Buch »ENDZEIT: Der kosmische Count Down läuft: Der Quantensprung vom ›Homo sapiens‹ zum ›Homo spiritualis‹« – Verlag Books on Demand GmbH, Norderstedt, ISBN 978-3-8370-7561-8, geht es nicht um den viel herbeifantasierten Weltuntergang, sondern

Kapitel I

um die kosmische Evolution, die selbstverständlich auch die Erde betrifft. Die in Kapitel II »Markante Erkennungszeichen der Endzeit« (Gliederung des Buchs in der Anlage) beschriebenen Vorkommnisse sind mittlerweile selbst weniger sensiblen und intelligenten Menschen erkennbar. Vielleicht lesen Sie das Buch, wenn ihr nächster Flug wegen Vulkanasche oder einem Erdbeben ausfällt.

Krise als Geschäftsmodell

Ein großer Teil des Spießer- und Stammtisch-Syndroms, das unsere Gesellschaft befallen hat, lässt sich über die gewandelte Funktion der Medien erklären. Medien waren immer schon Selektionsmaschinen von Informationen. Aber ging es vorher wenigstens noch zuweilen darum, dem Leser, Zuschauer, Zuhörer die Welt journalistisch darzulegen, treten Medien heute in ein neues Stadium der Selbstschöpfung. Sie werden mehr und mehr zu aktiven Produzenten von Erregungen. Sie arbeiten unentwegt an der Erzeugung von Aufmerksamkeitskapital, ihrem eigentlichen Produktionsmittel.

Ich bin selber lange genug Journalist gewesen, um die Grundregel zu kennen: Eine Schlagzeile, die nicht auf der Steigerungs- und Angstklaviatur spielt, wird gar nicht erst wahrgenommen. Was wäre aufmerksamkeitserzwingender als eine Krise, die den Wohlstand, die ganze Sicherheit, all das, was wir uns erarbeitet haben, in Schutt und Asche legt? Und so wurde »Krise« zum Geschäft, an dem sich viele bereichern konnten. Börsengurus und Wirtschaftsauguren, Schlaumeier und Besserwisser, Ideologen, die auf ihre Chance wittern, und populistische Profiteure. Und deshalb braucht man keine prophetischen Kräfte für die Vermutung, dass das Lied der Krise so bald nicht wieder verstummen wird.

Krise ist schlicht das neue Geschäftsmodell der Medien.

Aber es ist nicht damit getan, einen anständigeren, seriöseren Journalismus einzufordern. Denn dahinter steht ein viel tiefer greifender Wandel von Öffentlichkeit und menschlichen Bezugssystemen.

Der archaische Sammler und Jäger, von dem wir abstammen, hatte als Rahmen seiner Weltbewältigung eine überschaubare Gemeinschaft. Unsere Vorfahren lebten auf evolutionären Inseln, die räumlich und kognitiv weit voneinander getrennt waren, in kleinen Gruppen, »tribes« oder »bands«. Stammeskultur ermöglichte Menschen eine bestimmte Stabilität ihres Weltbildes, einen Handlungs- und Interpretationsrahmen. Diese Rahmenbildung galt im weitesten Sinne bis in die klassische Industriegesellschaft, wo es noch ein »Wir« von Kultur, Milieu oder Klasse gab, auf das man sich verlassen konnte.

In einer global vernetzten Medienwelt, in der Individualisierung und Internet zu neuen Kommunikationsmustern führen, zerbrechen jedoch diese Gefäße der Orientierung. Informationen, Bilder, Kulturformen, Emotionen und Meinungen zirkulieren in Lichtgeschwindigkeit. Aber in welchen Kontext sollen wir das alles einordnen? Wie groß ist eine Gefahr, wenn man ihr nicht mehr in einem Tal, in einer Ebene oder in einem Wald begegnet, wo man sie konkret überprüfen und vielleicht bewältigen kann? Für was sind wir verantwortlich? Was können wir beeinflussen? Was geht uns etwas an? Woran haben wir Schuld?

Woran sollen wir (noch) glauben?

Kognitive Erleichterung

Alle Zukunft beginnt mit Fragen. »Wer lebt, ohne zu fragen, lebt nicht wirklich«, formulierte Platon.

Wie Kinder in die Welt hineinfragen, so formen sich die synaptischen Bahnen ihres Gehirns. Wo Neugier und Vertrauen

Kapitel 1

diesen Prozess leiten, entstehen verlässliche Strukturen, die uns mit der Welt verbinden. »Die Fragen sind es, aus denen das, was bleibt, entsteht«, sagte der Schriftsteller Erich Kästner.

Für den apokalyptischen Spießer sind Fragen jedoch nichts als Instrumente der eigenen Deutungsmacht:

Wie kommen Sie eigentlich auf den Irrglauben, dass der Kapitalismus die nächsten zehn Jahre überleben wird?

Glauben Sie nicht auch, dass die Politik völlig unfähig ist noch irgendetwas zu bewegen?

Glauben Sie etwa nicht, dass die arbeitende Mittelschicht in diesem Land regelrecht ausgerottet wird?

Glauben Sie etwa nicht, dass der Islam allein durch seine hohe Kinderzahl irgendwann die Weltherrschaft übernehmen wird?[10]

Glauben Sie denn, dass die Menschheit es noch lange macht auf diesem erhitzten Planeten?

Der Begriff »Glauben« am Anfang all dieser Statements ist kein Zufall. »Glauben« steht für eine Konsistenz der Welt. Eine Kohärenz, die jene Unvorhersagbarkeit, Unkontrollierbarkeit, Unsicherheit, die mit der Angst verbunden ist, dämpft. In der Psychologie nennt man das den »Cognitive-ease-Effekt«.

Der Kognitionspsychologe Daniel Kahneman sagt hierzu: »Selbstvertrauen in ein Urteil bedeutet keineswegs eine hohe Wahrscheinlichkeit dafür, dass dieses Urteil auch zutrifft. Es beschreibt vielmehr die »kognitive Erleichterung«, mit dem es mental prozessiert wird. Deklarationen eines hohen Vertrauens in eine Aussage erzählen uns zuallererst, dass ein Individuum eine kohärente Story im Kopf konstruiert hat, nicht dass diese Story wahr ist.«[11]

»Ich musste es glauben, um es zu sehen«, formulierte der kanadische Philosoph und Medientheoretiker Marshall McLuhan. Negativer Glaube hat eine ähnliche Funktion: Um Konsistenz zu behaupten, konstruieren wir ein neues

Erwartungsnarrativ, in dem wir, egal, was passiert, immer gut dastehen. Das ist der Kern des apokalyptischen Spießertums: Wer das Schlimmste voraussagt, sitzt immer im sicheren Hafen. Wenn etwas Schlechtes passiert, bestätigt es die negative Erwartung. Wenn etwas Positives passiert, ist es nur eine Herauszögerung. Am Ende kann man immer nur gewinnen, denn wenn sich die Gefahr als Illusion erweist, hat man durch Warnung zur Lösung beigetragen. Es funktioniert wie ein inneres Kontrollpult, eine moralische Superposition. Ein Feldherrenhügel, auf dem man unangreifbar bleibt.

Nie würde der apokalyptische Spießer auf die Idee kommen, dass er selbst ein Teil des Problems ist. Nie würde er begreifen, dass es die Art und Weise ist, wie wir die Zukunft mental beschreiben, die Zukunft konstruiert.

Wir werden den apokalyptischen Spießer nicht frontal bekämpfen können. Sein Prinzip hat zu viele Vorteile, und das mediale System mit seinem Hang zur Hysterie, Skandalisierung, zum ewigen Shitstorm, präferiert seine Logik. Aber wenn wir Zukunft wagen wollen, müssen wir seiner Spur folgen; den Abdrücken, die er in unserer Kultur, in unserem Inneren hinterlässt. Warum glauben wir so furchtbar gerne daran, dass alles immer schlechter wird, sich auf den Abgrund zubewegt, dass die Welt nicht zu retten ist? Warum fällt es uns so schwer, positiv mit dem umzugehen, was sich entgegen aller Gerüchte, aller Krisen und Angstbilder immer mehr durchsetzt?

Sicherheit. Freiheit. Wohlstand.

2 Der Fahrstuhl-Effekt
Warum die Welt durch Wohlstand immer schlechter wird

Man merkt nie, was schon getan wurde,
man sieht immer nur, was noch zu tun bleibt.
Marie Curie

Nordische Götter

Nicht weit von uns im Norden, dort, wo die Riesen bei ihrem wüsten Schöpfungsspiel Felsen, Wälder, Fjorde und jede Menge rote Holzhütten hinterließen, lebt, von nur unbedeutenden Sprach- und Staatsgrenzen getrennt, das wohl glücklichste Volk der Erde. Dänen, Norweger, Schweden, Finnen, etwas weiter draußen im wilden Atlantik auch die Isländer. Die Skandinavier gehören nach PISA, HDI, GINI, Glücksindex und anderen Indikatoren der Lebensqualität zu den wahrhaften Lotteriegewinnern der menschlichen Geschichte. Rekorde überall, vom Einkommen bis zur Innovationskraft, von der Infrastruktur bis zum Bildungsniveau, vom Demokratiebewusstsein bis zur fehlenden Korruption, von der Schönheit der Frauen über die Sauberkeit der Seen bis zum Lächeln der Prinzen und Prinzessinnen – Dänemark, Norwegen und Schweden sind bilderbuchhafte Monarchien und Demokratien.

Klar gibt es auch saufende Finnen und finstere Ecken in Göteborg, in denen es zu Aufruhr kommen kann, wie in jedem anderen vernünftigen Land. Anders Breivik, der Massenmörder, kommt aus der Mitte des norwegischen Idylls. Aber wer öfter

Der Fahrstuhl-Effekt

nach Norden reist, der ist vor allem von einem fasziniert, bisweilen regelrecht geschockt: Wie verdammt nett Menschen sein können. Freundlich, zugewandt, aufgeklärt, solidarisch – und dabei durch und durch individuell.

Die Nordländer entkommen auf irgendeine Weise allen ökonomischen Horrorszenarien, die Wissenschaftler immer wieder heraufbeschwören. Trotz üppig ausgestattetem Wohlfahrtsstaat – nirgendwo sonst findet man derart umfangreich ausgebaute Gesundheit- und Bildungssektoren –, liegen die Staatsverschuldungen auf unterem Niveau. 30 Prozent der Skandinavier sind im öffentlichen Sektor beschäftigt (EU-Durchschnitt: 15 Prozent. Kuba: 75 Prozent). Eigentlich ist das Sozialismus. Und trotzdem haben wir es mit innovativen Marktgesellschaften zu tun. Autofirmen können hier auch pleitegehen, Volvo wurde an Chinesen verkauft, Nokia in der Krise keineswegs vom Staat aufgekauft. Die Unternehmenssteuern liegen bei rund 20 Prozent, auch wenn die privaten Steuern hoch sind. In Schweden konkurrieren private und öffentliche Schulen, ohne dass es dabei zu sozialen Verwerfungen kommt – beide Systeme verbessern sich gegenseitig. Skandinavien ist der Beweis, dass man mit Marktmechanismen den Staat gründlich verbessern kann und dass eine Ökonomie durch einen entwickelten Wohlfahrtsstaat nicht stirbt. Dass innovativer, kooperatistischer Kapitalismus tatsächlich funktioniert.[1]

Aber auch die nordische Welt ist nicht krisenlos. Zwischen 1991 und 1993 fiel Skandinavien in eine tiefe Staatsverschuldungsmisere, mit Werten, die katastrophaler als die des heutigen Griechenlands waren. Innerhalb von vier Jahren hatten sie ihr System reformiert und mit den Erlösen der vom Staat übernommenen Banken den Staatshaushalt saniert. Es gelingt den Nordlichtern sogar, die neuen Geißeln der Moderne zu besiegen. Zum Beispiel die Fettleibigkeit. Der Body-Mass-Index

37

Kapitel 2

der Skandinavier sinkt seit Jahren, während er von Hongkong über Hamburg bis Honolulu steigt und steigt. Ausgerechnet am Nordrand Europas wird immer häufiger die »mediterrane Ernährung« praktiziert: Olivenöl, Tomaten, viel Gemüse und ordentlich Bewegung.[2]

Wie lässt sich das »skandinavische Wunder« erklären? Darüber wimmelt es von Theorien. Hat es womöglich etwas mit den Genen zu tun – den Genen der Wikinger, dieses robusten und abenteuerlustigen Volksstamms, von dem viele Skandinavier abstammen? Nun ja. Der normannische Chronist Dudo von Saint Quentin berichtet Anfang des 11. Jahrhunderts, wie die Wikinger ganze Landstriche in Frankreich verwüsteten:

»Der Wikinger tötete, wen er traf. Er verurteilte die Priesterschaft und bestrafte sie mit einem grausamen Tod. Das übrige Volk verschleppten sie. Die Hausfrauen wurden von vielen vergewaltigt. Alle Mädchen wurden schamlos ihrer Jungfräulichkeit beraubt. Alle Haustiere machten sie zu Geld. Und ihre Wildheit wuchs, genährt von ihren Übeltaten.«[3]

Eine andere Erklärung für den skandinavischen Wohlstand lautet: Es ist das Klima. Hungersnöte gab es in Schweden und Finnland bis ins frühe 20. Jahrhundert hinein. Die dunklen Winter lassen die Menschen zusammenrücken, drängen sie zum Egalitären, zum solidarischen Zusammenhalt. Ja, aber sie machen auch depressiv. Und wenn extremes Klima solidarisch und kooperativ stimmen würde, müsste dies auch in der Sahara, Somalia oder Sibirien gelten.

Und dann die Ausreden: Die Skandinavier haben kaum Ausländer ins Land gelassen, sind ein blondes, homogenes Volk, und deshalb gibt es weniger schlechte Schulen und ungebildete Türkenmädchen. Ach was. In Stockholm, Oslo, Kopenhagen ist die Ausländerquote so hoch wie in Frankfurt oder Barcelona. Oder ist es die Tradition des protestantischen Pie-

tismus (wie in der Schweiz), die die Menschen fleißig, pflicht-
bewusst, diszipliniert, eben tugendhaft macht? Skandinavier
sind fleißig, aber mindestens so relaxed wie die Italiener. In
skandinavischen Firmen wird ziemlich häufig gefeiert. Kein
Mann, keine Frau arbeitet mehr als acht Stunden, die meisten eher sechs, Work-Life-Balance ist das große, verbindende
Thema. In jedem Schwedenkrimi holen unentwegt Kommis-
sare ihre Kinder von der Kita ab und lassen sich scheiden, weil
die Emanzipation eben doch nicht so gut funktioniert, wie sie
es eigentlich müsste. Oder vielleicht zu gut?

Skandinavien bleibt ein Rätsel. Vielleicht auch ein Geheimnis. Im Unterschied zum Rätsel kann man Geheimnisse niemals lösen. Eines allerdings ist sicher: In dieser friedlichen,
glücklichen, solidarischen Gesellschaft lauert das Grauen
gleich unter der Oberfläche.

Massaker im Sozialstaat

Auf der langen, geschwungenen Brücke, die die dänische
Hauptstadt Kopenhagen mit Malmö in Schweden verbindet,
genau in der Mitte, wo die imaginäre Staatsgrenze verläuft,
liegt im Scheinwerferlicht der Polizei ein Frauenkörper. Er entpuppt sich als mit einer professionellen Fleischersäge produ-
ziertes Kunstwerk eines Psychopathen: Der untere Teil stammt
von einer Kopenhagener Prostituierten, der obere von einer
Göteborger Politikerin.

Im Graben eines Aussichtsturms liegt ein alter Mann. Er fiel
beim Morgenspaziergang in Bambusspieße und muss im Tod
tagelang gelitten haben. Jemand hat ihm eine Falle gestellt,
eine gemeine, hinterlistige Falle.

Ein Junge baumelt erhängt vor der Fassade eines Ikea-
Marktes, auf der Brust ein Zitat aus Dostojewskis »Dämonen«:

Sein Schicksal zeugt von den dämonischen Mächten von Krise, Schuld und Kapital.

Eine bei lebendigem Leib gehäutete Frauenleiche wird in einem Abwasserkanal gefunden. Die Häutung erfolgte, wie die Kriminaltechniker herausfinden, mit einem Fischermesser, das aus dem Ostblock stammt und dort vom *Omos,* einer russischen Geheimdienstorganisation, verwendet wird. Aber natürlich haben »die Behörden« das Verbrechen aus korrupten Gründen gedeckt.

Nirgendwo wird dermaßen subtil, perfide, grausam, konsequent und genialisch gemordet wie nördlich des Kattegatt. Nirgendwo sind Politiker derart korrupt, entpuppen sich mehr Industrielle als Nazis, geraten Verschwörungen so abgrundtief wie im Land der Schären und Fiskeboller. Während es in amerikanischen Krimis eher gradlinig oder ironisch zur Sache geht – Schießerei, Drogen, Autoverfolgung, Shootout –, geht es dort, wo es im Winter nicht hell und im Sommer nie dunkel wird, um weitaus tiefere Dinge. Wir blicken nicht in den Schmutz der Kriminalität, sondern in den Orkus des Humanen.

Der inzwischen wohl weltbekannteste Nordkrimi, Stieg Larssons »The Girl with the Dragon Tattoo«, handelt von Missbrauch, der zu Gewalt und immer weiterer Gegengewalt führt. Und wer ist schuld? Der Sozialstaat. Die korrupte Bürokratie, die das Individuum missachtet. Und das im effektivsten und solidarischsten Sozialwesen der Welt! Es sind die inneren Gräben und Konflikte, die im *Nordic Noir* geschildert und in gewisser Weise gefeiert werden. Sarah Lund, die Wollpulloverkomissarin, die hochsensibel durch ihr Leben stolpert, genialisch ermittelt und immer wieder an sich selbst scheitert, scheitert in Wirklichkeit an der Welt. Nie wird etwas gut, auch und gerade wenn wir es gut haben. Das Gute ist nur der Schleier des Schrecklichen. Die Skandinavienkrimis sind die antiken Dramen von heute, die uns in der Vermutung bestätigen, dass Zivilisation nur eine Tarnung ist.

Der Kommissar und der Zufall

Der Erfolg des *Nordic Noir* beginnt in den neunziger Jahren, in der idyllischen Hafenstadt Ystad an der schwedischen Ostseeküste. 20 000 Einwohner, eine pittoreske Backsteinkulisse aus der Hansezeit, drei größere Hotels und eine Fährverbindung nach Osteuropa. Im Frühjahr leuchtet der gelbe Raps mit dem blauen Himmel um die Wette. Im Kriminalregister des realen Ystad gibt es alle zehn Jahre einen Totschlag im Suff. Wenn es hoch kommt. Eine wahrhaft friedliche Welt an den Dünen.

Im fiktiven Ystad lebt und wirkt unter den verschärften Bedingungen monströser Kriminalität der wahre Held unserer dunklen Tage: Kurt Wallander, Kriminalkommissar, erfunden von Henning Mankell.

Kommissar Wallander ist kein cooler, pfeifenrauchender Maigret oder rüpelnder Schimanski. Wallander leidet bis heute an seiner Scheidung von einer emanzipierten Schwedin, die seine emotionalen Marotten nicht mehr ertragen konnte. Er ist durchschnittlich im Bett, jagt dauernd Frauen hinterher, stellt sich dabei aber vollkommen tollpatschig an. Er versteht nichts von den Gefühlen seiner Tochter, die auch Polizistin werden will. Sein eigener Vater hat ihn nie richtig anerkannt. Wallander hat beginnende Diabetes, genauer gesagt: das metabolische Syndrom, jene teuflische Mischung aus hohen Cholesterinwerten, Bewegungsmangel, Bluthochdruck und Übergewicht, die als Zivilisationskrankheit ihr Unwesen treibt. »Er schluckte jeden Tag nicht weniger als sieben Tabletten«, heißt es einmal.

Kapitel 2

Wallander ist ein Opfer der Verhältnisse. Er gibt sich Mühe, aber wohin führt das? Die Wirklichkeit ist der Zufall der Gesellschaft. So wie Wallanders Blutwerte gehen die sozialen Verbindungen ständig den Bach hinunter. Die Geschwüre unter der Oberfläche des Idylls werden sichtbar.

In dem Thriller »Der Feind im Schatten« heißt es: »Er stellte sich ans Fenster und blickte hinaus auf den alten Wasserturm, die Tauben, die Bäume, den blauen Himmel, der sich zwischen auseinandertreibenden Wolken zeigte. Eine tiefe Unruhe überkam ihn, eine Leere, die sich um ihn ausbreitete. Oder war sie in ihm selbst?«

Wallanders depressiver Duktus wirkt wie ein Weltkonzept der Gnosis. Die Realität mit ihrem Komfort, ihren Scheinverbindlichkeiten, ist eine illusionäre Matrix, gemacht vom Teufel des weltweiten Kapitals, um die Menschen in Täuschung und Sünde zu fesseln. Wirklichkeit ist nur ein böser Übergangszustand, an dessen apokalyptischem Ende eine neue göttliche Ordnung wartet.

Die wahre soziale Gerechtigkeit.

Vertrauen ist ein Produktivkapital
Der Kern des skandinavischen Wohlstandsgeheimnisses liegt in einer kostbaren, sich selbst vermehrenden Ressource: Vertrauen.

Schweden, Dänen, Norweger, Finnen haben in allen Werte-Umfragen eine grundlegend positive Meinung über ihren Nachbarn. Sie halten den Staat nicht für ihren persönlichen Feind, der nur dem Zweck dient, ihnen das Geld aus der Tasche zu ziehen und dann ungerecht zu verteilen und zu verschwenden. Sie vertrauen – ungefähr doppelt so sehr wie Deutsche, Italiener, Amerikaner – den demokratischen Institutionen, der

Polizei, dem Sozialstaat. Aber auch den Politikern – gewählte Vertreter gelten im Norden nicht als die allerletzten Nichtsnutze und Abzocker.[4] Und weil fast alle das so sehen, ist eine Art Vertrauensgenerator entstanden. Eine Kooperationskultur.

Vertrauen lässt sich als ein sich selbst perpetuierendes System beschreiben. Vertrauen ist kein Wert, sondern ein Verhaltensmodus. Wer vertraut, gibt einen Vorschuss, der das soziale Kapital vermehrt. Wer vertraut, gibt etwas und bekommt mit hoher Wahrscheinlichkeit etwas zurück. Vertrauen ist also ein enorm wichtiges, unsichtbares Produktivkapital. Man muss nicht mühsam alles ausverhandeln, kontrollieren, absichern, argwöhnisch beäugen. Die Fortschrittssynthese, die Spirale in die Komplexität, entsteht so viel leichter. Vertrauen hat allerdings auch einen entscheidenden Nachteil: Es ermöglicht dem Bösen raschen Zutritt.

Als Anders Breivik, der rechtsradikale Killer, nach seinem Bombenattentat in der Osloer Innenstadt in Polizeiuniform am Fähranleger der idyllischen Insel Utoya auftauchte, fand sich sofort ein netter Fischer, der ihn mit seinem privaten Motorboot auf die Insel übersetzte. Damit er dort »nach dem Rechten« sehen konnte.

Man dutzt und hilft sich eben, in Skandinavien.

Die Spieltheorie weist in zahlreichen Experimenten nach, dass sich raffsüchtige, ausbeuterische Strategien besonders dort schnell durchsetzen, wo kooperative Vertrauensstrategien vorherrschen. Der Wolf kann sich am besten dort die Schafe reißen, wo die Schafe wenig Grund zur Angst haben. Wenn alle ehrlich sind, glaubt keiner an den Dieb. Wenn im Hotel alle ihr Zimmer unverschlossen lassen, ist die Beute besonders groß.

Und genau hier liegt womöglich ein Urgrund für unser Misstrauen gegenüber der »guten Zivilisation«. Wir alle sind

Kapitel 2

in gewisser Weise instinktive Spieltheoretiker. Wir wissen: Wenn wir miteinander emotional kooperieren, werden wir verletzlicher. In *Nordic-Noir*-Erzählungen sind immer Menschen, denen wir besonders vertrauen, die grausamen Täter. Ausgerechnet der Vertrauenslehrer an einer Schule organisiert die Vergewaltigung der 14-jährigen Schülerinnen. Der Bürgermeister selbst hat den Penner auf dem Gewissen. Der Sozialarbeiter ist so korrupt, dass er Killer anheuert, um seinen Missbrauch zu decken.

»Das Ideal ist nichts als die Wahrheit von Weitem«, formulierte der französische Lyriker und Politiker Alphonse de Lamartine. Allzu nah möchte man dem Ideal womöglich gar nicht kommen. All das ist unweigerlich mit einer nostalgischen Rückprojektion verbunden. Früher war eben alles ehrlicher, menschlicher, einfach besser.

Früher hielten die Menschen noch zusammen.
Früher waren die Werte noch intakt.
Früher gab es noch weniger Gewalt und Gleichgültigkeit.
Früher war der Sozialstaat großzügig und unlimitiert.
Früher waren die Verbrechen noch einfach und klar.
Früher war einfach alles besser.

Zukunft als gefälschte Erinnerung

Ulrich Neisser ist ein amerikanischer Wissenschaftler, der sich seit vielen Jahrzehnten mit der Frage beschäftigt, wie unser Gedächtnis funktioniert. Geboren wurde er in derselben norddeutschen Stadt, in der ich meine frühe Kindheit verbrachte: Kiel. Von dort floh seine Familie 1933 in die USA.

Neissers spektakulärste Studie über die Funktion des Gedächtnisses handelt von einem Ereignis, an das sich viele Erdbewohner erinnern können: die Explosion der Raumfähre

Challenger im Jahre 1986. Viele, die damals älter als fünf Jahre waren, haben noch Erinnerungen in ihrem inneren Bildspeicher an die Tragödie, bei der die explodierende Raumfähre in alle Himmelsrichtungen zerstob und sechs Astronauten in den Tod riss. Es war das Ende einer Epoche. Ein Jahr vor der Reaktorkatastrophe in Tschernobyl zeigten sich die tödlichen Grenzen von Großtechnik auf drastische Weise.

Neisser nahm dies zum Anlass, die Funktionen der Erinnerung bei einem sogenannten Marker-Event zu dokumentieren. Bei solchen Ereignissen, so die Annahme, brennen sich die Erinnerungen präzise wie mit einem Brennglas ins Gehirn ein. Wir wissen exakt, was am 11. September, der Mondlandung, unserer Hochzeit, dem Tag des Todes unserer Eltern passierte. Ein ungewöhnliches, starke Emotionen verursachendes Ereignis macht unsere Synapsen besonders empfänglich und speichert die Geschehnisse wie einen Film im Langzeitgedächtnis.

Glaubte man jedenfalls.

Neisser protokollierte in dreijährigen Abständen die Erinnerungen seiner Studenten an die Challenger-Explosion. Aber schon beim ersten »recall«, drei Jahre nach dem Unglück, schilderten nur noch sieben Prozent der Studenten die Ereignisse und ihre Wahrnehmungen so wie bei der letzten Protokollierung. 50 Prozent wichen in zwei Dritteln ihrer Aussagen von der vorherigen Schilderung ab, und 25 Prozent hatten plötzlich ganz andere Erinnerungen. Eine der Probandinnen sagte sogar, als man sie mit ihren ursprünglichen schriftlichen Aufzeichnungen konfrontierte: »Ich weiß, dass das meine Handschrift ist, aber das kann ich unmöglich geschrieben haben.«[5]

Das Normverständnis unseres Gedächtnisses basiert auf dem Bild eines Computers. Jedes Mal, wenn wir uns erinnern – so der Glaube –, rufen wir eine fixe Information aus unseren Speichern ab, die dort für immer festgeschrieben ist

Kapitel 2

und allenfalls über die Zeit oder durch Alzheimer verblassen kann. Aber Menschen sind eben keine Computer. In Wahrheit stellen wir jedes Mal, wenn wir uns erinnern, die Erinnerung neu her. Wir komponieren Erinnerung.[6] Man könnte auch sagen: Wir kuratieren unsere eigene Geschichte.

Der amerikanische Philosoph William Hirstein schrieb in seinem Buch »Brain Fiction« (2005):

»Die kreative Fähigkeit, plausibel klingende Erinnerungen zu produzieren, und die Fähigkeit, diese Erinnerungen zu verifizieren, scheinen im menschlichen Gehirn völlig getrennt voneinander zu existieren.«

Nach welchen Kriterien »lügt« unser Gedächtnis? Auch hier geht es wieder vor allem um Konsistenz und den Cognitive-ease-Effekt. Der evolutionäre »Job« unseres Gehirns besteht darin, uns für die Zukunft zu motivieren und uns vor allzu viel Grübelei zu bewahren (die uns von unseren reproduktiven Aufgaben abhalten könnte). Dabei würde es ziemlich stören, wenn in unserem Kopf lauter irritierende Erlebnisse herumspuken würden. Unser Gedächtnis handelt deshalb im Auftrag unseres Kontrollpults. Im Sinne der Selbstkohärenz biegt es sich alles so zurecht, dass am Ende ein schlüssiges Gesamtbild herauskommt.

»False memory« kann verschiedene Richtungen einschlagen. Meistens re-arrangieren wir unser Gedächtnis aus der »Heroismusposition« heraus: Auch wenn es reiner Zufall war, dass wir unsere Liebste kennenlernten / den tollen Job bekamen / reich und berühmt wurden – wir waren die Helden, die Schmiede unseres Glücks. Wir haben immer schon gewusst, zu was das führen würde. Umgekehrt delegieren wir alles, was nicht geklappt hat, an die Außenwelt. Die »Gesellschaft« oder »das System« können nicht widersprechen. Also sind sie meistens schuld.

Schreckliche, traumatisierende Erlebnisse werden entweder völlig gelöscht, also verdrängt, oder aber so imaginiert, dass sie ebenfalls einen konsistenten Sinn für unser Selbst ergeben. Missbrauchserfahrungen wurden zum Beispiel in einer Zeit besonders häufig angezeigt, als die Medien viel von Missbrauch in der Kindheit berichteten. Viele dieser Fälle stellten sich später als erfunden heraus. Wer unter unklaren Ängsten, psychischer Labilität leidet, der sucht nach Interpretationsmustern. Eine Erfahrung von Missbrauch in der Kindheit kann alles erklären. Und so entstanden manche Missbrauchsfiktionen als innere seelische Ausgleichsmanöver, mit schrecklichen Folgen für unschuldig Verdächtigte.

Dieses *Neuschreiben* richtet sich nun keineswegs nur in die Vergangenheit – es prägt auch unser Zukunftsdenken. Bei Tests mit Kernspintomografen zeigte sich, dass beim Erinnern und beim Zukunftsfantasieren *dieselben* Gehirnareale aktiv werden.[7] Die amerikanischen Gedächtnisforscher Daniel L. Schacter und Donna Addis behaupten sogar, dass die Funktionen der Zukunftsvision und der Erinnerung *ein und dasselbe* sind. Der Psychologe Michael Corballis:

»Derselbe Mechanismus, der uns erlaubt, die Vergangenheit zu rekonstruieren und zu entwerfen, erlaubt uns auch, Geschichten zu erfinden. Wir Menschen sind süchtig nach Sagen, Legenden, Erzählungen, Filmen, Seifenopern und Alltagsklatsch.«[8]

Daniel Kahnemans Satz, dass wir an »die Zukunft als antizipierte Erinnerungen« denken, ergibt hier neuen Sinn. Er erklärt sich aus der Spannung zwischen dem *Erfahrungs-Ich* und dem *Erinnerndem Ich*. Daniel Kahneman beschrieb das in einem Interview so:

»Das Erinnernde Ich bestimmt über unser Leben. Schon wenn wir etwas planen, eine Urlaubsreise oder sonst ein Vor-

Kapitel 2

haben, nehmen wir dabei die Erinnerungen vorweg, die wir uns davon versprechen. Mir erzählte mal jemand, er habe sich unlängst eine wunderbare Symphonie angehört, aber leider erklang ganz am Ende der Aufzeichnung ein schrecklich kratzender Misston. Das habe ihm das komplette Erlebnis ruiniert. Ist das nicht eigenartig? In Wahrheit blieb das Hörerlebnis der Symphonie zuvor von dem Kratzer am Schluss natürlich völlig unberührt – ruiniert war ausschließlich die Erinnerung.«[9]

Unsere »memory bias« ist also auch unsere »future bias«. Wir malen uns die Zukunft aus gefälschten Erinnerungen aus. Wir fahren auf den Gleisen der Vergangenheit in die Zukunft und verstehen deshalb oft nur Bahnhof.

Zum Beispiel die Arbeitswelt. Wenn wir an »Arbeit, damals« denken, denken wir nicht an die monotonen Fließbänder und verrauchten Fabrikhallen der alten Industriewelt. Wir denken nicht an die Tatsache, dass damals nur die Männer einen Job hatten. Dass Arbeit auch in den 60ern schon »prekär« war – wenn man die Zeitungen dieser Dekade aufschlägt, wimmelt es auch damals von Pleiten, Fabrikschließungen, Strukturwandel. Wir erinnern uns an den Vater, der verlässlich jeden Morgen zur selben Zeit mit einer Stulle ins Büro marschierte. Der Vater war nicht gestresst, höchstens sehr beschäftigt, was an seinem Status lag. Wir erinnern uns noch sehr gut, wie er am Wochenende mit uns Fußball spielte. Obwohl das vielleicht eine Ausnahme war. Wir basteln uns eine Erzählung aus diesen selektiven Erinnerungen: Früher war alles sicher, heute ist alles unsicher.

Dass Arbeit heute viel mehr Möglichkeiten und Varianten hat, zumeist vielfältiger und sinnerfüllender ist, dass Frauen viel bessere Jobchancen haben, die Bildungsquoten höher sind, dass viele Familien Doppelverdiener sind und deshalb flexibler auf Ausfälle regieren können? Nein, wir sehen immer nur die

Trends zum »Prekariat«, »Burnout«, »Mobbing«, die ständig
drohende »Massenarbeitslosigkeit«, die »Generation Prakti-
kum«, den »Zerfall der Mittelschicht« und die »Mietpreisspi-
rale«. Unser Gehirn funktioniert in den Kategorien der Ver-
lustmöglichkeiten perfekt. Im Bereich der Gewinnoptionen
hat es Zukunftsalzheimer.

Risiken und Wahrscheinlichkeiten
Zu dieser nostalgischen Zukunftsblindheit kommt ein Phänomen, das die Kognitions-Psychologie »availability bias« (»Ver-
fügbarkeitsverzerrung«) nennt.

Besonders verfügbar für unser Gehirn, das eine momentane
Problemlage beurteilen soll, sind immer die Katastrophenbil-
der. Unser Alarmhirn hortet einen reichhaltigen Schatz davon:
Flugzeugabstürze, hungernde Menschen, einstürzende Hochhäuser, Fluten, Dürre, Gewalt – all das ist nicht nur in unseren
persönlichen, sondern auch in den kollektiven Bildspeichern
gut abgelagert und jederzeit abrufbar. Die Medien frischen diesen Katastrophenspeicher ständig mit neuen, bizarren Bildern
auf. Aus hungernden Menschen werden dann Zombies, aus
Krankheitsängsten womöglich Aliens aus dem All, aus dem
braven Bankbeamten, der uns schlechte Wertpapiere verkauft
hat, wird ein Vampir.

Dieser Effekt sorgt dafür, dass wir regelmäßig Risiken mit
Wahrscheinlichkeiten durcheinanderbringen – und gesellschaftliche Probleme verzerrt wahrnehmen. Mobbing. Burnout.
Soziale Kälte. Rentenarmut. Demografische Katastrophe. In
all diesen Begriffen spielen die impliziten Bilder eine gewichtige
Rolle. Bei »demografische Katastrophe« sehen wir vor unserem
inneren Auge hilflose Menschen, die in Altersheimen dahin-
dämmern. Bei »sozialer Kälte« wähnen wir uns einsam und

verlassen mit Bettelhut am Bahnhof – ein Bild, dass wir vielleicht gerade auf dem Nachhauseweg aufgeschnappt haben.

Die »availability bias« führt direkt zum so genannten *Vergleichsirrtum*. Wenn in einem Krankenhaus wieder ein Hygieneskandal aufgedeckt wird, gehen wir sofort von einem negativen Trend aus, nämlich dass »Krankenhäuser gefährlicher für die Gesundheit werden.« In den Medien werden dann Bilder von Menschen gezeigt, die todkrank in Krankenhäusern an Schläuchen hängen oder die im Sarg nach draußen getragen werden. Das verhakt sich sofort in unserem Bewusstsein.

Wenn ein Korruptionsskandal aufgedeckt wird, glauben wir: »Alle Politiker sind korrupt« oder zumindest »Politiker werden immer korrupter.« Aber die Skandalaufdeckung beweist eher das Gegenteil. Wenn alle (oder auch viele) Politiker korrupt wären, würde Korruption so groß, dass sie nicht bekämpfbar wäre. In Griechenland war das eigentliche Problem, dass man dort keinen einzigen Korruptionsskandal aufdeckte.

Wenn ein Flugzeug abstürzt, wird Fliegen nicht unsicherer. Im Gegenteil. Man kann davon ausgehen, dass jetzt zusätzliche Sicherheitsmaßnahmen ergriffen werden. Ebenso wie in den Krankenhäusern nach dem Infektionsskandal wahrscheinlich strenger auf Hygiene geachtet wird als vorher.

Unsere Wahrnehmung setzt immer Ereignisse mit Wahrscheinlichkeitssteigerung gleich. Das hat seinen Grund. Unser in drei Millionen Jahren evolutioniertes Gehirn hat eine innere Priorisierung: Finde die Gefahr so rechtzeitig, dass du deine Gene weitergeben kannst. Oder: Identifiziere erst die unmittelbare Gefahr und denke erst hinterher darüber nach.

Wobei wir das zweite dann nicht selten vergessen.

Um aus der Umwelt die Gefahrenzeichen herauszufiltern, ist Routine erforderlich. Und das ist der Grund, weshalb wir die Zeitungsmeldung »Heute schon wieder 25 000 Flugzeuge ohne Absturz geflogen« oder »In 189 von 196 Ländern der Erde herrscht Frieden« oder »95 Prozent aller europäischen Gesetzesentwürfe sind erfolgreich« schlichtweg nicht wahrnehmen würden.

Was funktioniert, ist abgehakt. Unsichtbar. Ohne Belang. Nur was Gefahr signalisiert, existiert für unser gefahrensuchendes Gehirn. Das ist der Kern des Vergleichsirrtums.

Wissenschaftler haben herausgefunden, dass ein bestimmtes Gen, nennen wir es das »X-Gen«, zehn Prozent aller Menschen vor hohem Blutdruck schützt. Das ist keine Meldung wert. Aber dann kommt ein Journalist auf die findige Idee, eine Schlagzeile wie folgt zu erfinden:

»Fehlendes X-Gen erhöht bei 90 Prozent aller Menschen die Wahrscheinlichkeit, an Bluthochdruck zu sterben!«[10]

Die Zahlenangabe »10 Prozent«, die in der positiven Meldung stehen würde, würde das Gehirn als irrelevant einordnen (»ich gehöre wahrscheinlich nicht dazu«). Die Zahlenangabe »90 Prozent«, verbunden mit »Bluthochdruck« und »sterben«, löst hingegen sofort eine Aufmerksamkeitskaskade aus: Alarmsirene, Blaulicht, Schmerz im Kopf, Krankenhaus, Intensivstation …

So lästig das auch ist – es gibt gute Gründe, warum wir so konstruiert sind. Wenn unsere Vorfahren eine Zeit des Friedens, der guten, sicheren Ernährung erlebten, dann war das eine radikale Ausnahme. Die Millionen Jahre lange Geschichte der Menschen führt durch endlose Täler der existenziellen Unsicherheit. Die Nahrung konnte ausgehen. Pflanzen und Krankheiten konnten den Tod bringen. Leute, mit denen man einen scheuen Kontakt pflegte, konnten sich plötzlich als Feinde erweisen. In der alten Welt, in der wir »konstruiert« wurden, war es sinnvoll, nach Gefahr und nicht nach Sicherheit zu schauen. In der modernen, der sicheren Welt jedoch führt uns das ins kognitive Wolkenkuckucksheim.[11]

Kapitel 2

Stellen wir uns einmal vor, wir würden mit einer Meldung konfrontiert, die so lautet:

Den Kindern in unserer Gesellschaft geht es immer besser!

Eine Nullmeldung. Keine Zeitung würde eine solche Zeile drucken. Aber genau das zeigen langfristige Studien ohne materielle Interessen.[12] Die Befunde dieser Studien sind nüchtern auf Zahlen gebaut:

- 90 Prozent aller Kinder in Deutschland haben einen guten oder sehr guten Gesundheitszustand – deutlich mehr als jemals zuvor.
- 58 Prozent sind Mitglied eines Sportvereins. 77 Prozent der unter Zehnjährigen spielen fast täglich im Freien.
- 75 Prozent leben bei den leiblichen Eltern. Eine höhere Zahl als in sonstigen Epochen (in den goldenen sechziger Jahren gab es zum Beispiel in Deutschland eine sehr hohe Zahl von Waisen).
- 90 Prozent der Jugendlichen sagen, sie hätten ein gutes Verhältnis zu ihren Eltern und diese hätten auch genug Zeit für sie (Ältere sagen das deutlich weniger über ihre eigene Kindheit). 75 Prozent der Kinder und Jugendlichen würden ihre Kinder genauso erziehen, wie sie es bei ihren Eltern erlebt haben.[13]
- 80 bis 90 Prozent der Eltern setzen bei der Erziehung klare Grenzen.
- 78 Prozent der Eltern sehen sich als aktive Erzieher (vor 20 Jahren waren es deutlich weniger als die Hälfte). 25 Prozent gehen inzwischen in Vaterschaftsurlaub.[14]

Wenn wir diese Zahlen mit dem vergleichen, was wir über die fünfziger und sechziger Jahre wissen, wird deutlich, wie viel sich verbessert hat. Heute geben 70 Prozent der Eltern an, dass der Charakter ihrer Kinder ihnen am Herzen liegt – ein klarer Wertewandel von den autoritären Erziehungsmustern meiner Kinderzeit zu einer offenen Erziehung. Noch nie erlebte eine Kindergeneration ihre Großeltern so lange und intensiv. Kinder müssen mit Eltern kooperieren, und umgekehrt. Das macht nicht nur manches schwieriger, sondern manches auch erst sichtbar – weil es nun problematisiert wird. Wir sind entsetzt über die Fälle von Kindesmissbrauch in Schulen und Kirchen. Wir sind fassungslos bei Verwahrlosungsfällen. Und verdrängen, dass solche Fälle früher viel, viel häufiger vorkamen.[15] Längst hat der veränderte Erziehungsstil positive Auswirkungen auf die Jugendkriminalität, die – allen medialen Eindrücken zum Trotz – deutlich sank.[16]

»Burnout, Depressionen und Neurosen nehmen rapide zu«, melden immer wieder Studien, die nicht selten vom »Bundesverband der Generika-Hersteller«, der »Vereinigung für pharmazeutische Produkte« oder auch von der »Interessengemeinschaft Psychiatrie« finanziert werden. In einer Marktgesellschaft geschieht nichts umsonst.

Aber stimmt das denn? Ist es wirklich so, dass früher weniger seelische Krankheiten existierten?

Das hängt natürlich davon ab, was man als »Krankheit« definiert. Noch vor einem halben Jahrhundert waren psychische Defekte in zwei Kategorien geteilt. Entweder in die Kategorie »zu ignorierender Tick«. Tante Elfriede war immer ein bisschen seltsam. Onkel Egon hatte, nun ja, Probleme mit dem Trinken, ihm rutschte immer mal die Hand aus. Krank war das natürlich nicht. Auf dem Dorf wurden alle möglichen Abweichungen ertragen. Selbst in Städten gehörten Selbstredner und Verwirrte zum Alltagsbild.

Wenn jedoch jemand wirklich für geisteskrank erklärt wurde, war er so gut wie verloren. Zum selbstverständlichen Repertoire eines »Irrenhauses« gehörten Sedierung, Fesselung, Elektroschocks, Schläge und vor gar nicht allzu

Kapitel 2

langer Zeit auch die »Trepanation« genannte Öffnung des
Schädels.

Was als psychische Störung gilt, ist im sogenannten DSM
festgehalten: »Diagnostic and Statistical Manual of Mental Disorders«. Von diesem Standardwerk existiert inzwischen die
fünfte Auflage. In der ersten Fassung von 1952 wurden noch
106 psychische Leiden aufgelistet, zum Beispiel drei Sorten der
Schizophrenie und vier Varianten der Depression.[17] In DSM 4
waren es schon dreimal so viele. Heute, im DSM 5, sind zum
Beispiel auch diese Phänomene als psychische Störungen kata-
logisiert:

- schwacher Sexualtrieb
- koffeinbedingte Schlafstörung
- Jähzornigkeit.[18]

Es stimmt schon, was wir in meiner rebellischen Jugend
behaupteten: Wir sind alle irgendwie verrückt. Jedenfalls wenn
man »Normalität« in einen Korb legt, der so hoch hängt, dass
kein normaler Mensch mehr drankommt.

Achtung, wir könnten fallen!

Der deutsche Soziologe und Risikoforscher Ulrich Beck hat
den »Fahrstuhl-Effekt« als jenen Prozess beschrieben, bei dem
im Zuge des Entstehens von Wohlstandsgesellschaften sämtliche Schichten einen höheren Lebensstandard erlangen. »Es
gibt – bei allen sich neu einpendelnden oder durchgehaltenen
Ungleichheiten – ein kollektives Mehr an Einkommen, Bildung, Mobilität, Recht, Wissenschaft, Massenkonsum.«[19]

Es gibt jedoch auch einen subjektiven Fahrstuhl-Effekt,
durch den wir dieses »Mehr« als »Weniger« wahrnehmen. Stellen wir uns vor, wir fahren mit einem Fahrstuhl nach oben.
Während wir aufsteigen, werden unten die Leute immer klei-

ner. Wir bekommen eine Übersicht. Da unten sind ja auch noch welche! Was da alles herumwuselt! Aber jetzt wird uns auch schwindelig. Wir haben das Gefühl, die Welt rotiert. Achtung, wir könnten fallen!

Der Fahrstuhl ruckelt. Heißt das nicht, dass er jetzt gleich abstürzt?

Da unser Gehirn immer relativistisch vergleicht, kommt es nie zu einem Gleichgewicht zwischen Erfahrung und Modellbildung. Wenn der Fahrkorb nach oben geht, »sackt« die Wirklichkeit automatisch ab. Odo Marquard, der konservative deutsche Philosoph, formulierte es in seiner wunderbar antiquierten Sprache so:

»Während der Fahrstuhl der Ansprüche nach oben fährt, fährt die Welt aus der Sicht der Fahrstuhlpassagiere nach unten. Je mehr Negatives aus der Welt verschwindet, desto ärgerlicher wird – gerade weil es sich vermindert – das Negative. Knapper werdende Übel werden negativ kostbarer!«[20]

Jedes Mal, wenn sich etwas verbessert, legen wir die Latte für das, was wir als »gefahrlos« und »normal« empfinden, ein Stück weiter nach oben. Immer kleinere Abweichungen ergeben nun schon ein Bedrohungspotenzial. Wetter mit Schneefall war früher Schneewetter. Heute ist es ein »Schneetsunami mit 40 Zentimetern Neuschnee, der über Nordeuropa hereingebrochen ist«. Wenn man vor dreißig Jahren einmal Hunger hatte, war das ganz normal. Wenn heute eine Mahlzeit ausfällt, ist das ein Drama – oder Anzeichen bewusster Askese. In einer Dienstleistungsgesellschaft fühlen wir uns schon dann schwer verletzt, wenn der Ober im Restaurant nicht so reagiert, wie wir das unseren Ansprüchen nach für selbstverständlich halten. Sofort glauben wir an einen »Trend zu immer mehr Unhöflichkeit«. In dieser unendlichen Eskalation von Komfortabilitätsansprüchen und Vergleichen erscheint die Welt immer dunkler. Nicht, weil sie real schlechter wird, sondern weil die mentale Propaganda des Schlechten ständig effektiver wird.

Und so laufen überall – auf der Straße, im Bekanntenkreis, auf Partys – Menschen herum, die permanent Gefahren wittern, gefüttert und geschmeichelt durch eine Armada von Experten, die kleine und große, reale und eingebildete Bedrohungsszenarien öffentlichkeitswirksam diskutieren. Burnout-Experten. Mobbingspezialisten. Untergangsmahner. Werteverfalljammerer. Es funktioniert wie ein mentales Schneeballsystem. Die Ängstlichen werden ständig in ihren Erwartungen bestätigt: »Schon wieder ist etwas schlechter geworden, ich habe es doch gewusst!« Die Experten streichen Honorare ein und verteidigen ihre Deutungsmacht, die wahre Währung der medialen Kultur.

Unsere Zukunftserwartung wird also im Kern von der Bewertung von Störungen geprägt. Inwiefern sind wir bereit, Differenzen vom erwünschten Ideal als natürliche Schwankungen zu akzeptieren? Wo verläuft die Schmerzgrenze, von wo aus wir in den Ausnahmezustand-Modus schalten?

Wie perfekt muss eine Ehe sein, damit wir sie als »in Ordnung« wahrnehmen – und weiter unseren Beitrag zum Gelingen leisten?

Wie reibungslos muss eine Demokratie funktionieren, damit wir als Wähler und Bürger bereit sind, Verantwortung zu übernehmen?

Muss eine Marktwirtschaft immerzu solides Wachstum garantieren, sagen wir drei Prozent pro Jahr, dauerhafte Arbeitsplätze, bessere Straßen, mehr Rente, damit wir sie als »funktionierend« wahrnehmen? Ab welchem Punkt stimmen wir der Interpretation zu, dass es sich hier um ein marodes, ausbeuterisches, kapitalistisches Superkrisensystem handelt?

Wir kommen zu den eigentlichen Zukunftsfragen:

Wäre es möglich, dass wir eines Tages unsere Erwartungen derart in die Höhe schrauben, dass schon bei den kleinsten Störungen eine handfeste soziale Hysterie ausbricht?

Ist am Ende ein Prozess denkbar, in dem wir die Errungenschaften der Zivilisation aus lauter Angst vor ihrem Verlust in die Luft sprengen?

3 Wie ich in die Zukunft kam
Die Utopien meiner Kindheit

Wir blicken so gern in die Zukunft, weil wir das Ungefähre,
was sich in ihr hin und her bewegt, durch stille Wünsche
so gern zu unseren Gunsten heranleiten möchten.
Johann Wolfgang von Goethe

Tore ins Morgen

Manchmal stelle ich mir vor, dass Zukunft dadurch entsteht, dass man durch Tore schreitet.

Diese Tore ragen vor unnatürlich blauen oder grünen Horizonten auf, die an die Atmosphäre fremder Planeten erinnern. Sie ähneln dem Sternentor in dem Science-Fiction-Film »Stargate«, das aus kreisenden, summenden Ringen besteht. Eine elektrische Spannung liegt in der Luft, dieser typische Zukunftsgeruch von heißem Kupfer, Plastik und elektrisiertem Ozon. Wenn man durch die Tore geht, spürt man ein Schwindelgefühl. Alles verändert sich: die Farben, die Luft, das Licht, der Horizont.

Es gehört ein gewisser Mut dazu, ein solches Tor zu durchschreiten. Man wird auf der anderen Seite nicht mehr derselbe sein. Das Portal wird sich hinter einem wieder schließen, und dann gibt es kein Zurück. Es wird womöglich ein bisschen wehtun. Es ist so ähnlich wie beim Beamen im Transporterraum von Raumschiff Enterprise, wo man ja bekanntlich in alle seine Moleküle zerlegt und anderswo wieder zusammengesetzt wird.

Dabei kann schon etwas schiefgehen.

Wie ich in die Zukunft kam

Ein solches Tor tat sich für mich im Sommer des Jahres 1969 auf. Ich war 14 Jahre alt und ging in ein human-sprachliches Gymnasium. Ich war ein verträumter Sammler. Bierdeckel, Briefmarken, Kronkorken, Matchboxautos, Legosteine, Automarkenlogos, Edelsteine, kleine Stadtwappen, Mickymaushefte, Fußballbilder, Tierbilder, und natürlich Weltraumbilder. Ich sammelte und bastelte Schiffe aus Karton, mit 4000 Einzelteilen. Tagelang. Sammeln ist eine nützliche Art, die Welt durch immerwährendes Vervollständigen zu kontrollieren.

Julia wohnte in einer Reihenhaussiedlung direkt hinter der Autobahn, jenseits der Rapsfelder, die ich im Frühsommer mit meinem Fahrrad durchstreifte. Julia hatte zu Hause einen Partykeller mit einer Tischtennisplatte, wo es nach Cognac und den Zigarren ihres Vaters roch. Dort lief auf einem Plattenspieler immer »Bad Moon Rising« von der Rockband Creedence Clearwater Revival, bis die herzliche, aber resolute Mutter den Strom abdrehte. Und ich über die Felder mit klopfendem Herzen nach Hause radelte.

Auf dem Weg gab es eine Straßenbrücke, die einsam mitten in einem Zuckerrübenfeld stand. Irgendwie hatte man vergessen, sie an eine Autobahn anzuschließen. An dieser unwirklichen Brücke, die den Toren in eine andere Welt ähnelte, gab ich Julia den ersten Kuss.

Zumindest hatte ich das vor. Aber ich wusste einfach nicht, wie ich es anstellen sollte.

Julia benutzte als erstes Mädchen unserer Gymnasialklasse, ich bin sicher der Welt überhaupt, das atemraubende Patschuli-Parfüm. Und sie trug jene halb durchsichtigen indischen Leinenhemdchen mit den Handstickereien, die damals aus dem kosmischen Nichts auftauchten und nur wenige Jahre später wieder dorthin verschwanden, bevor die Welt endgültig aus den Fugen geriet.

59

Kapitel 3

In Wahrheit war es wohl eher so, dass die Frage, wie man eine Berührung oder einen Kuss zustande bekommen sollte, in diesem Universum ein ungelöstes kosmisches Rätsel bleiben musste.

Das alles war eigentlich schon mehr als Zukunft genug für einen 14-Jährigen im Sommer des Jahres 1969.

Aber es war erst der Anfang.

Die Kunst des Wachbleibens

Am Nachmittag des 20. Juli 1969 lieh mein Vater von einem Nachbarn einen Fernseher. Das war schon für sich genommen eine Sensation, denn unsere Familie hatte aus pädagogischen Gründen keinen Fernseher. Damals gab es dieselbe Diskussion wie heute über Videospiele. Fernsehen galt als »verdummend«. Machte »süchtig«.

Eine der wenigen verlässlichen Regeln des Universums lautet: Eltern finden immer das verderblich, was sie einige Jahre später selbst haben wollen oder betreiben.

Der geliehene Schwarzweißfernseher war knallorange und rund, ein utopisches Objekt aus einer Zukunft, in der mit Sicherheit alles rund und orange und aus glänzendem Plastik sein würde. Mein Vater stellte das Gerät auf die Nussholzkommode in unserem Wohnzimmer, wo es aussah wie ein notgelandeter Alien. Ihm entströmte der Kontrollpultduft: heiße Transistoren, Leiterplatten. Dazu ein Wackelkontakt. Brzzl.

Irgendwann in dieser ersten Nacht, die ich wachbleiben durfte, tauchte durch den kosmischen Nebel eine weiße, hüpfende Gestalt auf: Neil Armstrong auf dem Mond. Das Entscheidende aber waren die Stimmen. Diese unerhört sonoren Stimmen, unterbrochen von einem kurzen Knistern und Knattern, sobald die Funkfrequenz wechselte:

Main engines shut.
The Eagle has landed.
One small step for a man, one giant leap for mankind.
Die Stimmen sagten: Alles ist in bester Ordnung da draußen.
Dort gibt es Männer, Väter, die alles unter Kontrolle haben.
Helden eben.
Die Zukunft war gesichert.

Im Orbit

Wenn wir versuchen, uns die Zukunft vorzustellen, operiert unser Gehirn in einem Status hochgradiger Vernetzung. Wir koordinieren wahre oder vermeintliche Erinnerungen. Wir bewerten, gewichten, vermuten. Wir bilden Modelle. Welche Bilder in diesem Zustand auftauchen, auf welche Weise diese Modelle konstruiert sind, hängt allerdings mit den Erfahrungen unserer Kindheit und Jugend zusammen. Je jünger wir sind, desto reibungsloser funktioniert die Ausschüttung von Dopamin. Und desto tiefer verankern sich Verlusterlebnisse oder Kontrollerfahrungen in unseren Neuronen. Sie bilden die emotionale Matrix, auf deren Grundlage wir prognostizieren.

Dopamin ist jene Substanz, die in den Neuronen unseres Gehirns Verknüpfungen schafft und verstärkt. Wenn wir erregt sind, neugierig, »aufgedreht«, schüttet unser Körper verstärkt Dopamine aus, die die Arbeitsbereitschaft des Gehirns erhöhen. Dabei entsteht, wenn wir eine positive (Bewältigungs-) Erfahrung machen, das typische »Coping«-Gefühl: eine körpereigene Belohnung, durch Derivate des Dopamins, wie Endorphine oder Oxytoxine.

In meiner Kindheit waren die Coping-Kaskaden vor allem mit dem Faktor »Technik« verbunden. Ich kann mich noch gut an das Herzklopfen erinnern, wenn zu meinem Geburts-

Kapitel 3

tag oder zu Weihnachten die neue Technik vor der Tür stand.
Technik war unschuldig und glorios, heroisch und voller Wunder. Das Auto, das so wahnsinnig gut roch und brummte, mit
dem man in die Ferne fahren konnte. Das Radio, aus dem
Stimmen aus fernen Ländern drangen. Der Fernseher mit seinen unerhörten Bildern. Die Carrera-Autobahn, auf der man
gefahrlos aus der Kurve fliegen konnte. Die Stereoanlage, auf
der man vibrierende Bässe erzeugen konnte, die direkt in den
Körper gingen.

In dieser Zeit hatte Zukunft eine eindeutige Richtung:
Zukunft lag sehr weit vorne sehr oben. Gewissermaßen in
Flugrichtung einer abhebenden Rakete.

Über meinem Bett hing das Panoramafoto der Erde, wie
es Neil Armstrong vom Mond aus gesehen hatte. Daneben
eine riesige Mondkarte mit dem Namen jedes Kraters (ich
besitze sie noch heute). Ich hatte eine kleine, graue Plastikbox, einen Gaf Viewmaster, durch den man dreidimensionale Bilder betrachten konnte. Ein Gerät, das 1939 erfunden
worden war und sich in den sechziger Jahren in jedem zweiten Kinderzimmer der westlichen Welt befand. Bilder vom
Gipfel des Mount Everest, Astronauten in silbernen Anzügen,
die vor silbernen Kapseln lächelten oder Arbeitselefanten in
Indien. Die Concorde kreiste über dem Zuckerhut von Rio.
Die Welt war voll von Unterwasserstädten, intelligenten Hunden und garagengroßen Computern. In den Zeitschriften sah
man dschungelbewachsene Raumstationen, Raketenautos für
jedermann, Roboter, die uns demnächst jeden Müll heruntertragen würden, und Kontrolltürme für das Wetter. Es ging
um gigantische Höhlensysteme und das ewig strahlende
Polarlicht.

Ganz sicher war: Das Neue würde alles Alte, Blöde, einschließlich Lateinlehrern, Pickeln, Obdachlosen und der gnadenlosen Angst vor Mädchen in halb durchsichtigen indischen Blusen davonschwemmen.

Und das tat es auch.

Während rund um den Planeten eine rebellische Jugend die ersten globalen Aufmerksamkeitsrituale vollzog, verbrachte ich einige Jahre als Space-Nerd in den Tiefen des Alls. Ich steuerte Kugelraumschiffe und hatte Freunde, die Teleportation und Telekinese beherrschten. Ich besuchte fremde Welten mit buntfarbigen Sonnen über dem Horizont. Ich durchquerte, bedroht von Neutronengewittern, geheimnisvolle Raumsektoren, in denen Wesen namens »ES« regierten. Ich bediente den Paratronschirm, der auftreffende Energien in den Hyperraum abstrahlt. Perry Rhodan hieß die dazugehörige Vaterfigur, die, anders als die wirklichen Väter und Mütter, niemals sterben konnte. Denn er besaß ein Gerät, dass seine Zellen immer wieder regenerierte.

Heute weiß ich, dass ich Teil einer Religion war. Einer Zukunftssekte, die kollektiv daran glaubte, dass Technik uns erlösen wird. Und wie wir alle wissen, ist die Kirche, in der man seine Jugend verbringt, bis ins hohe Alter prägend für die eigene Persönlichkeit.

Der Zukunftsdeal

Zu Beginn der siebziger Jahre begann das Bild zu flackern, wie ein schlecht eingestellter Fernseher. Durch die Türritzen meines Kinderzimmers in unserem Vorortreihenhaus blitzte plötzlich ein Stroboskoplicht, begleitet von wummernden Gitarrenbässen. Auf einmal drehte sich alles um Drogen, »Demos« und »Bullen«. Die Welt roch nicht mehr nach heißem Metall, sondern süßlicher, animalischer. Nach Aufruhr, Sex und Rock'n'Roll.

Kapitel 3

Als ich Abitur machte, 1973, brachte Pink Floyd das Album
»Dark Side of The Moon« heraus. Ein Abgesang auf die fröhliche Naivität des Hippie-Aufbruchs, die im Drogendelirium
geendet hatte. Eine Auseinandersetzung mit Gewalt, Geld und
Dunkelheit. Seitdem ist viel passiert. Aber manchmal reibe ich
mir auch jetzt noch die Augen. Und wundere mich. Wo bleiben die fliegenden Autos, die Kraftfelder, die Traktorstrahlen,
die Null-Gravitations-Anzüge, die Teleportationsstationen, die
Trikorder, Unsterblichkeitspillen, kryonischen Raumschiffe, die
Klonkörper und die Weltraumaufzüge? Wo sind die Schlank-
heitspillen und die künstlichen Herzen, die besser funktionieren als ein richtiges Herz? Wo sind die Raumstationen mit den
futuristischen Plastikmöbeln und den darin schwebenden Wes-
pentaillenfrauen?

Warum sind stattdessen alle so dick geworden?

Also gut, es gibt gewisse Tröstungen. Den Tricorder nennen wir inzwischen iPhone oder iWatch. Als Trostpflaster gibt
es für scheinbar alles eine App. Aber für die wirklich wichti-
gen Dinge im Leben gibt es eben keine App: Liebeskummer,
Unsterblichkeit, Angst, Wahrheit, Regenwetter, Fluggastkon-
trollen, sterile Krankenhäuser.

Und der computergesteuerte Sprachassistent Siri versteht
uns auch nicht richtig.

Was wäre das Mindeste, was man von der Zukunft verlangen könnte? Als Beleg, dass sie überhaupt existiert?

Ich wäre bereit, einen Deal einzugehen. Wir sollten beschei-
den sein. Verzichten wir einstweilen auf das Beamen, die Raum-
anzüge, den Atomhelikopter. Als Beweis, dass die Zukunft real
ist, wären wir schon mit der Erfüllung eines simplen Verspre-
chens zufrieden. Sozusagen des Urversprechens der Zukunft:
der Abschaffung von Krebs, dieses ungeheuren Mörders in
unserer Mitte.

4 Das magische Denken
Wie nützliche Illusionen unsere Welt- und
Zukunftsbilder prägen

*Es ist genauso leicht, sich unsterblich in eine Idee
zu verlieben, wie in einen Menschen.*
Margaret Heffernan

Die Heilerin

Unsere alte Freundin Klara ist eine jener Frauen, denen die
Energie des Universums aus den Augen leuchtet. Sie hat, wie
wir zu Hause in unserer insiderhaften Kürzeltrendsprache
sagen, »Tausend DPS«. Damit ist nicht die Durchschlagskraft
von virtuellen Schwertern in Onlinespielen gemeint. DPS steht
für »Deep Personal Spirit« oder auch schlichtweg: Lebensenergie. Wenn Klara einen Raum betritt, entsteht sofort ein Ener-
giefeld. Sie umarmt viele Menschen und sieht ihnen mit jenem
intensiven Blick in die Augen, der signalisiert: Ich bin für dich
da! Wo immer sie präsent ist, organisiert sie, führt zusammen,
vernetzt und vermittelt. Klara ist ein Gefühlskraftwerk mit
mütterlichen Zügen.

Mit Männern hat Klara nicht immer Glück gehabt. Auch
ein fester Wohnsitz ist ihr nicht beschieden. Ihr Vater war ein
kühler, hanseatischer Diplomat im Auswärtigen Dienst, und
als Kind zog sie durch aller Herren Länder, von Bonn über
Bogota bis Bilbao. Im Alter von 25 Jahren bekam sie ein Kind
von einem Rockmusiker, der im Nirwana verschwand. Sie war
Reiseleiterin auf einem Kreuzfahrtschiff, Besitzerin einer Bio-

Kapitel 4

Ölmühle auf einer griechischen Insel und Teilhaberin einer erfolgreichen Werbeagentur.

Viele Jahre hatten wir Klara aus den Augen verloren – sie betrieb irgendein sagenumwobenes Wellnessprojekt in südlichen Gefilden –, bis wir sie vor Kurzem wiedersahen. Sie hatte sich gründlich verändert.

Immer noch funkelten ihre Augen sehr intensiv. Aber zugleich konnte man auch eine unerwartete Härte erkennen.

»Ich habe endlich meine wahre Natur entdeckt«, sagte sie. »Ich kann Wunder vollbringen.«

Solche Sätze lassen einen sofort zusammenzucken.

»Ich kann Menschen von Krebs heilen«, fuhr sie fort. »Ich sehe die Krankheit tief in ihrem Wesen.«

Wie sie das denn mache? Sie lächelte. »Die Menschen suchen mich aus, nicht ich sie. Der Prozess beginnt im Grunde schon vor der Krankheit, aber dann wissen sie natürlich noch nichts davon.«

Klara trug jetzt teuren Schmuck, was sie sonst nie getan hatte. »Dankbarkeitsgeschenke«, wie sie es ausdrückte. Nur wenige ihrer Patienten kannte sie direkt. Die meisten schickten nur ein Foto. Und Geld.

Klara hatte, wie nicht wenige unserer Freunde, immer schon einen gewissen Hang zu esoterischen Themen. Ihr *Wooly-Faktor* (sprich: wul-li) lag, so lange wir sie kannten, zwischen 30 und 40.

Der Wooly-Faktor ist eine Erfindung unserer säkularen, von den Segnungen der Aufklärung überzeugten deutschenglischen Familie. Mit diesem Index messen wir den Hang von Freunden zu esoterischen Welterklärungen. »Wooly« lässt sich am besten auf Deutsch als »Wollsockigkeit« übersetzen. Unsere Skala sieht so aus:

Das magische Denken

Yoga:	0–10 Punkte
Horoskop ironisch:	5 Punkte
Tarotkarten:	6 Punkte
Ayurveda:	8 Punkte
Homöopathie:	10 Punkte
Horoskop ernst:	15 Punkte
Mondkräfte:	20 Punkte
Wasseradern / Energielinien:	30 Punkte
Scientology, Ufo-Entführungen, Telepathie:	50 Punkte

Am Ende addieren wir die Zahlen. Die meisten unserer Bekannten haben einen Wooly-Faktor um die 20. Das geht gerade noch gut. Unsere wirklich guten Freunde, meist aufgeklärte, ironische, melancholische westliche Rationalisten, tendieren gegen null.

Doch Klara sprengte plötzlich unsere Skala in den nach oben offenen Bereich.

Wir kamen auf einen gemeinsamen Freund zu sprechen, der vor Kurzem an Krebs gestorben war. Wie man so schön hilflos sagt: nach langer, schwerer Krankheit. Eine persönliche Apokalypse, die jeden vernünftigen Menschen an Sinn und Konsistenz des Universums zweifeln lässt. Nur Klara nicht.

»Es war sein Karma«, sagte Klara. »Ich habe es in ihm kommen sehen. Krebs bricht immer aus, wenn jemand seine inneren Konflikte nicht herausbekommt. Wenn es tief im Inneren klemmt.«

Und wie viele kannst du heilen?

»Die, die sich heilen lassen wollen. Es gibt auch welche, die möchten lieber sterben. Weil sie das eigentlich immer schon wollten. Die muss ich ziehen lassen.«

Ich dachte an K., eine alte Freundin, die nach vielen Jahren des Suchens und der Psychotherapie, endlich mit einem

67

Kapitel 4

Mann und einem neuen Beruf glücklich geworden war. Und dann an aggressivem Brustkrebs starb. Ich dachte an den Vater eines Freundes, der soeben mit 56, in der Mitte einer wunderbaren Schriftstellerkarriere, an einem unaufhaltsam wachsenden Gehirntumor gestorben war. Ich dachte an Steve Jobs, der seinen wuchernden Bauchspeicheldrüsenkrebs ein halbes Jahr mit gesunder Ernährung und anderen esoterischen Versuchen zu behandeln versuchte. Und sonst vielleicht noch leben würde.

An die Kinder, die mit acht Jahren an Blutkrebs sterben.

An alle, die es mitten im Leben erwischte.

Schlechtes Karma?

Die Dämonen der Marian Keech

Für den Entdecker der *kognitiven Dissonanz*, den Sozialpsychologe Leon Festinger, kam die große Chance, mehr über »sein« Phänomen zu erfahren, im September des Jahres 1954. Durch eine kleine Meldung in einer Regionalzeitung wurde er auf den Fall des »Mediums« Marian Keech aufmerksam. Ein lebendes Studienobjekt für seine Forschung an der Frage, wie Menschen mentale Wirklichkeiten konstruieren und managen.

Marian Keech war eine amerikanische Vororthausfrau, die womöglich zu viele Exemplare von *Amazing Stories* oder *Meccano*, den damaligen Future-Wonder-SciFi-Trashzeitschriften gelesen hatte. Die Stimmung Mitte der fünfziger Jahre war aufgeheizt, am Rand der Hysterie – vielleicht gar nicht so unähnlich der heutigen. Der beginnende Kalte Krieg, die Atombombe, die McCarthy-Ära, Ufo-Gerüchte – all das beschäftigte die öffentliche Fantasie. Keech empfing Botschaften aus dem All, die sie in einer Art »automatischem Handschreiben«, bei dem sie ins Zittern und in krampfartige

Das magische Denken

Bewegungen verfiel, niederschrieb. Sie versammelte um sich eine Handvoll Jünger, die ihr bedingungslos folgten. Keechs Idee war, dass eine dämonische Kraft, gesteuert von Außerirdischen, auf die Erde einwirkte und immer mehr geheime Vernichtungswaffen schuf, die Erdbeben, Stürme und Fluten auslösen würden. Dies würde bald zu einer Zerstörung der Erde und des gesamten Sonnensystems führen – aber die »Verbündeten des Lichts« würden gerettet und von fliegenden Untertassen auf einen anderen, sicheren Planeten gebracht werden.

In jenem September 1954 empfing Marian Keech folgende Botschaft:

PROPHEZEIHUNG VOM PLANETEN CLARION – RUF AN DIE STADT – FLIEHT VOR DER FLUT – DIE FLUTUNG BEGINNT AM 21. DEZEMBER – DAS ALL RUFT SEINE UNTERGEBENEN!

Zu diesem Zeitpunkt hatte Leon Festinger die kleine Sekte längst mit seinen Studenten infiltriert.

Einige Sektenmitglieder – darunter Akademiker, Ärzte, Versicherungsvertreter – verkauften ihr Hab und Gut, brachen soziale Brücken hinter sich ab und zogen in leere Wohnungen, um die Katastrophe zu erwarten. Am 21. Dezember, dem Tag der vermeintlichen Flutung, saß die Gruppe in einer großen Villa zusammen. Man wartete. Die Zeit verging. Als um 8 Uhr abends immer noch nichts passiert war, begann man, Theorien über Zeitverschiebungen oder ungenaue Kalender zu diskutieren. Als es auf Mitternacht zuging, entspann sich eine heftige Diskussion darüber, welche Uhren korrekter gingen, und ob die Außerirdischen wohl eine andere Zeitzone gewählt hatten. Um 1 Uhr nachts breitete sich Unruhe aus, um 2 Uhr waren einige der Mitglieder in Tränen aufgelöst, und die ersten machten sich zu Fuß auf nach Hause.

Kapitel 4

Festingers Agenten harrten aus. Und wurden Zeuge der Macht kognitiver Dissonanz.

Um 4.45 Uhr morgens bekam Marian Keech eine neue Botschaft aus dem All diktiert:

SEIT BEGINN DES LEBENS AUF DER ERDE HAT ES NICHT EINE SOLCHE ENERGIE DES GUTEN GEGEBEN UND LICHT FLUTET DIESEN RAUM UND WAS GELÖST WURDE IN DIESEM RAUM FLUTET NUN HEILEND DIE GANZE WELT.

Von der Gruppe fielen nur zwei vom Glauben ab, und Marian Keech empfing bis an ihr Lebensende Texte aus dem All. Sie handelten von Bedrohung und Rettung, vom immerwährenden Kampf des Guten gegen das Böse, der Kraft des Lichts und der wunderbaren Macht der Wesen, die uns angeblich beobachten.[1]

Marian Keechs Geschichte mag einfach nur skurril klingen. Für den Kognitionsforscher Festinger zeigte sie, wie Menschen – vor allem in Gruppenkontexten – an einer bestimmten Erwartung festhalten, in die sie sich »verliebt« haben. »Menschen«, so formulierte es Neurowissenschaftler Michael Merzenich, »können sehr verwirrt oder verängstigt sein, wenn die Vorhersage des Gehirns über das, was eintreffen wird, nicht mit dem übereinstimmt, was wirklich eintritt.«[2] Unser Gehirn ist ungeheuer kreativ, wenn es darum geht, Konsistenz wieder herzustellen. Koste es, was es wolle.

Vielleicht haben wir es hier nicht nur mit einer Schwäche, sondern mit einem tiefen Antrieb für Kunst, Kultur, Fantasie, Zukunft, Menschlichkeit zu tun. Und vielleicht findet sich hier auch der Schlüssel zu Klaras seltsamer Verwandlung.

Krebs und kognitive Dissonanz

Warum die Krankheit Krebs, trotz Billionen von Investitionen in die Forschung, trotz der ungeheuren Anstrengungen von Hunderttausenden von Wissenschaftlern und gigantischer staatlicher Programme ihren Schrecken bis heute nicht verloren hat, lässt sich nur mit einem ganzheitlichen, evolutionären Modell verstehen. Aber dafür müssen wir in Kontexten denken, nicht in Kausalitäten.

Krebs beginnt in einer zufallsbedingten Häufung von Veränderungen im Erbgut. Daran ist zunächst nichts Dramatisches: Ständig kommt es in den Basenpaaren der DNA in unseren Zellen zu Kopierfehlern. Auch das ist Teil des evolutionären Prinzips. Gäbe es keine Zellmutationen, gäbe es keine Evolution.

Allerdings verwendet der Organismus raffinierte Mechanismen, um gefährliche Kopierfehler zu korrigieren. Nur etwa jeder millionste DNS-Buchstabe wird falsch kopiert. Und trotzdem ist die schiere Zahl der Mutationen gewaltig: Im Laufe unseres Lebens ereignen sich in unserem Körper etwa zehntausend Billionen Zellteilungen. Jedes Gen hat also etwa zehn Milliarden Chancen für eine Mutation.[3]

Lebewesen haben stets den Drang, zu überleben. Das gilt nicht nur auf der Ebene komplexer Organismen, sondern auch auf der zellularen Ebene. In einem differenzierten Körper wie dem menschlichen, mit seinen über 60 verschiedenen Zellarten, befinden sich Zellen und Organismus in einem ständigen Konflikt. Die Zellen müssen ihr Wachstum drosseln, wenn sie eine spezifische Funktion im Körper ausüben wollen. Und es beschleunigen, wenn eine Verletzung auftritt. Sie müssen sich selbst töten, die so genannte *Apoptose*, wenn die Zellharmonie dies verlangt. Ungefähr die Hälfte unserer Zellen begeht im Jahr Zellselbstmord. Ausgelöst wird dieser durch Kommandomoleküle – Inhibitoren oder Prohibitoren –, die von anderen

Zellen hergestellt werden oder als Hormonsubstanzen durch den Körper driften.

Im Inneren unseres Körpers findet also ein ständiger Kampf zwischen zwei Ebenen statt (für die Fachleute: eine Katataxis). Unter bestimmten Umständen verlieren Zellen ihre Rezeptoren, die sie molekular mit dem Gesamtorganismus verbinden. Sie »autonomisieren« sich – und beginnen eine eigene Evolution in unserem Körper. Die iranisch-amerikanische Krebsforscherin Mina Bissell hat in ihren Forschungen nachvollzogen, wie das funktioniert.[4] Krebs entsteht gehäuft dann, wenn ganz bestimmte »Gerüstzellen« nicht mehr existieren. Brustkrebs etwa wächst dann häufiger, wenn die Bindegewebshülsen der milchproduzierenden Zellen der weiblichen Brust zerstört werden – durch Immunreaktionen oder chronische Entzündungen, oder einfach Degeneration. Das erklärt auch, warum Frauen, die gestillt haben, eine geringere Brustkrebs-Wahrscheinlichkeit haben: Bei ihnen sind die Rahmenzellen besser stabilisiert.

In der neueren Krebsforschung kommt man mehr und mehr der Rolle der Entzündungsherde auf die Schliche. In der geschwächten, chaotischen Zellstruktur entsteht – nach den Darwin'schen Gesetzen der Fitness – eine regelrechte evolutionäre Drift von Zellen. Eine Selektionskaskade. Es gewinnen die Zellen, die es schaffen, die Immunreaktionen des Körpers immer effektiver auszuschalten. Diese Zellen lernen, wie sie die Immunabwehr immer nachhaltiger überlisten können – durch molekulare Blockaden, Täuschungsmanöver und eigene Blutgefäßproduktion.

Das erklärt auch, warum Menschen selten am »ersten Krebs« sterben, sondern an den Metastasen. Krebszellen, die Chemotherapie oder Bestrahlung überleben, sind noch fitter als die Ausgangszellen. *Survival of the fastest!* Es sind womög-

lich die Therapien selbst, die den Tumor »schärfen«! Krebs-
therapie hat etwas Hoffnungsloses, weil sie den Organismus
immer an den Rand des Untergangs bringen muss, mit einem
hohen Risiko, genau dadurch die Zellen zu selektieren, die
auch dieses Armageddon überleben.[5]

Der Arzt und Pulitzerpreisträger Siddhartha Mukherjee hat
in seinem Buch »The Emperor of All Maladies« (die deutsche
Ausgabe erschien unter dem Titel »Der König aller Krankheiten«) das Verhältnis zwischen Mensch und Krebs als »evolutionäre Synthese« bezeichnet. Mukherjee prognostiziert, dass
die Medizin den Krebs niemals besiegen wird, immer nur ein-
dämmen kann. Krebs ist der Preis für die Komplexität des
menschlichen Organismus. Wenn wir ihn bekämpfen wollen,
müssen wir ganz neue, evolutionäre Methoden finden.[6]

Kann es sein, dass psychische Faktoren Krebs verursachen?
Definitiv nein. Zwar weisen die Studien nach, dass Optimismus und gesunde Lebensführung die Chancen auf Überleben
erhöhen können, wenn man bereits erkrankt ist.[7] Aber Depressionen machen keinen Krebs. Auch Ängste nicht, eher kurbeln
sie die allgemeinen Abwehrkräfte an und führen dazu, dass
wir früher zum Arzt gehen. Krebs können alle bekommen.
Melancholiker und Glücksritter, Optimisten, Muffköpfe und
Herzensmenschen. Selbst wenn wir ein Leben lang Vegetarier,
Nichtraucher und orgasmusfähige glückliche Liebende bleiben,
kann es uns erwischen.

Und das ist das wahrhaft Unerträgliche an dieser Krankheit. Sie
hat keine »Gründe«. Keine »Ursachen«, die wir so ohne Weiteres
kontrollieren könnten. Natürlich können wir gesund leben und
Giftstoffe vermeiden. Aber verhindern im kausalen Sinn kann
dies den Krebs nicht. Höchstens unwahrscheinlicher machen.

Auf edle und empfindliche Seelen wirkt diese Nicht-Kausali-
tät so verstörend, dass Magie für sie das einzige reale Mittel ist.

Happy-Brain-Syndrom

Warum glauben Menschen an die Macht der Sterne, obwohl weder die Sternbilder stimmen, mit denen wir unser heutiges Horoskop interpretieren (sie haben sich in den letzten tausend Jahren am Himmel verschoben), noch irgendeinen Beweis für den Einfluss der Sterne auf das heutige Geschehen existiert? Dafür haben Kognitionspsychologen den »Forer-Effekt« – oder auch »Barnum-Effekt« – gefunden.

Der Begriff wurde vom amerikanischen Psychologen Paul E. Meehl eingeführt und ist nach dem Zirkusgründer Phineas Taylor Barnum benannt. Dieser unterhielt ein riesiges Kuriositätenkabinett. Und so wirkt ein Horoskop: Die Aussagen sind so allgemein, dass die egozentrische menschliche Psyche immer etwas findet, was sie auf sich beziehen kann. Ein anderer Name für dieses Phänomen ist auch »subjektive Validation«: Wir suchen uns aus unscharfen Aussagen immer einen Sinn heraus, der uns ganz persönlich anspricht.[8]

Ähnlich funktionieren die Prophezeiungen von Nostradamus, von denen schätzungsweise 80 Prozent von Nostradamus-Nachfahren dazugedichtet wurden. Sie scheinen auf magische Weise genau auf unsere heutige Situation hin geschrieben worden zu sein. In Wirklichkeit wird der Sinn durch unsere Wahrnehmung aus einem üppigen Angebot an Symbolen, Andeutungen und rätselhaften Metaphern ausgelesen.

Horoskope sind kleine Spiegel, in denen wir uns wohlgefällig und selbstbestätigend betrachten. Sie belohnen uns mit dem Endorphinkick der Erwartungsbestätigung. Aha. So bin ich. Hab ich's doch gewusst – hier sagen es mir sogar die Sterne!

Magische Erzählungen, ganz gleich, ob es sich um harmlose Horoskopereien oder Hardcore-Sektenglauben handelt, funktionieren nach dem Muster der nützlichen Illusion. Sie erzeugen einen Cognitive-ease-Effekt, der uns von Stress erlöst, von Ohnmachtsgefühlen befreit und uns die Illusion der Kontrolle zurückgibt. Sie basieren auf »Willful Blindness«, wie die Kognitionsforscherin Margaret Heffernan das in ihrem gleichnamigen Werk nennt. Der Wissenschaftsjournalist Michael Shermer spricht in seinem Buch »The Believing Brain« von einem »belief-dependent realism«, einem »glaubensgesteuerten Realismus«:

- Wir gieren nach Sicherheit und dem Gefühl, recht zu haben.
- Wir neigen dazu, Bedeutungen auf Zufälle zu übertragen.
- Wir wollen um jeden Preis die Kontrolle behalten.
- Wir regulieren unsere moralischen Vorstellungen zugunsten von Konsistenzgefühlen.
- Wir versuchen, Reue und Bedauern mit allen Mitteln zu vermeiden.
- Wir generalisieren, wo Spezifizierung angesagt wäre.

Der Publizist David DiSalvo summiert diese Punkte unter dem schönen Namen »Happy-Brain-Syndrom«.[9] Wir konstruieren unsere Erzählungen immer so, dass wir in einer Komfortzone bleiben.

Nützliche Illusionen zeichnen sich vor allem durch drei Faktoren aus:

- Sie erhöhen das Selbstwert- und Machtgefühl.
- Sie haben einen »Coping«-Aspekt. Sie helfen, innere Konflikte aufzulösen.
- Sie sind prinzipiell unwiderlegbar.

Gott ist, per definitionem, nicht widerlegbar. Zu seinen Qualifikationen als höchstes Wesen gehört zweifellos die Fähigkeit, sich nach Belieben zu tarnen. Seine Existenz entsteht aus der tiefsten Vernichtungsangst, die Menschen haben können: Dass niemand zuschaut. Sich niemand kümmert. Dass wir völlig unbedeutend sind, unbeobachtet in unserer Existenz.

Kapitel 4

Leben nach dem Tode ist nicht widerlegbar, weil niemand von dort wieder zurückgekehrt ist. Jedenfalls nicht nachweislich.

Sozialismus – oder eine beliebige final gerechte / gute / heroische / totalitäre Gesellschaftsform – ist nicht widerlegbar, weil die Verbrechen und Regressionen dieser Gesellschaftsform in der Vergangenheit ja nur deshalb geschahen, weil es nicht der richtige Sozialismus / Moralismus / Heroismus / Nationalismus war.

Homöopathie ist nicht widerlegbar, weil jede Krankheit (außer der finalen) eine natürliche Heilungskurve hat. Die homöopathische Lehre hat hier eine besonders elegante Interpretation eingebaut. Sie spricht vom Phänomen der »Selbstverschlimmerung«. Weil im Körper ja alles eine bipolare Wirkung hat – so der Kern der homöopathischen Lehre –, muss man erst kränker werden, damit man gesünder werden kann. Also lösen homöopathische Kügelchen oder Tropfen, in denen sich so gut wie gar kein Molekül befindet, immer eine Wirkung aus, die zur Heilung führt – auch dann, wenn sich nach Einnahme die Krankheit verschlimmert. So produziert man bedingungslose Kausalität – genial!

Die Apokalypse, auch die medial permanent verkündete »Eurokalypse«, ist nicht widerlegbar, weil jeder Tag, an dem sie nicht eintritt, sich – scheinbar – die Wahrscheinlichkeit erhöht, dass sie doch eintritt. Natürlich ist das aus Sicht der Wahrscheinlichkeitstheorie Unsinn. Aber so denken wir, als ewige magische Realisten. Als Roulettespieler setzen wir weiter auf Rot, nachdem dreimal Schwarz gekommen ist. Niemand wird uns jemals von der Überzeugung abbringen, dass sich dadurch die Wahrscheinlichkeit für Rot erhöht.

Vom Sinn des Selbstbetrugs

In seinem Werk »Deceit and Self-Deception – Fooling Yourself
the Better to Fool Others«[10] entschlüsselt der Anthropologe
und Evolutionspsychologe Robert Trivers die Hintergründe
der menschlichen Fähigkeit, sich selbst – und anderen – etwas
vorzumachen. Er schildert, wie im Laufe der Evolution im
menschlichen Gehirn zwei komplett differente Speicher entstanden, die sich gegenseitig Informationen zuspielen oder
verschweigen. Er zeigt, wie die Fähigkeit, Dinge zu verdrehen
und zu verbiegen, falsche Kontexte und Kausalitäten herzustellen, Teil unseres humanen Überlebensinstinktes ist. Das
Bonmot »Wir belügen uns selbst« ist wörtlich zu nehmen. Der
Grund ist, das wir gar nicht »eins« sind. Wir sind ein Bündel
von Identitäten, die um die Deutungsmacht und die besten
Überlebensstrategien rangeln.

Männer finden sich (fast) immer schöner und interessanter,
als sie auf Frauen wirken. Frauen finden sich meistens hässli-
cher, unattraktiver als sie sind. Schon in dieser verschränkten
Illusion zeigt sich die evolutionäre Logik von Illusionsstra-
tegien. Männern ermöglicht dies ein aktiveres, riskanteres
Werbungsverhalten, was im Sinne ihrer evolutionären Stra-
tegie (paare dich reichlich!) ist. Frauen weist es zur Vorsicht
an. Das entspricht genau den evolutionären Grundstrategien
von Mann und Frau. Frauen müssen im Kontrast zu Männern
vorsichtiger sein bei der Partnerwahl, wollen sie nicht viele
Jahre ihres Lebens riskieren.

Man erinnert sich an die eigenen Schulleistungen zunächst
schlechter, als sie waren – dies dient der Motivation in den
kommenden Lebensphasen. Man hat den Ehrgeiz, im Studium
oder Beruf klüger zu werden – und wird es meistens auch.
Später, wenn es darum geht, Lebensleistungen zu bilanzieren,
erinnert man sich an die früheren Schulleistungen wieder bes-

ser, als sie real waren – was der Lebensleistungs-Zufriedenheit im Alter dient. Männer und Frauen erinnern sich an weniger Sexualpartner, als sie hatten, aber an mehr Sex mit dem festen Partner, als real passierte. Weniger Menschen erinnern sich daran, eine radikale Partei gewählt zu haben, und mehr haben in ihrer Erinnerung für den Wahlsieger gestimmt, als die tatsächlichen Wahlergebnisse aussagen. Mehr Menschen, als das tatsächlich taten, erinnern sich daran, für gute Zwecke gespendet zu haben – und so fort.[11] »Das psychologische Immunsystem«, schreibt Trivers, »arbeitet nicht, indem es das in Ordnung bringt, was uns unglücklich macht, sondern indem es das, was stört, in Kontext setzt, rationalisiert, minimiert – und darüber lügt.«[12]

Einer der besten Beweise für die Stärke nützlicher Illusionen ist der Placeboeffekt. Sogar Menschen, denen man sagt, dass sie ein Scheinmedikament bekommen, entwickeln deutliche Gesundungsreaktionen (nur etwa ein Drittel aller Menschen ist völlig immun gegen jeden Placeboeffekt). Und zwar ist der Effekt umso stärker:

- je größer die Pille ist, die verabreicht wird
- je teurer diese Pille ist (zum Beispiel Homöopathie)
- wenn das Medikament in einer Kapsel statt einer Pille verabreicht wird
- je invasiver die Therapie ist – Injektionen wirken besser als Pillen, und am drastischsten wirken Scheinoperationen
- je aktiver der Patient sein muss (zum Beispiel Einmassieren von Salben)
- je mehr Nebenwirkungen sie hat
- je mehr der Arzt wie ein echter Doktor aussieht und agiert (Insignien des Status: Stethoskop, Kittel, dunkle Stimme).

»Das psychologische und das körperliche Immunsystem sind eng verbunden«, schreibt Robert Trivers, »Ursache und Wirkung sind stark miteinander verwoben, und es ist kaum möglich, dass das eine System ohne das andere reagiert.«[13]

Kausalität, Kohärenz, Koinzidenz

Wenn wir versuchen, Zukunft mental zu konstruieren, verwechselt unser Gehirn ständig drei Kategorien miteinander: Kausalität, Kohärenz und Koinzidenz.

Menschen, die an einer vielbefahrenen Straße wohnen, haben 20 Prozent mehr Diabetes. Dass Feinstaub Allergien und Herz-Kreislauf-Krankheiten begünstigt, ist bekannt. Aber Diabetes? Mehrere Studien legten diesen Verdacht nahe, berichteten Wissenschaftler auf dem Diabeteskongress 2012 in Stuttgart.

Die Diagnose wird durch eine Korrelation erklärbar. Der erste Faktor – An-vielbefahrenen-Straßen-Wohnen – und der zweite Faktor – Diabetes – sind durch einen dritten Faktor verbunden: die soziale Lage. Die Wohnungen an Straßenkreuzungen sind besonders billig. Und deshalb wohnt dort eine bestimmte Klientel, die sich eher ungesund ernährt und wenig bewegt. Umweltverschmutzung spielt auch eine Rolle, aber ungleich ungesünder als Autoabgase sind Zigaretten, schlechter Schnaps und zu viel Fernsehen.

Männer ohne Haare haben ein höheres Einkommen als Männer mit vielen Haaren.

Männer ohne Haare sind im Durchschnitt älter. Ältere Männer haben ein höheres Einkommen.

Wenn ein neues Medikament zugelassen wird, muss mit Doppel-Blind-Tests seine Wirksamkeit nachgewiesen werden. Zum Beispiel hat ein Lipidsenker die Sterblichkeit der Patienten von 20 auf 15 Prozent herabgesetzt, wenn diese das Medikament regelmäßig nahmen. Zehn Jahre später stellte sich bei

Kapitel 4

neuen Tests heraus, dass das Medikament keine Wirksamkeit hat. Wie kann das sein?

Patienten, die das Medikament oder das Placebo regelmäßig nahmen, hatten per se einen besseren Gesundheitszustand mit einer entsprechend geringeren Mortalitätsrate. Patienten in morbiden Stadien hören hingegen oft auf, Medikamente regelmäßig zu nehmen.[14]

Kaffeetrinker sterben früher als Nicht-Kaffeetrinker. Ist Kaffee also gefährlich? Eine andere Studie weist das Gegenteil nach: Häufiger Kaffeegenuss verlängert das Leben. Was ist wahr? Die Antwort finden wir nur, wenn wir nicht Kausalität, sondern Kohärenz erkennen. Nicht die Gründe, sondern die Zusammenhänge.

Die erste Studie stammt aus den USA. Dort wird von anderen Schichten Kaffee getrunken als in Europa, von wo die andere Studie stammt. In den USA entpuppten sich Kaffeetrinker häufiger als Sportmuffel und regelmäßige Alkoholkonsumenten – zusätzlich verschmähten sie eher Obst und Gemüse und aßen häufiger rotes Fleisch. Von den Männern, die überhaupt keinen Kaffee tranken, rauchten 4,8 Prozent. In der Gruppe mit dem höchsten Kaffeekonsum (täglich sechs Tassen oder mehr) waren dagegen 34,7 Prozent Raucher. Bei den Frauen waren es 8,1 beziehungsweise 48,1 Prozent.[15]

Eigentlich ist es spannend, Zusammenhänge auf einer höheren Ebene zu verstehen. Es ist wie ein Puzzle, das erst zusammengelegt ein ganzes Bild ergibt. Warum tun wir uns dennoch so schwer, Kohärenz als das wahrzunehmen, was sie ist – ein Netzwerk von verschränkten Wirkungen? Warum beharren wir unentwegt auf eindimensionaler Kausalität?

Ganz einfach: Kausalität verspricht Kontrolle. Wenn-dann. Ursache-Wirkung. Handlung-Resultat. Das Gehirn bevorzugt, wie es der Gehirnforscher David DiSalvo ausdrückt, »eine

80

Diät von Stabilität, Sicherheit und Konsistenz – und sieht alle Unvorhersagbarkeit, Unsicherheit und Instabilität als eine existenzielle Bedrohung an.« Wir lieben Kausalität, weil wir dann eindeutig handeln können. Das haben wir, im Kampf gegen Schlangen, Mammuts und Mitbewerber in unseren Jagdgründen vor 100 000 Jahren so gelernt.

Der Verhaltensneurologe Ming Hsu fand in einer Studie im Jahr 2005 heraus, wie das menschliche Gehirn neurochemisch auf Ambivalenz reagiert.[16] Schon kleine Anteile von Unsicherheit im Sinne von »Nicht-Einordnung« führen zu einer verstärkten Aktivität der Amygdala. Das menschliche Gehirn besitzt zwei dieser Drüsen, die direkt unter dem rechten und linken temporalen Lappen sitzen. Im Moment der Amygdalareizung wird die Aktivität des ventralen Stadiums gedämpft – jener Gehirnzone, die mit der Aufnahme von Dopamin, der Motivations- und Glückserfahrung, in Verbindung steht. So entsteht ein Gefühl, das einem harten Drogenentzug ähneln kann: heftiges Unwohlsein.

Doch für das Verständnis der Zukunft ist entscheidend, ob wir Kohärenz »umarmen« und uns von simplifizierter Kausalität verabschieden können. Denn in einer komplexen Welt lösen sich immer mehr einfache Kausalitäten zugunsten von Wechselwirkungen auf. Alles hängt nun mit allem zusammen. Armut zum Beispiel war vor 200 Jahren das kausale Ergebnis der Zugehörigkeit zu einer bestimmten Schicht. Heute ist Armut ein komplexes »Produkt«: Bildung, Motivation, Glück, Ort, Mentalität, Genetik und Zufälle spielen eine Rolle. Aber das ist uns zu kompliziert. Also konstruiert das ideologische Gehirn wieder eine klare Kausalität: »Armut entsteht durch Neoliberalismus, Banken und soziale Kälte!« Fertig ist die Kontrollkiste.

Am allerschwersten aber tun wir uns mit dem Zufall. Krebs ist Zufall plus Evolution. Zufall kommt als Bedrohung daher.

Kapitel 4

Dass Zufall auch Glücksmomente verschafft, Chancen, Möglichkeiten, kommt in unserer Zukunftsrechnung schwerlich vor. Und doch sind es die Zufälle, die das Neue auslösen. Viele Erfindungen entstanden aus dem Staunen über etwas, was nicht ins Konzept passte. Ohne Zufall, in reiner Kausalität, wäre das Leben eine fürchterlich fade Angelegenheit. Es bliebe uns nur noch übrig, Daten zu sammeln und Strichlisten zu führen über das, was wir sowieso schon wissen. Was viele Menschen in der Tat auch gerne tun.

Heilung und Illusion

Aber, so höre ich den Einspruch im Kopf des Lesers, müssen wir das alles unbedingt so kompliziert machen? Wenn Klara ihren Patienten Hoffnung und Sinn durch Zuwendung gibt – muss man das nicht, schon angesichts neuer Erkenntnisse um Placebowirkungen, einfach anerkennen? Und gibt es nicht die berühmten »Spontanheilungen« bei Krebs?

Spontanheilungen sind spontan und haben mit Heilern nichts zu tun. Die Frage bleibt: Warum sollten wir skeptisch gegen Illusionen sein, wenn diese nützlich sind? Warum sollten wir dem Glauben misstrauen, wenn er doch einem zutiefst menschlichen Bedürfnis entspricht, den Kontrollverlusten des Lebens zu entgehen? Glaubensmodelle sind in den Worten des amerikanischen Philosophen William James »die wahrhaftigen Regeln der Handlungen«.[17] Und in seinem Buch »Mind over Mind« bescheibt der Journalist Chris Berdik, wie seelische Erwartungsmechanismen wahre Wunder vollbringen können. Erwartungen können uns heilen, uns erfolgreicher machen – oder uns in Verzweiflung stürzen. Eingebildete Kalorien können uns satt machen, und manchmal wirken Scheinoperationen besser als echte Eingriffe in den Körper.[18]

Das magische Denken

Es geht mir nicht darum, Klara als Abzockerin anzuklagen, die einfach mit dem Leiden anderer Geld verdient. Das ist nicht der Punkt. Menschen glauben keinen Humbug, weil sie böse, naiv oder einfach dämlich sind. Sie glauben an das Magische, Übersinnliche, Absurde, an gloriose Führer oder satanische Gegner, an Verschwörungen, Feindbilder und Ideologien, weil sie die Welt sonst nicht aushalten. Deshalb sind es oft die Sensibelsten, die Verletzlichsten, die Schönsten, die mit dem Feuer nützlicher Illusionen spielen und in schreckliche Irrtümer abdriften können.

Aber der Nutzen der Illusion ist eben nicht immer gleich verteilt.

Heilung ist immer eine Teilmenge der Macht. Am meisten nutzt die Narration des Heilens Klara selbst. Die Illusion gibt ihr einen Teil ihres brüchig gewordenen Selbstvertrauens zurück. Aber diese »self-serving bias«, ein Begriff des Sozialpsychologen David G. Myers, fordert einen Preis. Klara überträgt ihren inneren Druck auf andere. Man stelle sich die Wirkung vor, die Klaras Krebsschuldthese auf einen hilflosen, leidenden Patienten ausübt. Verzweifelt sucht er in seinem Unbewussten nach einem Faktor, den es nicht gibt. Nach seinem schlechten Karma. Ständig macht er sich Vorwürfe. So wird auf eine reale Krankheit eine zweite gesetzt: die Krankheit der Schuld.

Klara macht andere zu Geiseln ihrer nützlichen Illusion. Über die Gründe können wir nur spekulieren. Klaras Vater, den sie in den letzten drei Jahrzehnten nur zweimal gesehen hatte – in zwei kurzen stressreichen Begegnungen –, war im Jahr vor ihrer Erweckung zur Heilerin gestorben. Lange Zeit haben wir nicht erfahren, woran. Nein, es war nicht Krebs. Es war Alkohol. Ihr Vater, den sie nach eigenen Angaben »nie richtig kennenlernte«, aber auf unglaubliche, ja unheimliche Art bewunderte, hat sich in einer langen, unwiderruflichen

Bewegung von ihr abgewandt. Es ist womöglich dieser Kontrollverlust, den Klara mit einer magischen Kontrollillusion kompensiert.

Allein unter Terroristen

In einem der besten aktuellen Bücher über die *conditio humana*, »The Examined Life«, beschreibt der Psychologe Stephen Grosz den Fall der jungen, selbstbewussten Amanda P., die eines Tages von einer Reise nach Hause kommt und der Zwangsfantasie anheimfällt, ihr Haus sei von Terroristen mit Bomben verkabelt, und jeder Versuch, es zu betreten, würde zu einer tödlichen Explosion führen. Diese Vorstellung wurde so stark, dass sie auf der Stelle kehrtmachte und von nun an im Hotel wohnte.

In der Therapie von Amanda P. kamen verschiedene Motive dieser Neurose zutage. Amanda hatte Angst vor einer viel tieferen Angst, die sie mit ihren Erzählungen »umspielte«. Stephen Grosz beschreibt das so:

> »Als sie darüber sprach, wurde schnell klar, dass Amanda P's paranoide Fantasie, den Haustürschlüssel umzudrehen und dabei von Terroristen in die Luft gesprengt zu werden, alles andere als verrückt war. Für eine Minute ängstigte sie diese Fantasie zwar, aber sie rettete sie auch vor dem Gefühl, völlig allein zu sein. Der Gedanke, »jemand will mich umbringen«, vermittelte ihr den Eindruck einer starken Emotion, die auf sie gerichtet war. Sie existierte im Bewusstsein des Terroristen. Ihre Paranoia schützte sie vor der totalen Indifferenz.«

Das magische Denken

Menschen können nur in einer resonanten Umwelt überleben. Wir leben und erleben uns nur durch unsere Wirkungen. Von allen negativen Gefühlen ist das schrecklichste, dass wir nichts bedeuten. Die tiefste Vernichtungsangst rankt sich um diese Vorstellung. Nichts anderes ist der Kern der Depression, des Horror Vacui, der in jedem von uns wohnt.

Um Wirkungsmacht zu erlangen, würden wir so ziemlich alles tun. Hier liegt der wahre Grund für die ewige Karriere magischer Methoden, aber auch für so viel Schreckliches auf unserer Welt. Im Endsiegglauben eines Adolf Hitler, im fanatischen Wahn eines Anders Breivik zeigt sich, wie Menschen (auch ganze Kulturen, Gesellschaften) zu Bomben werden können, wenn sie sich in ihren Wirksamkeitsillusionen verirren. W. H. Auden, der englische Dichter, schrieb am Ende des Zweiten Weltkrieges in seinem Opus »The Age of Anxiety«:

> »We would rather be ruined than changed
> We would rather die in our dread
> Than climb the cross of the moment
> And let our illusions die.«

Müssen wir also versuchen, ganz ohne nützliche Illusionen auszukommen? Das wird schwer. Aber vielleicht können wir unsere inneren Erzählungen klüger und selbstreflexiver gestalten. Der Sozialphilosoph Hans Joas beschreibt in seinem Buch »Glaube als Option« die Freiheitsdimension, die in transzendenten Glaubenstheoremen steckt. Glaube als Hoffnung, als »wissende Illusion«, sich selbst verändern zu können. Joas nennt dies die »Erwartung der Selbsttranszendenz«.

Zukunftsglaube – oder Zuversicht – überträgt dieses Gefühl auf die Zukunft generell: Wir können durch die Welt, in der wir leben, Veränderung an uns selbst erfahren.

Kapitel 4

Das ist, nebenbei, auch das Geheimnis der Liebe. Wenn wir durch den anderen uns selbst verändern wollen, lieben wir. Wenn wir den anderen in unserem Sinne verändern wollen, scheitert die Liebe am narzisstischen Syndrom.

Zukunft wagen: Das beginnt mit einem Loslassen. Dem Eingestehen, dass es Dinge gibt, die sich unserer Kontrolle entziehen, egal, wie sehr wir auch mit der Faust auf unser Kontrollpult schlagen. Nur wer durch diese Erkenntnis hindurchgeht, wird auf der anderen Seite des Tores erstarken.

5 Die Menschheitswette

Warum uns die Knappheit nicht besiegen wird

Wenn man in großen Zeiträumen denkt, ist mir
unbegreiflich, wie man die Zukunft des Menschen oder
der Welt pessimistisch beurteilen kann.
Robertson Davies

Menschen und Kaninchen

Der amerikanische Biologieprofessor und Bevölkerungs-
experte Paul R. Ehrlich ist ein stolzer, ein aufrechter Mann,
obwohl sich jetzt im hohen Alter sein Rücken etwas krümmt.
Keiner, der sein Fähnchen nach dem Wind hängt oder gleich
an seiner Überzeugung zweifeln würde, wenn ein paar Irrita-
tionen auftreten. Mit seinen über 80 Jahren glaubt er immer
noch an die Grundthese seines internationalen Bestsellers von
1968. »Die Bevölkerungsbombe«, so der Titel, schlug damals
wahrhaftig wie eine Bombe ein, fünf Jahre, bevor der Club of
Rome in seinem Bericht »Die Grenzen des Wachstums« der
Menschheit ein schlechtes Zukunftszeugnis ausstellte.

»Die Bevölkerungsbombe« hat eine einfache These. Die
Menschheit ist eine Art planetarer Kaninchenrasse, die sich auf
dem Kurs zur Selbstauslöschung durch unentwegte Fruchtbarkeit befindet.

Die Idee zu seinem Lebensthema kam Ehrlich »an einem
stinkend heißen Abend« in einem Taxi im New Delhi der fünfziger Jahre. In seinem Bestseller heißt es:

Kapitel 5

»Die Straßen wimmeln nur so von Menschen. Essende Menschen. Wachsende Menschen. Schlafende Menschen. Menschen, die argumentieren, schreien, gestikulieren, aufeinander einschlagen, handeln, sich besuchen. Menschen, die ihre Hände bettelnd durch das Taxifester stecken. Urinierende und defäkierende Menschen. Menschen, die in Trauben an Bussen kleben. Menschen wie Tierherden. Menschen, Menschen, Menschen, Menschen.«[1]

Ehrlichs Werk begann also mit einem Anfall von *Enochlophobie,* von Menschenmassen-Platzangst. Dabei kann er sich auf eine alte Denktradition berufen. Schon Ende des 18. Jahrhunderts beschrieb der britische Ökonom und gestrenge presbyterianische Pfarrer Thomas Robert Malthus in seinem »Essay on the Principle of Population«, wie sich die Spezies Mensch durch eigene Überzahl um ihre Zukunft bringt.[2] Die Menschenzahl auf der Erde, so rechnete Malthus vor, nimmt in geometrischer Progression zu. Wenn ein Paar vier Kinder hat und diese jeweils wieder vier Kinder zeugen, wächst die Bevölkerung explosionsartig. Durch Krankheit, Gewalt, wilde Tiere, Kindersterblichkeit und Katastrophen wurde die Zunahme bislang in Grenzen gehalten. Malthus sah jedoch in der beginnenden Industrialisierung den Anfang vom Ende. Ein Kollaps der Weltbevölkerung sei gerade deshalb unvermeidlich, weil sich die Lebensverhältnisse verbesserten und deshalb die Bevölkerung explodieren müsste.

Als ein Jahrhundert nach Malthus die europäische Bevölkerung stark anstieg, schien die Rechnung aufzugehen. Nahrungsmittelknappheiten führten tatsächlich zu Hungersnöten in den Städten. Sir William Crookes, ein englischer Chemiker und Spiritualist, schrieb schon 1898 in einer Adresse an die British Association vom Mangel an Ackerland in Amerika: »Alle

Zivilisationen stehen in der steigenden Gefahr der Hungersnot. Die große kaukasische Rasse wird aufhören, die zahlreichste und erfolgreichste auf diesem Planeten zu sein, und durch Rassen aus der Geschichte verdrängt werden, für die Weizen keine Nahrungsgrundlage darstellt.«

Genau 15 Jahre später entdeckten Fritz Haber und Carl Bosch das Nitrogen-Düngerverfahren. Nun waren riesige Mengen von Dünger industriell herstellbar. Zusammen mit der Mechanisierung der Landwirtschaft begann eine beispiellose »Grüne Revolution«, die die Nahrungsmittelproduktion im Laufe eines weiteren Jahrhunderts um den Faktor fünf produktiver machte.

Nach der malthusianischen Logik müsste nun die Bevölkerungszahl weiter steigen. Doch gleichzeitig begannen in praktisch allen industrialisierten Gebieten, im Zuge von Verstädterung, Gesundheits- und Rentensystemen, die Geburtenraten massiv zu sinken.

Bei Ehrlichs malthusianischem Modell handelt es sich um eine klassische »Milchmädchenrechnung«. Es geht in die Ceteris-paribus-Falle (»Wobei alles andere gleich bleibt«): Man betrachtet einen bestimmten selektiven Trend, zeichnet ihn linear in die Zukunft weiter und ignoriert dabei alle Veränderungen, die in seinem Umfeld mit hoher Wahrscheinlichkeit auftauchen werden. Man versteht nicht die Rekursivität von Trends – dass jede Veränderung immer auch Reaktionen und Resonanzen in der Umwelt erzeugt, in der sie stattfindet.

Wenn man die Entwicklung der Weltbevölkerung verstehen will, muss man komplexe soziale Prozesse in ihren Wechselwirkungen als Kohärenzen verstehen. In einer Jäger-und Sammler-Gesellschaft passt sich die Kinderzahl an die Möglichkeiten der Gruppe an. Mehrere Säuglinge auf ihrer nomadischen Reise mitzunehmen, können sich Frauen in solchen Kulturen selten leisten. Deshalb haben nicht-sesshafte Gemeinschaften meistens zwischen zwei und vier Kindern pro Frau (bei hoher Säuglingssterblichkeit). In einer agrarischen Gesellschaft sind Kinder hingegen ein Segen, weil sie die Arbeitskräfte auf Feld und Hof vermehren. Die Geburtenrate steigt dort deshalb zunächst stark an. Sobald aber Technologien und Großstädte, industrielle Arbeitsverhältnisse und Versicherungssysteme entstehen, erfolgt der »demografische Sprung«. Werte, Lebensweisen und Bevölkerungsstruktur verändern sich rapide. »Kinder haben« geht von einem normativen Zwang in den Kontext von Selbstverwirklichungsprozessen über.

Heute können wir die Geburtenraten für jedes Land und jede Region der Erde messen und verfolgen – und tatsächlich zeichnen sich in allen Ländern und Regionen ähnliche Entwicklungen in Richtung Kleinfamilie ab. Auch in Afrika hat sich diese Tendenz verstetigt, in der über den Rückgang der Säuglingssterblichkeit ein kaskadenhafter Prozess entsteht.[3] Dieser Trend ist selbstverstärkend. Wenn die Geburtenrate fällt, vermindert sich sofort die Anzahl der »kommenden Mütter«. Selbst wenn die Geburtenrate wieder steigen würde, kann dies den Bevölkerungsverlust ab einem gewissen Punkt nicht ausgleichen.[4]

Heute liegt die Geburtenrate der gesamten Welt – von Schweden bis Burkina Faso – bei rund 2,4 Kindern pro gebärfähiger Frau, Tendenz weiter fallend. In fast der Hälfte aller Länder, darunter Deutschland und praktisch alle europäischen Länder, schrumpft die Bevölkerung bereits. Am stärksten in Russland, Japan und, demnächst, in China. Das heißt, dass in weniger als 20 Jahren die globale Anzahl der Geburten geringer sein wird als die der Todesfälle. Was noch nicht bedeutet, dass die Weltbevölkerung sofort sinkt – verlängerte Lebenszeit und verringerte Kindersterblichkeit erzeugen einen Gegeneffekt.

Aber ihr Sinken ist nur noch eine Frage der Zeit. Gegen 2060 wird die Erdbevölkerung zu schrumpfen beginnen. Und der Höchststand der Weltbevölkerung wird nicht bei 15 Milliarden liegen, wie es die mittleren Projektionen des Club of Rome aus den siebziger Jahren vorsahen und Ehrlichs Berechnungen immer noch ausweisen. Die Weltbevölkerung wird ihren höchsten Punkt zwischen neun und zehn Milliarden Menschen erreichen. Eine Zahl, die unser Planet durchaus ernähren kann.[5]

Menschen sind eben keine Kaninchen. Und selbst Kaninchen verhalten sich nicht, wie es die Kaninchen-Ideologen gerne hätten. Mäuse, die man in Käfigen ordentlich füttert, vermehren sich keineswegs grenzenlos. Nachdem ein gewisser Populationsstand erreicht ist, verlangsamt sich der Eisprung und die Wurfzahl sinkt. Auch Guppy-Fische in Aquarien regeln ihre Population, allerdings indem sie ihre frisch geschlüpften Kinder auffressen.[6]

Aber etwas scheint uns am falschen Mythos der »Bevölkerungsexplosion« zutiefst zu faszinieren. Dan Brown, einer der globalen Bestsellerautoren, von dem die Mär geht, er würde für seine Werke akribisch recherchieren, sagte 2012 in einem Interview in *Time:* »Es gibt da eine Statistik, die ich vor Jahren gehört habe. Jede Person, die heute 85 ist, wurde in eine Welt geboren, die nur ein Drittel der heutigen Einwohner hatte. Futuristen sehen die Überbevölkerung nicht als ein Thema der Zukunft. Sie sehen es als *das* Thema der Zukunft.«[7]

»Es gibt da eine Statistik, die ich vor Jahren gehört habe ...« Browns Roman »Inferno« handelt von einer Art Menschheitseuthanasie: Der Biochemiker Bertrand Zobrist will weite Teile der Menschheit mit einem im Labor erschaffenen Krankheitserreger auslöschen, um Schlimmeres, also die malthusianische Katastrophe, zu verhindern. So pflanzen sich falsche Weltmodelle über die Populärkultur fort ...

Kapitel 5

Irgendetwas in uns liebt Kaninchen-Weltbilder über alles. Wie kommt es, dass der inzwischen grau gewordene Ehrlich immer noch die Vortragssäle füllt? Ist es das unterschwellig rassistische Argument, das sich dahinter verbirgt? Eine dräuende Angstlust vor der Fertilität »primitiver Rassen«? Kulturdünkel? Kinderreiche Familien gelten in vielen Wohlstandsnationen inzwischen als »asozial«. Wenn Ehrlich gefragt wird, warum seine katastrophalen Szenarien bis heute nicht eingetroffen sind, antwortet er: Weil alles noch viel schlimmer kommen wird. Die Menschheit habe mit perfiden Tricks und Täuschungen ihren Untergang nur herausgezögert ...

In einem Interview mit der »Süddeutschen Zeitung« sagte der Wissenschaftler mit entwaffnender Offenheit:

»Ich trinke viel. Das hält zumindest meine Innenwelt in einem guten Zustand, wenn schon die Außenwelt den Bach heruntergeht.«[8]

Falscher Alarm

Im Jahre 1980 prognostizierte Paul R. Ehrlich öffentlich eine unmittelbar bevorstehende gigantische Rohstoffkrise – mit der Folge von Wirtschaftskriegen und gewaltigen Hungersnöten, die Hunderte von Millionen Opfer fordern würden. Die entsprechenden Zeitungsmeldungen fanden enorme Aufmerksamkeit – schließlich war die erste Ölkrise gerade vorbei, und viele westliche Länder befanden sich in einer Rezession.

Doch diesmal fand der unerschütterlich an die Apokalypse glaubende Wissenschaftler einen mutigen Kontrahenten: Julian L. Simon.

Der amerikanische Wirtschaftsexperte wurde 1932 als Sohn einer jüdischen Familie in Newark geboren. Freunde beschreiben ihn als eher introvertierten, aber impulsiven, manchmal aufbrausenden Menschen. Zu seinem unruhigen Leben gehört die Gründung einer Katalogfirma für Gourmetkaffee, eine Leidenschaft für Mathematik und eine Universitätskarriere als Ökonom, die ihn in mehrere Think-Tanks und politische Gremien der USA brachte.

Simon kämpfte lange gegen Depressionen, im Unterschied zu Ehrlich wusste er, dass er welche hatte. Er diskutierte unentwegt mit Ärzten und Psychiatern über seinen Zustand, über die Bedingungen dieser Krankheit, und entdeckte 1975 eine Methode namens »cognitive therapy«. Entwickelt vom amerikanischen Psychologen Aaron T. Beck, handelt es sich bei der kognitiven Verhaltenstherapie um eine frühe Art neurolingusitischen Programmierens, mit dem depressive Verhaltens- und Denkmuster erkannt und reversibel gemacht werden können.[9] Simon schrieb selbst ein Buch mit dem Titel »Good Mood – The New Psychology of Overcoming Depression«. Und soll danach bis zu seinem Tod kein einziges Mal mehr unter Depressionen gelitten haben. Simon starb 1998 an einem Herzinfarkt im Alter von 65 Jahren.

Heute ist Simon nahezu vergessen, ebenso seine Arbeit über die Ökonomie der Rohstoffe. Seine Thesen waren einfach zu provokativ. Er vertrat eine geradezu undenkbare These: Alle Rohstoffe bleiben längerfristig immer zu vergleichbaren Preisen verfügbar und werden auch zukünftig nicht ausgehen!

Wie bitte? Ist die Welt etwa ein Perpetuum mobile? Hat der Mann nicht mehr alle Tassen im Schrank?

Kurven ohne Kontrolle

Als das Buch »Die Grenzen des Wachstums« im Jahre 1973 erschien, befand sich die Rebellionsbewegung gerade im Umbruch vom Linksradikalismus zur grünen Zivilisationskritik. Die Autoren – allen voran der amerikanische Ökonomen Dennis L. Meadows – boten pures geistiges Dynamit. Sie stellten das industrielle Wachstumsmodell radikal in Frage. Sie lieferten Munition im Deutungskampf um die Zukunft.

Die dramatischen Kurven des Club of Rome basierten auf endlosen Zahlenkolonnen und einer Mathematik, die sich damals kaum einem der Leser erschloss. Aber eine unabweisbare Autorität umflorte die Datensammlung: Schließlich waren es keine wilden Hippies, sondern gewichtige ältere Herren, die vor der Zukunft warnten. Und es handelte sich um die erste echte Computerberechnung der globalen Zukunft. »Elektronengehirne« waren damals so groß wie Häuser und galten als unfehlbar. Was da drin stand, musste einfach stimmen.

Sehen wir uns die Statistiken des Club of Rome aus heutiger Sicht etwas genauer an. Das eigentliche Berechnungsmodell, die sogenannte »engine«, hieß »Welt-3-Modell«. Entwickelt wurde es von einem Mitarbeiter des renommierten Massachusetts Institute of Technology (MIT).[10]

Die sechs Hauptfaktoren, mit denen das »Welt-3-Modell« rechnete, waren Bevölkerungszahl, Kapitalinvestition, Geografischer Raum, Natürliche Ressourcen und Umweltverschmutzung. Diese Faktoren waren über 99 Regelkreise miteinander verknüpft. Man behandelte die Inputs als finite Größen. »Natürliche Ressourcen« – zum Beispiel Öl, Erz, Biomasse – wurden als »Vorrat A« angenommen. Kapitaleinsatz B verbraucht diese Ressourcen, bis sie zu Ende gehen. Damit werden Nahrungsmittel knapp, logischerweise folgen Hungersnot und Zusammenbruch.

In einem solchen System mussten so gut wie alle Durchläufe des Modells katastrophal enden. Den großen Zusammenbruch zu vermeiden, war so unwahrscheinlich, wie einen Zug auf gerader Strecke in zehn Metern zum Halten zu bringen. Erschwerend kam hinzu, dass der Club of Rome zu seiner Zeit kaum über Daten verfügte – viele Länder befanden sich jenseits des Eisernen Vorhangs, für die Industrieländer war das Datenmaterial deshalb sehr löchrig. Es war also so gut wie unmöglich, die Übereinstimmung des Modells mit der Wirklichkeit in angemessenen Zeitabständen zu überprüfen.

Schon im Erscheinungsjahr der »Grenzen des Wachstums« wurden mehrere Werke publiziert, die das Meadows-Modell massiv kritisierten. In »Models of Doom« zeigten Christopher Freeman und Marie Jahoda wie das Club-Of-Rome-Modell von handwerklichen Fehlern nur so wimmelte. Es beginnt mit der Rechenart selbst: Komplexe Modellsimulationen müssen mit Differenzialgleichungen erfolgen, wovon im System nicht viel zu sehen ist. »Das Modell enthält einfach keine adaptiven Mechanismen, wie sie in der wirklichen Welt häufig vorkommen und die das Überschießen eines bestimmten Systems in die eine oder andere Richtung verhindern. Mit ein paar kleinen Annahme-Veränderungen kann man den Weltuntergang 1980 oder 2000 haben – oder gar nicht.«[11] Eine Erhöhung der Entdeckerrate neuer Ölquellen von nur einem Prozent hätte die Ölreserven allein auf 200 Jahre gestreckt. »Malthus in, Malthus out« – das war das Urteil einer großen Fraktion von Systemwissenschaftlern, die sich in der Öffentlichkeit aber kaum Gehör verschaffen konnten. Wenn man ein Modell von Grund auf so linear aufbaut, wie Malthus es tat, kommt man zwangsläufig immer zu denselben falschen Ergebnissen.

Im Jahr 1979 erschien die Zukunftsstudie »Facing the Future – Mastering the Probable and Managing the Unprobable« der

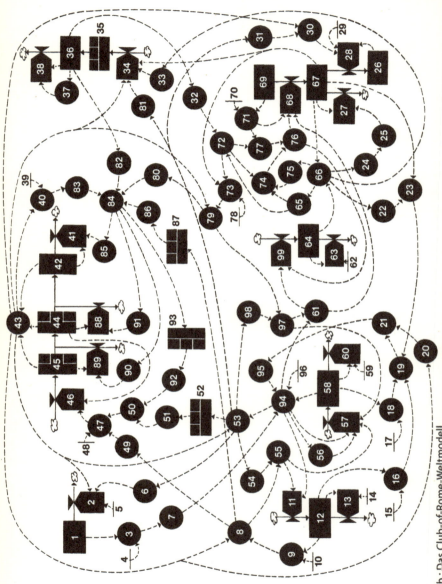

Abb.: Das Club-of-Rome-Weltmodell

Gesamtdarstellung des Weltmodells

1. Sich nicht regenerierende Rohstoffe
2. Rohstoffverbrauchsrate
3. Anteil vorhandener Rohstoffe
4. Ursprünglich vorhandene Rohstoffreserven
5. Rohstoffverbrauchsfaktor
6. Pro-Kopf-Rohstoffverbrauchsmultiplikator
7. Kapitalanteil zur Rohstoffgewinnung
8. Dienstleistungen pro Kopf
9. Dienstleistungen
10. Kapitalkoeffizient Dienstleistungssektor
11. Investitionsrate im Dienstleistungssektor
12. Kapital im Dienstleistungssektor
13. Abschreibungen im Dienstleistungssektor
14. Durchschnittliche Nutzungsdauer von Dienstleistungskapital
15. Arbeitsplätze pro Kapitaleinheit im Dienstleistungssektor
16. Potenzielle Arbeitsplätze im Dienstleistungssektor
17. Arbeitsplätze pro Kapitaleinheit in der Industrie
18. Potenzielle Arbeitsplätze in der Industrie
19. Gesamtzahl der Arbeitsplätze
20. Arbeitskräfte
21. Arbeitslosenanteil
22. Arbeitsplätze in der Landwirtschaft pro Hektar
23. Potenzielle Arbeitsplätze in der Landwirtschaft
24. Nutzungsdauer des Bodens versus Kapital
25. Durchschnittliche Bodennutzungsdauer
26. Siedlungs- und Industrieland
27. Landverluste durch intensive Nutzung
28. Landverlust durch Urbanisierung und Industrialisierung
29. Anpassungszeit für Urbanisierung und Industrialisierung
30. Landbedarf für Besiedlung und Industrie
31. Siedlungs- und Industrieland pro Kopf
32. Hektarertrag versus Umweltverschmutzung
33. Umweltverschmutzung von Landwirtschaft
34. Umweltverschmutzungsrate
35. Wirkungsverzögerung von Umweltschäden
36. Umweltverschmutzung
37. Absorbierungszeit
38. Absorptionsrate von Umweltverschmutzung
39. Landfläche
40. Bevölkerungsdichte
41. Todesfälle pro Jahr (Alter 45)
42. Bevölkerung (Alter 45)
43. Gesamtbevölkerung
44. Bevölkerung (16 bis 45)
45. Bevölkerung (0 bis 15)
46. Geburten pro Jahr
47. Fruchtbarkeit
48. Maximale biologische Geburtenrate
49. Wirksamkeit der Geburtenkontrolle
50. Gewünschte Geburtenrate
51. Gewünschte Geburten versus Industrieoutput
52. Verzögerung der sozialen Anpassung
53. Industrieoutput pro Kopf
54. Gewünschte Dienstleistungen pro Kopf
55. Anteil der Industrieoutputs im Dienstleistungsbereich
56. Konsumrate
57. Industrielle Investitionsrate
58. Industriekapital
59. Durchschnittliche Nutzungsdauer von Industriekapital
60. Nutzungsdauer für Industriekapital
61. Gesamtinvestitionen in der Landwirtschaft
62. Nutzungsdauer von Kapital in der Landwirtschaft
63. Abschreibungen in der Landwirtschaft
64. Landwirtschaftliches Kapital
65. Hektarertrag versus Kapitaleinsatz
66. Kapital-Land-Verhältnis
67. Landwirtschaftlich genutztes Land
68. Landentwicklungsrate
69. Potenziell nutzbares Land
70. Ursprünglich potenziell nutzbares Land
71. Entwicklungskosten pro Hektar
72. Hektarertrag
73. Nahrung
74. Grenzproduktivität landwirtschaftlichen Kapitals
75. Grenzhektarertrag versus Kapitaleinsatz
76. Anteil der landwirtschaftlichen Investitionen für die Landentwicklung
77. Grenzproduktivität der Landerschließung
78. Anteil landwirtschaftlich genutzten Landes
79. Nahrung pro Kopf
80. Lebenserwartung versus Nahrung
81. Umweltverschmutzung versus Industrieoutput
82. Lebenserwartung versus Umweltverschmutzung
83. Lebenserwartung versus Bevölkerungsdichte
84. Lebenserwartung
85. Mortalität 45 Jahre und älter
86. Lebenserwartung versus Gesundheitsfürsorge
87. Wirkungsverzögerung der Gesundheitsfürsorge
88. Todesfälle pro Jahr 16 bis 45 Jahre
89. Todesfälle pro Jahr 0 bis 15 Jahre
90. Mortalität 0 bis 15 Jahre
91. Mortalität 16 bis 45 Jahre
92. Geburtenwünsche versus Lebenserwartung
93. Verzögerungszeit für Lebenserwartung
94. Industrieoutput
95. Genutzter Anteil des Industriekapitals
96. Verhältnis von Industriekapital zu Output
97. Anteil des Industrieoutputs in der Landwirtschaft
98. Gewünschte Nahrung pro Kopf
99. Landwirtschaftliche Investitionsrate

Kapitel 5

Organisation für wirtschaftliche Zusammenarbeit (OECD), erstellt von einem Wissenschaftlergremium. Das dicke Werk schilderte die Zukunft keineswegs als krisenfreie Zone. Aber es antizipierte viel mehr Variablen im Weltsystem. Den Boom alternativer Energien, die weiteren Produktivitätssteigerungen der Landwirtschaft, den gewaltigen Wohlstandsgewinn der Schwellenländer, die Wertewandelprozesse in Modernisierungsprozessen, die höhere Effektivität von Technologien und das Aufkommen der Umweltmärkte. All das wurde in »Facing the Future« richtig berechnet und prognostiziert.

Hat irgendjemand jemals von »Facing the Future« gehört?

Oder von der Arbeit des Autors Chris Goodall, der in seiner Studie »Peak Stuff« am Beispiel Großbritanniens zeigt, wie in modernen Industrieökonomien die meisten Parameter des Material- und Energieverbrauchs den Zenit überschritten haben? So wird auf der Insel heute weniger Dünger verwendet als noch vor zehn Jahren, weniger Auto gefahren, und es werden weniger Rohstoffe pro »Wohlstandseinheit« verbraucht. Ein Trend, der sich heute in den fortgeschrittenen Industriegesellschaften überall abzeichnet.[12]

Viele Produktionsverfahren haben sich seit dem Welt-3-Modell radikal verändert. So erforderte zum Beispiel die Produktion von Insulin in den sechziger Jahren noch gewaltige Landwirtschaftsflächen. Denn dieser Stoff wurde aus der Bauchspeicheldrüse von Schweinen gewonnen. Durchschnittlich ein Schwein pro Woche verbrauchte damals ein Diabetespatient. Heute wird Insulin gentechnisch in großem Maßstab erzeugt.[13]

Wie ließe sich, zum Beispiel, in einem linearen Modell wie dem des Club of Rome, die schier endlose Ressource Sonnen- und Windenergie einrechnen? Eine solche Naturkonstante müsste das ganze Modell aus den Angeln heben. Umweltverschmutzung resultiert im Club-of-Rome-Modell linear aus

Wirtschaftswachstum. Das heißt: Je mehr Bruttosozialprodukt, desto mehr Verseuchung, was wiederum die Lebenserwartung drückt. Doch in Wirklichkeit tritt der umgekehrte Effekt ein: Materieller Wohlstand führt zu sauberen Flüssen. Wenn breite Mittelschichten entstehen, erzeugt die Nachfrage nach Lebensqualität schnell die Durchsetzung neuer Umweltschutztechnologien.

Die Feedback-Schleife zwischen Technologien, Innovationsdurchbrüchen, Kulturwandel und Marktveränderungen wird im Club-of-Rome-Modell weder verstanden noch adäquat abgebildet. Das Modell funktioniert nach der Logik einer Maschine. Es ist ein planwirtschaftliches Modell und steht damit in der Tradition des politischen Denkens der sechziger Jahre, der industriellen Ära, eines technokratischen Zeitalters.[14]

Ist das nicht alles nebensächlich? Es mag ja sein, dass das Modell einige Fehler hat. Aber haben »Die Grenzen des Wachstums« nicht eine ungeheuer wichtige Debatte angestoßen?

Man könnte auch andersherum argumentieren: Der Club of Rome hat ein linearistisches Weltmodell tief in unseren Köpfen verankert. Ein Zukunftszerrbild, das unentwegt Angst produziert, und uns immer in dieselben Denkfallen stolpern lässt. »Die Grenzen des Wachstums« haben zu jener Weltuntergangsparanoia beigetragen, die heute unsere Kultur immer mehr zu durchdringen scheint. Und in der die wirkliche Dynamik der Welt, die uns umgibt, einem dumpfen, reaktionären Kulturpessimismus anheimfällt.

Sind Rohstoffe wirklich knapp?

Im Jahre 1855 fand in Paris die zweite Weltausstellung der Geschichte statt. Napoleon III. gab ein üppiges Bankett für die Mächtigen der Welt. Von den etwa 250 Gästen bekamen

Kapitel 5

die meisten schwere Bestecke aus Gold. Das war die B-Klasse
der Besucher. Nur sehr wenige, die wahrhaft Mächtigen und
Einflussreichen, kamen in das ungeheure Privileg von Mes-
sern und Gabeln aus dem skandalös teuren und leichten Aluminium.

Als die privilegierten Gäste die leichten Gabeln und Messer
aufhoben und dabei die Arme hoch in die Luft flogen, weil sie
das Gewicht überschätzten, ging ein Raunen durch die Runde.
Aluminium war damals nicht nur nahezu unbekannt, es war
nur durch einen wahrhaft irrwitzigen Aufwand zu gewinnen.
Doch plötzlich wirkte das schwere Gold seltsam altmodisch,
ja unnütz.

Immer schon hat die Vision vom »Ende der Rohstoffe« hit-
zige Debatten erzeugt.

> »Die Eisenpreise werden sich mindestens verdoppeln, wenn
> die Vorräte an diesem Material, was wahrscheinlich ist,
> nicht ganz und gar erschöpft werden.«

So dozierte Sir Isaac Coffin im Jahre 1840 vor dem englischen
Parlament, als er in einer glühenden Rede den Ausbau der
Eisenbahn ablehnte.[15]

Der verkannte Wissenschaftler Julian L. Simon forschte Zeit
seines Lebens über die Geschichte der Rohstoffe und ihrer
Preisveränderungen. Das Eisen einer Ritterrüstung war im
Mittelalter ein Vermögen wert. Neue Schürf- und Metalltech-
niken reduzierten den Preis ständig, bis Feuerwaffen Rüstun-
gen endgültig überflüssig machten. Der Eisenpreis sank, bis er,
in jüngster Zeit, wieder anstieg. Aber womöglich wird Eisen
und Stahl bald durch andere Werkstoffe, etwa Karbon, ersetzt.
Solche historischen Schwankungen und Ablösungen berück-
sichtigte Simon in seinem Rechenmodell: Anders als in der

klassischen Rohstofftheorie entkoppelte er die Materie von der Funktion. Für bestimmte Zwecke, so der Forscher, stehen unterschiedliche Atome zur Verfügung. Viele Elemente sind nicht nur auf der Erde, sondern auch im Sonnensystem und im Universum, geradezu üppig vorhanden.[16] Mit der ständigen Verfeinerung und Verbesserung von Erschließungstechniken und chemischen Verfahren explodieren die Möglichkeiten, Anwendungen zu variieren und neue Stoffe zu finden beziehungsweise Moleküle zu »bauen«. Ab einem gewissen Preisniveau werden Müllkippen zu Rohstoffdeponien, und wenn die Preise für Recyclingmaterial stark steigen, entsteht ein Sekundärmarkt. Steigende Marktpreise eines Rohstoffes (etwa Kupfer) intensivieren wiederum die Suche nach Ersatzstoffen (Glasfasern). Dementsprechend fällt der Preis inflationsbereinigt wieder ab, wenn er eine gewisse Höhe erreicht hat. Analog: Wenn das Öl einen gewissen Preis erreicht, werden automatisch Ersatzenergien attraktiv, Sonnen-, Wind- und alternative Energieträger oder noch völlig unbekannte Techniken boomen. Dadurch sinkt der Ölpreis wieder. Die neuen Ölvorkommen, die in der Teuerungsphase erschlossen wurden, bleiben nun im Boden – bis es womöglich eine Renaissance des Öls gibt. Die Reichweite der wirtschaftlich erschließbaren Rohstoffreserven (vgl. die sogenannte Erdölkonstante) bleibt so auf Dauer konstant. Rohstoffverknappungen treten allenfalls lokal auf und lösen sich schnell wieder auf. Ergo: Wir leben in Kornukopia, einem Füllhornuniversum.

Ein Scheck über 576,07 US-Dollar

Dieser unbekannte Julian L. Simon also bot dem damals schon berühmten Paul R. Ehrlich im Jahr 1980 eine öffentliche Gegenwette an. Er forderte Ehrlich auf, fünf Rohstoffe seiner Wahl zu

Kapitel 5

benennen, bei denen er eine besonders starke Preisexplosion prognostizierte. In zehn Jahren würden die beiden sich dann die Differenz der Preise gegenseitig auszahlen. Ehrlich schlug ein und wählte Kupfer, Chrom, Nickel, Zinn und Tungsten.[17]

Am Stichtag im Jahr 1990 waren alle Rohstoffpreise gefallen, im Schnitt um fast die Hälfte. Ehrlich schickte knurrend einen Scheck über 576,07 US-Dollar und ließ im Folgenden keine Gelegenheit aus, sich für seine Niederlage zu rächen. In einem Interview attackierte er seinen Kontrahenten:

> »Julian Simon ist wie jemand, der vom Empire State Building springt und sagt, wie toll alles läuft, während er am zehnten Stockwerk vorbeikommt.«[18]

Simon ließ sich nicht aus der Ruhe bringen und schlug ein Jahr vor seinem Tod eine neue, weitaus spektakulärere Wette vor, für die er 10 000 Dollar Einsatz bot.

> »Ich wette, dass so gut wie jeder Trend, ob ökonomisch oder die Umwelt betreffend, in Bezug auf das fundamentale menschliche Wohlergehen, auf lange Sicht Verbesserungen zeigen wird.«[19]

Konkreter formuliert:

> »Suchen Sie sich einen beliebigen Stadtteil, eine Kleinstadt oder ein Dorf irgendwo auf der Welt. Ich wette um 10 000 Dollar, dass es den dortigen Bewohnern im Jahre 2000 (oder aus heutiger Sicht 2030) besser gehen wird als heute – in Bezug auf Einkommen, Infrastruktur, Bildung, Zugang zu Wasser, medizinischen Dienstleistungen.«

Abgeschlossen wurde diese Wette nie. Ehrlich verweigerte sich mit dem Argument, so etwas wäre niemals messbar. Doch heute existieren verlässliche Kriterien, die auch den täglichen Wohlstand einer kleinen räumlichen Einheit erfassen können. Vom Bruttosozialprodukt über den HDI (der Human Development Index misst auch qualitative Größen wie Bildung und Frauenemanzipation) bis zum WHI, dem neuen World Happiness Index. Wenn man wollte, könnte man den Wohlstandsfortschritt in jedem Herrgottswinkel beziffern.

Also: Schlägt jemand ein?

Stabilität durch Instabilität

Im Jahre 1909 erfand der baltische Biologe und Philosoph Jakob Johann von Uexküll den Begriff der »Umwelt«.[20] Uexküll definierte und verwendete ihn allerdings anders, als er heute interpretiert und benutzt wird. Der Biologe wollte auf eine neue Erkenntnis der damals noch am Anfang stehenden Evolutionsforschung hinweisen: Tiere befinden sich immer in einer ganz eigenen, ihrer jeweiligen Überlebenslogik folgenden Wahrnehmungswelt. Für den Hund sieht die Welt anders aus als für den Hasen. Für den elektrischen Aal besteht die Welt aus elektrischen Feldern, die seine Handlungen und Optionen strukturieren. Geruch, Sinnesorgane, Nahrungsinteressen erzeugen eine Sphäre, in der jede Spezies gefangen ist.

»Ökologie« können wir als den Komplexitäts-Prozess beschreiben, der in der Wechselwirkung dieser »Umwelten« entsteht. Wie bei steigender Arbeitsteilung in Volkswirtschaften immer mehr Wohlstand für alle entsteht, entsteht in der Interaktion der »Um-Welten« immer mehr stofflicher Transfer, bei steigender Vielfalt, Differenzierung und Komplexität. Der Müll des einen wird die Nahrung der anderen, immer mehr

Kapitel 5

Nischen erweitern das Spielfeld. Aus dem Kampf um eine Ressource entsteht eine neue Ressource. Viele Ressourcen werden (re-)kombiniert zu neuen Ressourcen. Dieser Kreislauf ist ein aufwärtskomplexes Win-Win-Spiel: Aus Müll entsteht nicht nur neuer Müll, sondern Humus.

In einem nicht-mechanischen Weltbild kann man solche Aufwärtsskalierungen, oder emergenten Effekte (der Begriff der Emergenz bezeichnet die nicht vorhersagbare Herausbildung neuer Eigenschaften und Strukturen in einem System), auch in komplexen Ökonomien darstellen. In unserem heutigen Ökologiebegriff hat sich jedoch ein völlig anderes Paradigma durchgesetzt: Knappheitslogik. Da alles knapp ist, müssen wir immer sparsamer damit umgehen, dadurch werden die Ressourcen noch knapper, weil wir nun natürlich nicht mehr versuchen, aus einer Knappheit auszubrechen und neue Ressourcen, Techniken, Effektivitäten zu finden. Eng verbunden ist diese negative Logik ausgerechnet mit einem der großen emphatischen Begriffe der Gegenwart: »Nachhaltigkeit«.

Wenn wir »nachhaltig« hören, denken wir nicht an die ständige Morphogenese des Lebens, sondern an einen fiktiven Endzustand der Ausgeglichenheit, Stabilität und Harmonie. Auf populären Nachhaltigkeitsbildern sind keine Stürme, dampfenden Sümpfe oder verwesenden Körper zu sehen, sondern gefällige Naturklischees: blaue Flüsse, weiße Wolken, Parklandschaften. Also unnatürliche Natur.

Die fixe Idee hinter der Nachhaltigkeit besteht in der Vorstellung, alle »Umwelt« (Natur, Technik, Kultur und Produktion) ließe sich in einen anhaltenden Dauerzustand bringen. Diese Idee ist unökologisch: Ein fixes Gleichgewicht existiert weder in der Natur noch im Leben noch im Kosmos überhaupt. Natur ist keineswegs nachhaltig!

Knappheitslogik führt uns in die Irre. Ein Kirschbaum bildet zwischen 100 000 und einer Million Blüten aus. Aus bis zu 3000 von ihnen werden Kirschen, das muss dann aber ein sehr großer Kirschbaum auf sehr fruchtbarem Boden sein. Wenn man sich den unglaublich komplexen Mechanismus verdeutlicht, mit dem aus einer Blüte durch Hilfe von Insekten aus einem Keim eine süße Kirsche heranreift, könnte man argumentieren, dass die 97 000 »weggeworfenen« Blüten eine Verschwendung ohnegleichen sind.

Natur ist »dynamische Emergenz«, ein Zustand, den der österreichische Biologe und Systemtheoretiker Ludwig von Bertalanffy als »Fließgleichgewicht« beschrieb. Der russische Biologe und Nobelpreisträger Ilya Prigogine spricht von Organismen, von Leben, als »dissipativen Strukturen« – er meint damit permanente Umwandlungssysteme, in denen Energie in Reibung und wieder zurückverwandelt wird. In einem Dschungel herrscht ein ständiges Ringen, Verwesen und Kooperieren, Fressen und Gefressenwerden, in dem sich die Gleichgewichte unaufhörlich verschieben. Das System ist stabil, weil es instabil ist. »Echte« Nachhaltigkeit im Sinne eines stabilen Gleichgewichts würde hingegen ein Maß an Kontrolle erfordern, das die Systeme in die Entropie treiben würde.

Der grundlegende Fehler liegt im Denken in geschlossenen Systemen. Ein Wald lässt sich mit Müh und Not als ein solches geschlossenes System definieren. Aber eben nur, wenn man ihn, gemäß dem Erfinder des Nachhaltigkeitsbegriffs, des sächsischen Oberberghauptmanns Hans Carl von Carlowitz, in ein Rohstofflager für die Kohleindustrie umformt.[21] Dafür müssen wir den Boden homogenisieren, das Unterholz beseitigen, Bäume in Reih und Glied pflanzen. So entstehen die Kulturwälder von heute, deren Bild wir als »nachhaltige Natur«

Kapitel 5

in den Hochglanzprospekten von Chemiefirmen, Autokonzernen und Reiseveranstaltern finden.

Die wirkliche natürliche Welt aber ist ganz anders. Ein Regenwald ist, wie die Systembiologen formulieren, das emergente Produkt von Instabilität. Obendrein ist dieses System in vielfacher Weise mit der weiteren Umgebung verbunden – durch Erdrotation, kosmische Strahlen, viel Regen, Wind-Nährstoffeinträge aus den Wüstengebieten, ohne die ein Regenwald nicht existieren könnte. Was unserem inneren Modell als »kreislaufhaft« vorkommt, ist in Wirklichkeit das Produkt von Konkurrenzen, unendlichen Überschneidungen, chaotischen Prozessen und dem kreativen Umgang mit Knappheit und Überfluss.

Der deutsche Evolutionsbiologe und Ökologe Josef H. Reichholf beschreibt in seinem Werk »Stabile Ungleichgewichte – die Ökologie der Zukunft« eine andere Möglichkeit, mit ökologischer Dynamik umzugehen: das Denken in nicht-stabilen Gleichgewichten.[22] Und der Systemanalytiker und Evolutionsphilosoph Peter Mersch spricht vom Leben als ewigem »Kompetenzgewinnprozess«.

Mit dem Resultat erhabener Schönheit.

Wenn hingegen alles in endgültiger Balance ist, gibt es keine Evolution mehr.

Und wo Evolution endet, beginnt die Entropie, der Zerfall des Komplexen in lauter kleinere Einheiten.

Von der Effizienz zur Effektivität

Julian L. Simons »kornukopianisches« Rohstoffmodell ist bis heute nicht widerlegt worden. Wie die Steinzeit nicht am Mangel von Steinen endete, hat auch das Industriezeitalter nicht an den Grenzen von Kohle, Bitumen, Eisen oder Yttrium haltgemacht.[23] Obwohl wir ständig über den »Peak Oil«, das globale Ölfördermaximum, diskutieren und über die hohen Benzinpreise schimpfen, sind diese seit den sechziger Jahren nicht drastisch gestiegen – wenn wir die Kaufkraft in den Industrieländern berücksichtigen. Der Anstieg beträgt maximal 50 Prozent, was eher den Steuern und den besseren Profitmethoden der Mineralölkonzerne geschuldet ist. Kaum hatten wir uns an das »Ende des Fossilzeitalters« gewöhnt, drängt die »Fracking«-Methode mit Macht in den Markt. Das Verfahren, bei dem Gas oder Öl mit Druck und Chemikalien aus tiefen Schieferschichten herausgepresst wird, wirft alle Rechnungen über die Ölendzeit über den Haufen. Die USA werden demnächst alle fossilen Energien selbst schöpfen. Nun ist Fracking keine »saubere« Methode, ebenso wenig wie andere Erdölbohrungen – man gehe ins Niger-Delta oder schaue sich die Sauerei mancher Offshore-Bohrungen an. Aber wenn sie restriktiv und vernünftig eingesetzt wird, wird sie ihren Zweck erfüllen und die Gasvorräte über Jahrhunderte strecken.

An der Front der Rohstoffangst brodelt es weiter. So wurden die »seltenen Erden« wie Lanthan, Yttrium, Dysprosium, Scandium, Promethium und ähnlich geheimnisvoll klingende wichtige Substanzen für die Handy- und Computerherstellung von der chinesischen Regierung zum zentralen Strategieziel erklärt. Die Preise für diese Substanzen, hieß es unisono in allen Zeitungen, müssten demnächst explodieren – was zu neuen Kriegen führen müsse.

Doch die Preise für seltene Erden fielen in den letzten Jahren, und China kündigte an, ein Fünftel der Produktionskapazitäten zu schließen.[24] Und am laufenden Band entwickeln sich neue Techniken, die unsere Abhängigkeit von seltenen Substanzen relativieren. So hat ein kleines Team von belgischen Ingenieuren um John De Clercq im Jahr 2013 einen effektiven

Kapitel 5

Elektromotor ohne seltene Erden konstruiert, die Elektro-autos bislang teuer machten.[25]

Wenn wir über Ökologie nicht in Kategorien der Knappheit, sondern in Parametern der Fülle nachdenken würden – wie könnte das aussehen?

William McDonough und Michael Braungart sind zwei Wissenschaftler, die versuchen, das veraltete Knappheitsmodell zu überwinden. In ihrem »Cradle-to-cradle«-Konzept unterscheiden sie die beiden Systemeigenschaften »Effizienz« und »Effektivität«. Effizienz, so McDonough, kann auch in »falschen« Systemen auftauchen. Man kann sehr effizient, man könnte sogar sagen »nachhaltig«, Menschen umbringen. Manche Arten auf dieser Erde sind sehr effizient und »nachhaltig« darin, räuberisch ihre Umgebung auszubeuten. Nein, keineswegs nur der Mensch.

Effizienz hat einen Preis: Alle Teile eines Systems müssen auf Optimierung einer bestimmten Funktion oder eines Ablaufs getrimmt werden. Dabei entsteht immer ein Problem von Ausbeutung. Die Billigfluglinie Ryanair ist eine sehr effiziente Firma, die ihr Personal aber wie Arbeitssklaven und ihre Passagiere wie Trockenfutter behandelt. Effizienz ist fragil: Eine hocheffiziente Just-in-Time-Fabrik kann sofort zum Stillstand kommen, wenn auch nur ein einziges Teil fehlt. Effektivität erreicht Ziele hingegen nicht mit Maximierung, sondern durch intelligente Vernetzungen, unter Zuhilfenahme von Reserven und Redundanzen und Netzwerkeffekten. Man denke im Vergleich zur effizienten Fabrik an einen riesigen Schrottplatz, auf dem es Millionen verfügbarer Teile gibt, die sich immer neu kombinieren lassen.

Photosynthese zum Beispiel ist nicht besonders effizient. Die Pflanzenzellen könnten »mehr herausholen« aus dem Sonnenlicht – ihr Wirkungsgrad ist gering. Doch das Photosynthese-System ist effektiv, gerade weil es gigantische Reserven hat. Ein »hocheffizienter« Baum würde wahrscheinlich im nächsten Sturm abknicken, weil er keine Energie mehr für die Entwicklung tiefer Wurzeln hätte, oder sich nicht genügend fortpflanzen, weil die Entwicklung von Samen viel Kraft kostet. Photosynthese erreicht ihr Ziel – die Stabilisierung der Atmosphäre und die Wachstums-Teilversorgung des Baums – durch riesige Reserven und Elemente von Selbstregulation. Unter CO_2-Zugabe wachsen Pflanzen schneller, erzeugen mehr Photosysthese-Fläche, mehr Sauerstoff.

William McDonough und Michael Braungart übertragen den »Kornupianismus« von Julian Simon auf ein systemisches Konzept:

> »Was generell nicht verstanden wird, ist, dass es kein allgemeines Energieproblem gibt, sondern ein Kohlenstoff-Management-Problem. Wenn man Kohlenstoff so managed, dass er nützlich ist – das heißt: nicht in die Atmosphäre gelangt oder in Ozeanen gelöst wird –, dann kann man mit Kohlenstoff sehr verschwenderisch umgehen. Das bedeutet, man kann vielfältige, produktive, für Menschen und andere Lebewesen freundliche Systeme schaffen. So wie ein Kirschbaum im Frühling auch nicht spart, sondern Tausende von Blüten und Früchten hervorbringt, ohne die Umwelt zu belasten. Im Gegenteil: Sobald sie zu Boden fallen, werden sie zu Nährstoffen für Tiere, Pflanzen und Boden in der Umgebung.« [26]

»Cradle-to-Cradle-Konzepte« gehen also einen neuen ökologischen Weg: Sie konstruieren »Kreislaufsysteme der Üppigkeit«. Sie vernetzen Teilfunktionen so, dass immer genug Puffer existiert. Mit anderen Worten: Hier wird die wahre Natur

Kapitel 5

nachgebaut. Oder besser: so erweitert, dass wir als Menschen hineinpassen, statt immer nur zu stören.

Mit einer Kreislaufökonomie der Generosität hätten wir als Menschen einen großen, schönen Fußabdruck auf diesem Planeten. Man würde unsere Spuren sehen. Aber es wäre nicht schlimm. Wir müssten nicht mit schlechtem Gewissen durch die Gegend schleichen und so tun, als wären wir gar nicht da. Und uns selbst dauernd in Apokalypse-Gedanken selbst vernichten.

80 ZU 20 ZU 4

Wer aber hätte die Wette über den menschlichen Fortschritt gewonnen?

Hätte sich Simon bei seiner »Suchen-Sie-Sich-Einen-Ort-der-Welt«-Wette Anfang der neunziger Jahre die Stadt Mogadischu in Somalia ausgesucht, wäre er mit Pauken und Trompeten untergegangen – zwischen 1990 und 2010 erlebte diese Stadt nur Tod und Zerfall (heute herrscht wieder Hoffnung und ein Hauch von Neubeginn). Oder einen Weiler in Russland, Richtung Sibirien, in dem es heute weder ein Postamt noch eine Krankenstation gibt, nur noch alte Frauen und keine Männer über 55. Ganz zu schweigen von einem Dorf in der Mitte Nigerias, dort, wo Christen und Islamisten aufeinanderprallen. Oder, sagen wir, dem Örtchen Whiteclay in Nebraska, wo die Nachfahren der Oglala-Sioux in Alkohol und Arbeitslosigkeit versinken.[27]

Für den weitaus größeren Teil aller menschenbewohnten Orte wäre die Wette allerdings zugunsten von Julian Simon ausgegangen. Sogar für die kleine 652-Seelen-Inuit-Siedlung Uummannaq weit nördlich des Polarkreises, wo es inzwischen Schulen und ein kleines Krankenhaus gibt und aus der die derzeitige grönländische Ministerpräsidentin Aleqa Hammond, eine Sozialdemokratin, stammt, die sich als Kosmopolitin bezeichnet.

Sogar in den meisten Ländern und Regionen Afrikas hätte Julian Simon einen Punktsieg davongetragen. Selbst im bitterarmen Äthiopien, mit seinen über 80 Millionen Einwohnern und einer Geburtenrate von immer noch rund fünf Kindern pro gebärfähiger Frau, würde man heute, wo früher nur Staub und Dunst waren, ein kleines Gemeindehaus in einem Dorf finden, Handys, Felder, auf denen plötzlich Überschüsse erzielt werden, und eine Krankenstation, die nicht 100, sondern nur noch ein paar Kilometer entfernt ist. Die Kinder sähen nicht mehr aus wie Gespenster (Äthiopiens Hungerkatastrophe von 1984 forderte rund eine Million Menschenleben), und die schönen Frauen würden viel mehr lachen.[28]

Für rund 80 Prozent aller Menschen auf der Erde haben sich die Lebensbedingungen in den letzten zwei Jahrzehnten – von unterschiedlichen Niveaus aus – verbessert. Für etwa 16 Prozent sind sie gleich geblieben. Gut vier Prozent der Menschen haben von Globalisierung und Wachstum nicht nur nicht profitiert – sie sind zurückgefallen, in Armut und Elend.

80 zu 20 zu 4. Das wäre das Wahrscheinlichkeitsverhältnis der Simon-Ehrlich-Wohlstandswette. Eine typische Pareto-Verteilung. Der italienische Mathematiker Vilfredo Pareto fand vor rund einem Jahrhundert heraus, dass sich unglaublich viele soziale, ökonomische und gesellschaftliche Verhältnisse immer nach diesem Verhältnis verteilen: 20 zu 80. Diese Formel scheint so etwas wie eine magische Naturkonstante darzustellen; eine Grundformel der Selbstorganisation, in der sich unsere Welt entwickelt.

20 Prozent der Bevölkerung besitzen 80 Prozent des Vermögens.

Kapitel 5

20 Prozent aller Patienten verursachen 80 Prozent aller Gesundheitskosten.

20 Prozent aller Bücher erzeugen 80 Prozent aller Buchverkäufe. Und von den 20 Prozent sind wiederum 4 Prozent – also 20 Prozent der 20 Prozent – echte Bestseller.

Die durchschnittliche Kalorienanzahl pro Mensch hat sich von 2411 im Jahr 1969 auf 2800 erhöht – in den Entwicklungsländern von 2111 auf 2700.[29] 1981 lag das Einkommen jedes zweiten Bewohners der Entwicklungsländer (kaufkraftbereinigt) unter 1,25 Dollar pro Tag. Im Jahr 2008 war es nur noch jeder Fünfte. Die Zahl der Bitterarmen (die UNO rechnet dies heute mit der Grenze von 1,25 Dollar pro Tag, bis vor wenigen Jahren galt noch 1 Dollar als die Grenze) ist von 1,94 auf 1,29 zurückgegangen, obwohl in dieser Zeit die Weltbevölkerung von 4,5 auf 6,7, Milliarden wuchs. Allein in China sank die extreme Armut von 85 auf 13 Prozent.[30]

Eine der spektakulärsten und gleichzeitig unbekanntesten Zwischenergebnisse der Millennium-Ziele: 89 Prozent aller Menschen auf der Erde haben heute Zugang zu sauberem Wasser – im Vergleich zu 76 Prozent im Jahr 1990.[31] Die Experten hoffen nun, dass der Wert bis zum Zieljahr auf 92 Prozent steigt. Natürlich heißt das nicht, dass das Glas voll ist. Aber in dieser Hinsicht ist es mehr als halb voll. »Die Welt kann aber noch keinen Sieg feiern, solange elf Prozent der Menschheit – 783 Millionen Menschen – keinen Zugang zu einer sauberen Quelle haben«, sagte Unicef-Direktor Anthony Lake zu Recht. »Jeden Tag sterben mehr als 3000 Kinder an Durchfallerkrankungen. Um diese Kinder zu retten, bedarf es noch eines langen Wegs.«[32]

Nein, die Welt ist nicht heil. Aber wenn man seinen Blick schärft, wenn man alle Daten, Fakten und Systemaussagen vergleicht, kann man sich vor einer Erkenntnis kaum drücken: Es gibt Fortschritt auf diesem Planeten. Immer von Rückschlägen bedrohten, aber dennoch kontinuierlichen Fortschritt. Sogar erheblichen Fortschritt. Martin Seligman, Pionier der Positiven Psychologie, fasste den Stand der Dinge in seinem Buch »Flourish – Wie Menschen aufblühen« so zusammen:

»Als ein Kind der Weltwirtschaftskrise und des Holocaust sehe ich sehr wohl, welche schrecklichen Hindernisse es immer noch gibt. Ich bin mir auch im Klaren über die Zerbrechlichkeit des Wohlstands und die Milliarden von Menschen, die die Früchte des menschlichen Fortschritts noch nicht genießen können. Aber es lässt sich nicht leugnen, dass wir selbst während des 20. Jahrhunderts, dem blutigsten aller Jahrhunderte, den Faschismus und den Kommunismus besiegt haben, dass wir gelernt haben, mittlerweile sechs Milliarden Menschen zu ernähren (und eine weitere Milliarde demnächst), und dass wir eine weltweite Schulbildung und weltweite medizinische Versorgung hervorgebracht haben. Wir haben die reale Kaufkraft um mehr als das Fünffache erhöht. Wir haben die Lebensdauer verlängert. Wir haben begonnen, die Umweltverschmutzung zu beschränken, wir haben große Fortschritte bei der Bekämpfung rassischer, sexueller und ethnischer Ungleichheit gemacht. Das Zeitalter der Tyrannei geht zu Ende und das Zeitalter der Demokratie hat immerhin Wurzeln geschlagen.«[33]

Mehr Übergewicht, weniger Hunger

Atmen Sie tief durch. Und begeben Sie sich in eine reflexive Distanz zu dem, was Sie gelesen haben.

Versuchen Sie sich vorzustellen, wir lebten in einer Welt, in der nicht Knappheit, sondern Generosität herrschte. Es wären genug Rohstoffe für alle da. Genügend Wasser für immer.[34]

Genug Energie, um neun oder gar zehn Milliarden Menschen zu bewegen, zu ernähren, zu kleiden. Genug Nahrungsmittel, um den Populations-Peak von unter zehn Milliarden Menschen zu versorgen. Wenn wir uns nicht völlig blöd anstellen, muss es keinen Mangel geben, für niemanden.

Merken Sie es? Es funktioniert nicht. Es ist zumindest sauschwer. Sie können, so sehr Sie sich auch anstrengen, ein solches kornukopianisches Modell einfach nicht glauben. Irgendwo widerspricht es unserem Menschenverstand, unserem Instinkt, dass die Welt ohne fixe Grenzen sein könnte. Eine unendliche Ressourcenwelt lässt sich genauso wenig denken wie ein achtdimensionales Universum oder rückwärtslaufende Zeit. Mehr noch: Die Vorstellung macht geradezu wütend.

Die Psychologen Sendhil Mullainathan und Eldar Shafir haben in ihrem Buch »Knappheit« analysiert, wie das menschliche Hirn mit Knappheitsannahmen operiert – und sich dauernd von ihnen austricksen lässt.[35] Knappheit ist das Gefühl, weniger zu haben, als man meint zu brauchen. Wir sind unglaublich erfinderisch, wenn es um das Erfinden von Knappheiten geht. Wenn wir im Wohlstand leben sind, wird uns die Zeit furchtbar knapp. Wenn wir in einer friedlichen, recht kooperativen Gesellschaft leben, bilden wir uns ein, dass »Werte« knapp werden. Wenn wir sicher leben, erfinden wir neue Bedrohungen. Wir sind Knappheitsspezialisten.

Diese Wahrnehmung ist nicht zufällig. Als ehemalige Bewohner begrenzter Täler und karger Savannen sind wir innerlich darauf gepolt, dass die Ressourcen knapp sein müssen.

Gleichzeitig fürchten wir, dass der Wegfall der Not uns eine »kalte« und »unsolidarische« Gesellschaft bescheren muss.

Im Krieg mussten alle Menschen zusammenrücken.

Wer wenig hat, teilt es.

Alle Religionen bieten Mythen der Knappheit und ihrer Überwindung. Wenn Jesus Brot in Wein verwandelt oder Essen herbeizaubert, dann appellieren solche Mythen nicht nur an die Transzendenz, sondern auch an das Gemeinschaftsgefühl. Religionen wie Islam und Christentum waren auch deshalb so erfolgreich, weil sie weltliche Umverteilungsformen schufen. Islamistische Bewegungen, intakte christliche Gemeinden kümmern sich intensiv um Arme, Behinderte und diejenigen, die nichts haben. Genau das macht ihren Erfolg aus.

Knappheit zwingt uns seit Äonen zu Kooperation und sozialer Nähe. Sie ist eng an Mitgefühl gebunden. Etwas an der Idee der Knappheit berührt also unseren moralischen Kern. Stellen wir uns vor, es stellte sich tatsächlich heraus, dass alle Menschen auf diesem Planeten ohne Einschränkungen Auto fahren, schlemmen, hemmungslos verreisen könnten. Wäre das nicht im höchsten Maße ungerecht? Müssen wir, als Bewohner der ersten Welt, nicht eine gewisse Buße tun für all die industriellen Annehmlichkeiten, die wir in den letzten Jahrhunderten genossen haben?

Buße und Schuld. Bei allen Umweltdebatten und Knappheitsmodellen geht es letztlich um diese Kategorien. Finale Knappheit bildet einen festen Rahmen, in dem sich diese Kategorien (scheinbar) objektivieren lassen. Wie verwirrend wäre es dagegen, in einer unlimitierten Welt zu leben! Wie wir uns ernähren, mit Energie umgehen, unsere Stoffwirtschaft organisieren, wäre dann nicht von äußeren Zwängen abhängig. Wir müssten selbst entscheiden, ob wir uns wie fette Maden vor dem Fernseher wälzen, gut zu Tieren und Mitmenschen sind oder unsere Mobilität begrenzen.

Das Problem ist nur: Wir leben längst in so einer Welt. Laut dem von der Harvard School of Public Health, der Weltgesundheitsorganisation und der Weltbank herausgebrachten »Global

Kapitel 5

Burden Report« von 2013 verlieren die Menschen auf der Erde inzwischen mehr Lebensjahre durch Übergewicht als durch Hunger.[36]

1,4 Milliarden Menschen leiden an Übergewicht, 800 Millionen an Hunger.

Die Macht der Instinkte

Wenn 80 Prozent aller Menschen in den letzten Jahrzehnten von sozialen Fortschritten profitiert haben, könnten wir sagen: Julian L. Simon hat die Wette zu 80 Prozent gewonnen und Paul R. Ehrlich zu 20 Prozent. Aber so haben wir nicht gewettet. Denn bei dieser Auseinandersetzung mit der Zukunft geht es ums Ganze. Um unser Weltmodell per se.

Schon der Fahrstuhl-Effekt sorgt dafür, dass die Antwort immer lauten muss: Paul R. Ehrlich hat die Wette gewonnen. Die zehn Prozent bittere Armut, die auf diesem Planeten heute immer noch existieren, sind in gewisser Weise viel skandalöser als 40 Prozent Bitterarme in einer Welt, die als Ganzes weniger wohlhabend war.

Paul Ehrlich, der Club of Rome und alle sonstigen Untergangspropheten haben auch deshalb immerzu recht, weil wir uns nie sicher sein können, dass sie am Ende nicht doch recht haben. »Man kann zeigen, dass etwas gefährlich ist. Aber niemals kann man zeigen, dass etwas definitiv sicher ist«, bemerkt Tom Standage, Autor von »An Edible History of Humanity«.

Julian Simon könnte nur gewinnen, wenn wir unseren atavistischen Instinkt überwinden, mit dem wir die Welt als finalen Gefahrenort betrachten. Aber eben das kann uns kaum gelingen, denn der Code der Knappheit ist ein inneres Programm, das wir über Jahrmillionen erlernt haben. So siegt am Ende immer Paul R. Ehrlich. Egal, wie die Wirklichkeit ist.

6   **Die Kunst des Zweifelns**

Wie wir die Welt mit neuen Augen
betrachten können

Ich weiß gar nicht, ob ich noch meiner Meinung bin.
Konrad Adenauer

Nur die Fragen, die prinzipiell unentscheidbar sind,
können wir entscheiden.
Heinz von Foerster

Lichter am Himmel

Am 26. September des Jahres 1983 saß Stanislaw Petrow, ein
vollkommen normaler Angehöriger der Spezies *Homo sapiens,*
in einer tief verbunkerten Kontrollanlage mit dem geheimnisvollen Namen »Serpuchow-15« neunzig Kilometer südlich
von Moskau. Petrow war ein Ingenieur mit militärischem
Rang, der in dieser Nacht die Aufgabe übernommen hatte, das
sowjetische Atomraketenwarnsystem »Oko« zu überwachen.
Normalerweise ein langweiliger Job. Auf riesige Bildschirme
starren, Kontrollgänge, Zeitung lesen, mit dem anwesenden
Gerätetechniker derbe Scherze reißen.

Kurz vor Mitternacht heulten die Sirenen. Auf dem Wand-
bildschirm vor Petrow blinkte das Wort вылет, die russischen
Buchstaben für Start. Spionagesatellit »Kosmos 1382«, seit
einem Jahr im All, hatte den Abschuss einer Atomrakete auf
dem amerikanischen Kontinent registriert. 25 Minuten blieben
bis zum Einschlag, irgendwo in Russland.

Und 15 Minuten bis zum massiven Gegenschlag, der den Planeten in eine radioaktive Hölle verwandelt hätte.

Nukleare Abschreckung folgt einer simplen Logik. Wie du mir, so ich dir – plus ein bisschen mehr. Rottest du mich aus, rotte ich dich noch radikaler aus. Kein Wunder, dass sich auf dem Höhepunkt des Kalten Krieges diverse Spieltheoretiker Gedanken über diese Logik machten. Entschieden werden muss über den Weltuntergang in maximal zehn Minuten. Bis eine Batterie von Atomraketen die Startsequenz durchlaufen hat, dauert es ungefähr so lange. Nur so könnte die Zeit reichen, die Raketen abzufeuern, bevor die Silos von feindlichen Raketen zerstört würden.

Im Kreml regierte im Jahr 1983 Juri Wladimirowitsch Andropow als Generalsekretär der Kommunistischen Partei. Andropow übte sein Amt zu diesem Zeitpunkt vom Krankenbett aus. Er litt unter Diabetes, Hypertonie und fortschreitendem Nierenversagen, einige Historiker sprachen auch von beginnender Demenz und Wahnvorstellungen. Ein knochenharter Funktionär mit einer ausgewachsenen Paranoia vor dem Klassenfeind und einer Vorliebe für Spionage der harten Art: Andropows KGB landete einige geniale Spionage-Coups gegen die USA, die allerdings alle mit der Verhaftung der Spione endeten. Der Mann, der über den kleinen Koffer mit den roten Schlüsseln verfügte, ging fest von einem Angriff Amerikas aus. Und er lag dabei, angesichts der politischen Kräfteverhältnisse im Weißen Haus, vielleicht gar nicht so falsch. Dort regierte Ronald Reagan, der Schauspieler. Eine nicht unbedeutende Fraktion des Pentagon, Generäle-Hardliner, vertraten immer noch die These, Amerika sollte mit den »Sowjets« reinen Tisch machen, bevor sich diese endgültig in das unbesiegbare Reich der Star-Wars-Figur Darth Vader verwandelten.

Petrow erhob sich von seinem Pult. Er dachte in diesem Moment weder an die Millionen möglicher Opfer eines Nuklearkonflikts noch an seine Familie.

Er dachte an Teelöffel.

Niemand, dachte Petrow, löffelt einen Wassereimer langsam mit einem Teelöffel aus. Warum sollte die USA einzelne Raketen auf die UdSSR feuern? Dann rief er seinen Vorgesetzten, den diensthabenden Generalmarschall der sowjetischen Luftstreitkräfte, an. »Wir haben einen Alarm, aber es ist ein falscher Alarm.« Die Leitung knisterte. Als Petrow auflegte, heulten die Sirenen erneut: Kosmos 1382 meldete den zweiten Raketenstart und wenig später den Anflug von drei weiteren Raketen. Die Systeme in Serpuchow-15 liefen einwandfrei, sie melden keine Fehler.

Fünf Raketen im Anflug.

Petrow dachte wieder an Tee. Noch absurder als mit einem Teelöffel, dachte er, wäre es, einen Wassereimer mit fünf Teelöffeln auszulöffeln.

Bruce G. Blair, US-Abrüstungsexperte und heute Chef des World Security Institute, sollte später sagen: »Die oberste sowjetische Führung hätte, wenn sie direkt über einen Angriff informiert worden wäre, binnen Minuten einen Entschluss fällen müssen; sie hätte wahrscheinlich die Entscheidung für einen Vergeltungsangriff getroffen.« Der »Spiegel« berichtete 1983, was ein Atomkrieg für die Welt bedeuten würde: Rund 5000 Sprengköpfe würden 1124 Städte über dichtbesiedelten Gebieten in Nordamerika und Europa zerstören. Der Cambridge-Mediziner Hugh Middleton rechnete weltweit mit 750 Millionen Toten und 340 Millionen Verwundeten. Nur in den ersten Minuten.

Stanislaw Petrow verhinderte die Apokalypse, indem er einfach nichts tat.

Er zweifelte.

Vermutlich täuschte ein von einer seltenen Wolkenformation reflektierter Sonnenstrahl das sowjetische Warnsystem, der Satellit Kosmos 1382 deutete Lichtblitze in diesen Wolkenschichten als Start von Raketen.[1]

Petrow bekam keine Orden, sondern einen Tadel – weil er vergaß, seine Beobachtungen im Dienstbuch festzuhalten. Und später umgerechnet 140 Euro Monatsrente. Die Ehrungen folgten erst später – vom einstigen Klassenfeind. Nach dem Bekanntwerden des Zwischenfalls sandten dankbare Westeuropäer und US-Bürger Fanpost ins Städtchen Frjasino, wo Petrow mit seiner Frau Raissa wohnte. Eine Britin schickte ein Pfund Kaffee, ein Amerikaner einen Englischkurs – und Hollywoodstar Kevin Costner 500 Dollar. Petrow reiste nach New York, erhielt dort den »World Citizens Award«. 2011 bekam er den Deutschen Medienpreis, 2013 den Dresden-Preis für besondere Verdienste für den Frieden.

»Ich bin kein Held. Ich habe nur meine Arbeit getan«, sagte er in einem Interview. Die heldenhafte Arbeit des Zweifels. Das heroische Nichtstun.

Die Helden des Atoms

Fünf Jahre später wurde das Ende des Kalten Krieges und der Sowjetunion ironischerweise durch einen anderen »Helden« ausgelöst: den Schichtleiter des Atomkraftwerks Tschernobyl, Anatolij Djatlow.

Bei der Simulation eines Stromausfalls im Reaktor 4 der riesigen Atomkraftwerksanlage nördlich der Millionenstadt Kiew in der Nacht vom 25. auf den 26. April 1986 fiel um kurz nach 1 Uhr die Reaktorleistung stark ab. Um sie wieder anzuheben, entfernten die Operatoren Steuerstäbe, mit denen die atomare

Kettenreaktion kontrolliert werden kann, und unterschritten dabei die zulässige Minimalgrenze von 28 Stäben. Damit geriet der Reaktor in einen heiklen Zustand.

Dennoch befahl der stellvertretende Chefingenieur des Kraftwerks, Anatolij Djatlow, den Beginn des Tests. Das Wasser im Reaktor begann aufzukochen, und laute hydraulische Schläge waren zu hören. Akimow, der Schichtleiter, und Toptunow wollten den Test abbrechen, doch Djatlow trieb sie mit folgenden Worten an.

»Noch ein, zwei Minuten, und alles ist vorbei! Etwas beweglicher, meine Herren!«

Eine klassische heroische Diktion. Djatlow handelte im Glauben an das Mögliche, das Beherrschbare, die Unfehlbarkeit der Technik. Er war überzeugter Kommunist.

Er kannte keinen Zweifel.

Nach James Reason, einem englischen Unglücksforscher, lag der Grund für das totale Versagen der Tschernobyl-Mannschaft in ihrer übersteigerten Selbstwahrnehmung.[2] Die Gruppe war für ihre Fähigkeit ausgezeichnet worden, den Reaktor möglichst lange am Netz zu halten. Man verhielt sich extrem selbstsicher, profihaft. Diese auf Selbstbewusstsein und Routine fußende Ignoranz nennt sich auch »Methodismus«. Man kennt »seine Methoden«. Man fühlt sich erhaben über die »kindischen Sicherheitsvorschriften«. Bislang hat es ja auch immer funktioniert! Djatlow war Kind einer ingenieurischen Großideologie, die Menschen in den Weltraum gebracht und dem amerikanischen Imperialismus getrotzt hatte und alle Energieprobleme, einschließlich der Klassen-, Armuts- und sonstigen Weltprobleme lösen wollte. Auf dem glorreichen Weg der Atom-Elektrifizierung sollte sich das Konzept »Elektrifizierung plus Sowjetmacht« endgültig als überlegenes System erweisen.[3]

Kapitel 6

Dass er mit seinem Zukunftsglauben nicht nur das Kernkraftwerk in die Luft sprengte, sondern auch das Ende des russischen Kommunismus besiegelte, ist ein typischer Treppenwitz der Geschichte. Für Gorbatschow war der Unfall von Tschernobyl ein Schlüsselereignis, das ihn darin bestärkte, die Sowjetzeit zu beenden.

Che statt Goethe!

Im Jahre 1973, drei Wochen vor dem Abitur, besetzten wir mit unserer »Revolutionären Schüler-Aktionsgruppe« unser humanistisches Gymnasium. Wir hängten Spruchbänder aus dem Fenster mit Parolen wie »Es ist verboten, zu verbieten« und »Che statt Goethe!« Wir verwandelten die Turnhalle in eine Disco, in der unentwegt diskutiert wurde und Musik von Led Zeppelin bis in die Nacht dröhnte. Wir unterrichteten die Siebtklässler in Sexualkunde nach den Ideen von Wilhelm Reich, dem Begründer der körperorientierten Psychotherapie und dem Entdecker der Lebensenergie Orgon.

Die Welt war in Aufruhr, und wir waren mittendrin.

Die Zukunft bekam einen anderen Klang. Jetzt ging es nicht mehr um technische Utopien und Trips in ferne Galaxien. Es ging um ein anderes Leben im Hier und Jetzt.

Wir glaubten an eine Zukunft, in der sich alle Menschen kooperativ und solidarisch verhalten würden. Weil sie frei wären von den Zwängen »des Systems«. Aber die Revolte hatte gottlob auch poetische Züge, die uns vor dem Dogmatismus retteten. Wir glaubten instinktiv auch an die Schönheit der Welt. Unsere dopamingetränkten, nach Intensität suchenden Gehirne waren von Momenten fasziniert, wie sie in den französischen Filmen von Louis Malle und Claude Chabrol aufblitzten; Szenen voller tiefer, über sich selbst hinausweisender

Bedeutungen. Mehr als an das ferne Ergebnis eines Umsturzes glaubten wir an die Energie der Befreiung selbst. Wo früher das Bild der blauen Erde hing, hing jetzt Che Guevara. Der kubanische Freiheitskämpfer, der in den Dschungel ging und lieber dort starb, anstatt im Politbüro zu versauern.

Die »Bullen« umstellten die Schule. Am dritten Tag wurde unser Protestlager geräumt. Auch das war eine Art Ehrenbezeugung.

Auf dem Campus der Frankfurter Universität, Mitte der siebziger Jahre ein Epizentrum der studentischen Rebellion, explodierten Ideologien, Glaubensbilder, Radikalismen in alle Himmelsrichtungen. Die ungeheure Energie, mit der das geschah, lässt sich im Nachhinein nur durch die Wunden erklären, die wir aus unserer Kindheit mit uns herumschleppten. Alle hatten irgendeinen Bruch in ihrer Familiengeschichte, einen Nazivater, eine Mutter mit psychischen Problemen. Einen Schatten im Keller. Alle waren auf einem existenziellen Selbsttherapietrip, der sich politisch auflud.

We want the world, and we want it now!

Ein Teil der Bewegung begab sich bald schon auf den langen Marsch in den Aufbau einer revolutionären Organisation. Diese »Genossen« schnitten sich heroisch die Haare kurz, heirateten, zogen in Zweizimmer-Sozialbauwohnungen am Stadtrand und heuerten in Fabriken an. Sie standen morgens um fünf im Regen und verteilten Flugblätter ans Proletariat. Sie lernten Parolen von Karl Marx in wochenlangen Schulungen auswendig und schrieben bizarre, ellenlange Texte über dialektischen Materialismus. Sie glaubten an die Idee, dass man einen magischen Urtext erzeugen könnte, einen heiligen Kanon, mit dem man die ganze Zukunft für immer festlegen konnte. Um dann, eines Morgens, wegen »Abweichung« ausgeschlossen zu werden. Und auf der Stelle eine neue Splittergruppe ins Leben zu rufen, die ebenso fanatisch auf ihre Abweichler einprügelte.

Der andere Teil unserer revolutionären Galaxie rotierte um anarchistische Ideen, romantische Gewaltfantasien und seltsame Verwahrlosungsideologien.

Ich erinnere mich an eine Szene, in der die Nürnberger »Indianerkommune« einen Hörsaal besetzte, in dem wir über die sexuelle Unterdrückung im Kapitalismus diskutierten. Vier, fünf bleiche, dünne Jungs zwischen 12 und 16 im zerrissenen Jeanskostüm und mit selbstgedrehten Zigaretten im Mund standen auf der Bühne, und ihr »Mentor«, ein 50-jähriger Bärtiger mit schütteren Haaren, ergriff das Wort für »seine Jungs«. Die hielten stumm Plakate hoch mit Forderungen, die »faschistische sexuelle Diskriminierung und Verfolgung« zu beenden, der sich diese Päderastenkommune ausgesetzt sah. Sex zwischen Erwachsenen und Kindern sollte frei sein. »Für die Entkriminalisierung der Liebe!«, »Nieder mit der Lustfeindlichkeit!«, »Schluss mit den Vernichtungs-KZ-Paragraphen!«

Der Mensch ist gut, nur »das System« lässt ihn nicht. Das war ein wunderbarer, bequemer Glaube. Er kostet kein Gramm Verantwortung, keinen Millimeter Selbstreflexion. Aber im Grunde basiert er auf tiefer innerer Angst, auf Unsicherheit. Wir wollten, wie Kabarettist Matthias Beltz es später formulierte, »dagegensein, um dazuzugehören«.[4] Dazu brauchten wir jede Menge innerer und äußerer Feinde. Die Polizei. Die Spießbürger, die sich in ihren Wohnungen versteckten und dem Konsumrausch frönten. Den Staat. Den inneren Kretin, das verstockte Faschistenschwein, das in uns hockte und uns am wahren freien Leben hinderte.

Aber bald entwickelten sich, gottlob, die Zweifel.

Kriegsspiele auf Kuba

Während ich mit meinem Vater im Jahre 1962 Konservendosen im Keller unseres Reihenhauses sortierte, lag das Schicksal der Welt in der Hand von Menschen, die versuchten, bestmögliche Entscheidungen in einem fürchterlichen Dilemma zu treffen. Im Film »Thirteen Days«, mit Kevin Costner in der Hauptrolle, wird die Kubakrise aus der Perspektive der amerikanischen Regierung mit hoher historischer Genauigkeit nachgespielt. Hauptfigur des Dokumentationsdramas ist der damalige Präsidentenberater, der im Oval Office die Fäden zieht und die entscheidenden Akteure in immer neuen Konstellationen zusammenbringt. Besonders plastisch gezeigt werden die Generäle, die unbedingt zeigen wollten, was sie in den Waffenarsenalen haben.

Mister President, die Vereinigten Staaten können diese Provokation nur entschlossen beantworten! Unsere Streitkräfte sind jederzeit bereit, angemessene Schläge auszuführen!

Doch John F. Kennedy zweifelte an direkten militärischen Aktionen gegen Kuba. Seine angegriffene Gesundheit sorgte dafür, dass der Zweifel körperlich spürbar wurde und ihn bis an den Rand des Zusammenbruches brachte.

260 amerikanische Kriegsschiffe standen vor Kubas Küste. Eine unberechenbare sowjetische Regierung, auch damals schon eine senile Gerontokratie, hatte mit den heißspornigen Commandantes der kubanischen Revolution angefangen, weltpolitisches Poker zu spielen. In der kubanischen Sierra Madre standen Atomraketen, die fast das gesamte amerikanische Festland in sieben Minuten erreichen und damit das Gleichgewicht des Schreckens aushebeln würden.

Ein US-Spionageflugzeug wurde abgeschossen, der Pilot starb. Amerikanische Kampfflugzeuge rasten im Tiefflug über die getarnten Raketenstellungen. Man traf sich in den

Kapitel 6

Hinterzimmern der Botschaften, und selbst der sowjetische Botschafter in New York sprach düster vom Ende der Welt. Ganz Amerika tat das, was ich mit meinem Vater tat: Vorräte horten und den Keller befestigen.

Am zwölften Tag der Krise warfen Matrosen des US-Zerstörers »Cony« vor Kuba fünf Handgranaten ins Wasser, um das russische U-Boot B-59 zum Auftauchen zu zwingen. Das Boot unter Kommandant Walentin Sawitzki war seit mehreren Tagen nicht mehr aufgetaucht und hatte keinen Kontakt zum russischen Oberkommando. Kommandant Sawitzki wusste nicht, ob der Krieg schon ausgebrochen war. Er ließ die Rohre seiner Torpedos fluten und beschloss, den Heldentod zu sterben. Die Stimmung an Bord war gespannt, die Atemluft verbraucht, sämtliche Akkus fast leer. Doch der Erste Offizier weigerte sich, den Code zur Schärfung der Torpedos einzugeben. Er zweifelte. Schließlich tauchte das Boot unbehelligt auf.[5]

Präsident Kennedy und die klügeren seiner Berater zweifelten ebenso hartnäckig an den Versprechen der Generäle. Kennedy wurde unter anderem von Spieltheoretikern beraten, die die möglichen Ausgänge von Nuklearkriegen berechneten. Der Spieltheoretiker und Sicherheitsexperte Thomas Schelling saß im Umfeld des Beratungsteams, er hatte vorher schon im Think-Tank des Pentagon »Kriegsspiele« veranstaltet.[6] Indem das Präsidententeam bei jedem Schritt mindestens drei Züge vorausdachte, konnte der Zweifel seine segensreiche Wirkung entfalten. Am 28. Oktober 1962 erklärte sich Chruschtschow bereit, die Raketen zurückzuziehen, das Drama fand eine diskrete diplomatische Lösung mit einem Deal, bei dem beide Seiten ihr Gesicht wahren konnten.[7]

Und die Vorräte im Keller meines Vaters blieben unangetastet.

Nie wieder Fehlalarm

Nach der Kubakrise beauftragte das Pentagon den Mathematiker Albert Madansky und den Statistiker und Bevölkerungsexperten Fred C. Iklé mit der Entwicklung eines Sicherheitssystems für atomare Zwischenfälle.[8] Madansky und Iklé sollten die Wahrscheinlichkeit berechnen, mit der ein Atomkrieg »aus Versehen« entstehen könnte – und entsprechende Gegenmaßnahmen entwickeln. Ein falscher Befehl, ein Missverständnis am Telefon oder eine eigenmächtige Handlung eines Piloten hätte zu einer unheilvollen Kette von Ereignissen führen und im nuklearen Armaggeddon enden können.

Die beauftragten Wissenschaftler sorgten dafür, dass das Szenario von Stanley Kubricks »Dr. Seltsam, oder wie ich lernte, die Bombe zu lieben« eine Fiktion blieb. In diesem lustigsten aller Weltuntergangsfilme fliegt ein kaugummikauender, durchgeknallter Cowboy-Bomberpilot mit seinen Wasserstoffbomben nach Russland, auf einer »fliegenden Festung«, einem B52-Bomber, um es den »Commies« mal richtig zu zeigen! Der Mann leidet unter Impotenz, die er auf die »poisoning of bodily fluids« durch Trinkwasserzusätze zurückführt, die die Kommunisten ins amerikanische Leitungsnetz eingespeist haben. Im Film wird das Weltende durch Glaubensirrsinn und eine Reihe absurder Missverständnisse herbeigeführt. So hatten die Russen »vergessen«, der Welt mitzuteilen, dass sie über eine »Doomsday-Maschine« verfügen, die die Welt im Falle eines amerikanischen Angriffs sofort pulverisiert. Ausgedacht hatte sich diese Untergangsmaschine ursprünglich ein irrer Spieltheoretiker namens »Dr. Seltsam« – eine Mischung aus Zukunftsforscher Herman Kahn, der damals tatsächlich die Logik eines potenziellen Nuklearkriegs erforschte, dem Spieltheoriegenie John von Neumann, und einem chaplinesken Hitler-Verschnitt.

Kapitel 6

Aber damals war das alles nicht nur lustig. Zwischen 1950 und 1993 gingen der US Navy 380 nukleare Sprengköpfe verloren. Teilweise durch Unfälle, teilweise durch bizarre Schlamperei, vielleicht auch durch Spionage.[9] Missverständnisse gab es immer wieder. Manchmal verwechselten Piloten von Aufklärungsflugzeugen das Nordlicht mit dem vermeintlichen Widerschein sowjetischer Raketen oder sie hielten in die Atmosphäre eindringenden Weltraumschrott für Interkontinentalraketen. Sogar der aufgehende Mond führte zu Fehlalarm. 1980 meldeten die Pentagon-Computer einen bevorstehenden sowjetischen Großangriff – jemand hatte irrtümlicherweise eine Simulationsübung auf den Hauptrechner gespielt (daraus wurde später der Film »WarGames«). Und dann gab es noch eine Menge »hidden problems of unauthorized acts«, von denen man nicht viel Genaues weiß. Und auch lieber nichts wissen möchte.

Gegen all diese Eventualitäten entwickelten Albert Madansky und Fred Iklé ein Konzept, das die Wahrscheinlichkeit fataler Reaktionen verminderte. Sie etablierten ein Zwei-Code-Schlüssel-System, mit dem Atombomben scharfgemacht wurden, wobei ein dritter, unabhängiger Offizier einen Extra-Code beitragen musste. Jedes Scharfmach-Kommando musste auf mindestens zwei unabhängigen Kanälen bestätigt werden. Madanskys und Iklés Studie führte auch zur prinzipiellen Separat-Lagerung von Raketen und den atomaren Sprengköpfen, auch wenn diese sich in »aktiven Übungen« befanden.

Auf dem Höhepunkt des Kalten Krieges, in den achtziger Jahren, befanden sich etwa fünfzig Militärflugzeuge ständig in der Luft. Bei ihren teilweise wochenlangen Flügen am Rand der Stratosphäre lebten die Mannschaften wie Astronauten oder U-Boot-Fahrer. Routine und Langeweile mussten irgendwann zu Unfällen führen. Als sich über der spanischen Südküste am 17. Januar 1966 bei der Betankung eines B-52-Bombers durch ein Tankflugzeug dann tatsächlich ein Unfall ereignete, bei dem vier Wasserstoffbomben großen Kalibers ins Mittelmeer und auf spanische Felder stürzten, kam es jedoch »nur« zu einer kleinflächigen radioaktiven Verseuchung von Tomatenplantagen. Dank einer professionellen Methodik des Zweifels, die das Schlimmste verhinderte, indem sie es bewusst als möglich annahm.[10]

Sich-nicht-entscheiden-können

Schon als Kind litt ich unter der »Je-nachdem-Krankheit«. Man könnte sie auch »Sowohl-als-auch-Krankheit« oder, noch treffender, »Gleich-Gültigkeits-Syndrom« nennen.

Wenn unsere Lehrer im Gymnasium sich über die ständig sinkende Lernmoral beschwerten und darauf bestanden, dass es in der Schule einen Grundkonsens geben sollte, zu dem etwa das Rauchverbot im Unterricht gehörte und das Einhalten von Höflichkeitsformen, fand ich das völlig einleuchtend. Wenn unser oberster Schulrevolutionär zu einem »Smoke-in« im Unterricht aufrief, war ich allerdings sofort überzeugt, dass damit der Freiheit ein Gefallen getan wurde. Ich fand beide Argumente irgendwie gleich gültig.

Wenn mich jemand – was damals dauernd vorkam – von einer neuen, absolut schlüssigen revolutionären Welterklärung überzeugen wollte, sei es im weiten Feld der marxistischen Heilslehren oder der schon damals blühenden indischen Erweckungen oder sonstiger metaphysisch-dialektischer Wunder, gab ich ihm recht. Aber irgendwie dachte ich dabei an: Teelöffel.

So eine Welthaltung kann natürlich nerven. Ich galt als Opportunist, der immer sein Fähnchen nach dem Wind hängte.

Kapitel 6

Und so sah ich mich zeitweise auch selbst. Ich litt darunter, mich nicht auf eine Methode, eine Weltbetrachtung, eine klare Haltung festlegen zu können. Neidisch schaute ich auf diejenigen, die immer exakt wussten, was man denken, meinen, fühlen musste.

Bis heute geht es mir so, dass ich mich schwer entscheiden kann. In der Europadebatte zum Beispiel: Wenn mir jemand überzeugend klarmacht, dass es in der Eurokrise darum geht, die Staatsschulden radikal zu begrenzen, und jede Idee von Eurobonds oder Schuldenerlass einen Teufelskreislauf in Gang setzt – dann ist das nach allem gesunden Menschenverstand vollkommen wahr. Wenn jemand leidenschaftlich dafür plädiert, dass es an der Zeit ist, endlich gemeinsame Schulden- und Finanzpolitik zu betreiben und Konjunkturprogramme anzukurbeln, weil Europa durch reine Sparpolitik erst recht in eine tiefe Rezession gestürzt wird – hat er nicht ebenfalls vollkommen recht?

Warum kann nicht beides verschiedene Aspekte der Wirklichkeit abbilden? Der amerikanische Naturwissenschaftler Thomas Chamberlin schrieb schon im Jahr 1890:

»Im Folgen einer einzigen Hypothese wird der Geist nur zu einer einzigen Lösungskonzeption geführt. Aber eine adäquate Erklärung beinhaltet oft die Koordination verschiedener Ansätze, die unterschiedliche Anteile zur Lösung beitragen. Die wahre Erklärung ist notwendigerweise komplex.«[11]

Wenn jemand überzeugend argumentiert, dass man Armut nur dadurch bekämpfen kann, dass die Armen auch arm sein dürfen, anstatt ihnen mit einem übermächtigen Fürsorgestaat ständig hinterherzulaufen und durch ständige Transfers ihre

letzte Eigeninitiative zu ersticken – ist das nicht logisch?
Wenn gleich drauf jedoch ein richtig netter Mensch auf dem
Podium sitzt, der für ein bedingungsloses Grundeinkommen
von 1000 Euro plädiert, finde ich das zumindest bedenkens-
wert. Ich denke darüber nach, wie man beide Aspekte verbinden könnte.

Früher dachte ich, ich hätte einen Funktionsschaden. Man
muss sich entscheiden. Entweder das eine oder das andere
ist wahr. Heute weiß ich, dass es eine Gnade ist, die Welt aus
unterschiedlichen Blickwinkeln betrachten zu können. Einfach, weil sie vielschichtig und mehrdeutig ist.

Komplexität heißt, dass Wechselwirkungen mit verschränkten Kausalitäten das Spiel bestimmen. In dem Guten schlum-
mert auch das Schlechte. Und umgekehrt. Wenn die Lebens-
mittel-, Strom- oder Benzinpreise steigen, schreien die Medien
Zeter und Mordio. Die Armen! Sie werden verhungern! Die
Hartz-IV-Empfänger haben nichts mehr zu essen! Ich denke
dann im Stillen an die Bauern, die durch höhere Preise vielleicht ihre Tiere und Böden weniger quälen und drangsalieren
müssen. Ich denke an die Umwelt, der teurere Autos sicher
guttun. Wenn der Strom teurer wird, steigen die Anreize zum
Stromsparen. Und so weiter

Wer so denkt, wird schnell zum Verräter. Er kann nicht
mehr an einfache Lösungen glauben. Zum Beispiel in der
Frage der Gerechtigkeit. Gerecht wäre es doch, wenn alle
Menschen gleich arm oder reich sein würden. Oder? Was
aber, wenn es ganz verschiedene Arten von Reichtum und
Armut gäbe? Und viele Ebenen der Gerechtigkeit? Müssten
sich dann nicht auch die Strategien der Gerechtigkeit verändern? Der amerikanische Philosoph Michael Walzer drückte
es so aus:

Kapitel 6

»Ungerechte Gesellschaften beruhen auf simplifizierten Projekten, weil sie davon ausgehen, dass der Erfolg einer bestimmten sozialen Eigenschaft in allgemeinen Erfolg konvertiert werden kann. Eine gerechte Gesellschaft hingegen ist komplizierten Lebensplanungen verpflichtet, in denen man simultan fürsorgendes Elternteil, qualifizierter Arbeiter, engagierter Bürger, eifriger Student, scharfsinniger Kritiker, treues Gemeindemitglied und hilfreicher Nachbar sein möchte. Alles gleichzeitig ist natürlich unmöglich. Aber wir verpflichten uns leichter und leidenschaftlicher auf solche unterschiedlichen Qualitäten, wenn wir wissen, dass für jede unterschiedliche Belohnungen verfügbar sind – und keine einheitliche, konvertierbare Belohnung für alle von ihnen.«[12]

Fürchte, was andere fürchten

Warum bedeuten Begriffe wie »Gerechtigkeit« und »Freiheit« für unterschiedliche Menschen etwas völlig anderes? Leben wir nicht eigentlich im selben Universum, in einem menschlichen Körper mit gleichem Bauplan und sehr ähnlichen Prädispositionen? Warum deuten die einen »Global Warming« als eine die Menschheit verbindende Zukunftsgefahr, während die anderen die Idee einer planetaren Erwärmung für eine Verschwörung von grünen Lobbygruppen halten? Wie kommt es, dass manche Menschen an Allah und andere an sinnlichen Genuss und sonst gar nichts glauben? Woran liegt es, dass die einen auf die Wunderkraft des freien Marktes, die anderen auf den Segen des Staates schwören? Wie können Polarisierungen moralischer Sichtweisen so weit gehen, dass sie Gruppen, Gesellschaften, Kulturen unentwegt spalten und entzweien? So heftig, dass selbst in einer bewährten Demokratie wie Amerika heute eine Art mentaler Bürgerkrieg entstanden ist, in dem sich zwei Weltwahrnehmungssekten gegenüberstehen?

Der Psychologe und New Yorker Professor Jonathan Haidt behauptet, dass der eigentliche Grund für unsere ständige Bereitschaft zum Fanatismus unsere Sozialität ist.[13] Wir sind, als eine auf Kommunikation und Resonanz angewiesene Spezies, »moralische Tiere«. Wir sind einerseits egoistische Konkurrenten, die auf der individuellen Ebene Statuskämpfe austragen, miteinander und gegeneinander um Vorteile rangeln. Wir sind von der Evolution aber auch als Gruppenwesen konstruiert. Wie schon Charles Darwin feststellte: Gruppen und Kulturen mit hohen Kooperationsgraden und starker sozialer Kohäsion setzen sich im Verlauf der Geschichte eher durch. Deshalb haben wir einen tiefen opportunistischen Instinkt: Wir fühlen, was diejenigen fühlen, denen wir uns nahe fühlen. Wir glauben, was die »unsrigen« glauben.[14]

Gerd Gigerenzer, Psychologe am Max-Planck-Institut in Berlin, spricht vom »sozialen Lernen«, das letztlich auf der Bewältigung von Furcht basiert:

»Das Sprichwort sagt: Nur der Dumme lernt aus seinen Fehlern, der Kluge aus den Fehlern der anderen. Dieser Klugheit liegt ein unbewusstes Prinzip zugrunde: die soziale Nachahmung der Furcht. Fürchte, was deine soziale Gruppe fürchtet!«[15]

Moral »bindet und blendet«, wie Jonathan Haidt es ausdrückt.[16] Die Identifikation mit den Mitgliedern unserer Gruppe führt jedoch tendenziell dazu, dass wir die anderen dämonisieren. In »Wired for Culture« nennt Marc Pagel diesen Effekt »groupishness«.[17] Eine weitere Bezeichnung für die Synchronisierung von Meinungen und moralischer Urteile lautet »normative

Kapitel 6

Transformation«: Totalitäre Systeme arbeiten immer nach dem System der Wir-Verherrlichung, die erst harmlos als Sympathie für das »eigene Volk« beginnt und dann in Rassen- oder Fremdenhass endet.[18]

Die Gefühle, die unsere Vorfahren immer und immer wieder in den Krieg trieben, waren nicht ursprüngliche Gefühle des Hasses. Die Soldaten des Ersten und Zweiten Weltkrieges zogen nicht mit der Vorstellung in die Schützengräben, dass die Franzosen, Belgier, Engländer oder Russen gefährliche Tiere wären, die man möglichst schnell eliminieren müsste. Im Gegenteil – der gegenseitige Respekt bereitete den Militärstrategen erhebliche Schwierigkeiten und führte zu manchen »Verbrüderungen«.[19] Hass wurde erst im Laufe der Kampfhandlungen in Akten kollektiver Synchronisation »erlernt«. Hass ist eher ein Resultat des Krieges als seine Ursache. Kriege hingegen werden immer aus moralischen Gründen begonnen. Einer Moral, die die Zwillingsschwester der Kooperation ist.

> »Es ist nicht die Intention, andere Menschen zu verletzen, die das eigentliche Problem darstellt. Die Erklärung (für Grausamkeiten, Kriege etc.) liegt vielmehr in der Art und Weise, wie das Gehirn Informationen prozessiert und wie manche Informationen disproportionale Rollen in unseren Entscheidungen spielen; in Form von Generalisierungen und Über-Generalisierungen.«[20]

Unser innerer moralischer Kompass ist nicht fixiert. Er kann sich auf alles Mögliche justieren, und dann führt der Effekt der »confirmation bias« – der Bestätigungsverzerrung – zu einer ständigen Verstärkung der einmal getroffenen Präferenzen. Der Naziverbrecher und Cheforganisator des Holocaust Adolf Eichmann glaubte felsenfest, einem moralisch überlegenen

System zu dienen, und er diente ihm mit der ganzen Loyalität eines Buchhalters. Das ist, wie Hannah Arendts »Bericht von der Banalität des Bösen« und die Reaktionen darauf zeigen, ungeheuer schwer zu verkraften, gehen wir doch von einem »freien Willen der ethischen Wahrnehmung« aus. Denn die Konsequenz ist, dass wir das Böse nicht im Namen des Guten bekämpfen können: Die Nazis waren Killer, weil sie Moralisten waren, ebenso wie sich der Kommunismus und sein Terror aus der Tiefe emphatischer, moralischer Gefühle speiste.

Für die Art und Weise, wie wir die Zukunft gestalten können, hat dieser Loyalitätseffekt der Moral erhebliche Auswirkungen. Gute Zukunft, positiver Wandel entsteht nicht durch den Triumph einer höheren, besseren, überlegeneren Moral. Die vielgehörte Formel »Zurück zu den Werten!« ist nicht nur hohl, sondern auch gefährlich, denn im Namen von »Werten« kann man so ziemlich jeden Gruppenegoismus als hehre Haltung verkaufen. Auch Empathie alleine ist keine Antwort. Was uns auf dem Weg in die Zukunft wirklich weiterbringt, ist vor allem die segensreiche Kraft des Zweifels.

Vom Zweifel zum Selbstzweifel

Inmitten des sozialrevolutionären Irrsinns der siebziger Jahre übte ich mit einer Gruppe von Freunden, denen ich bis heute zutiefst verbunden bin, den Zweifel als Lebenskunst. Wir ahnten, dass der revolutionäre Bürgerkrieg, den so viele damals lustvoll beschworen, nicht so lustig indianerhaft bleiben würde wie in den Happenings und Demonstrationen der Revoltebewegung. Wir lasen Bücher von Dissidenten, die mit ihren jeweiligen revolutionären Bewegungen gebrochen hatten – das Drama des spanischen Bürgerkriegs, die Liquidierungen der kubanischen Revolution.

Wir spürten aber auch, dass die totale Negierung von Macht und Struktur, die im »Antiautoritären« steckte, einer viel subtileren Unterdrückung Platz machen könnte. Wir ahnten und erlebten den narzisstischen Terror in unstrukturierten Gruppen, wie man ihn heute in der Piraten-Partei erleben kann. Und wir ahnten, dass der Selbsttherapietrip ganz schnell im Abgrund eines schrecklichen neuen Dogmas landen konnte.[21]

War der Nazifaschismus einfach nur ein simples »Reich des Bösen« gewesen? Eine Verirrung der Geschichte? Wie hätten wir uns damals verhalten? Wir ahnten, dass wir unseren Vätern ähnlicher waren, als wir glaubten. Und begannen, neue Fragen zu stellen:

Sind »das System« und »die Gesellschaft« wirklich schuld an allem?

Kann man mit »Opfersein« womöglich auch andere unterdrücken?

Ist der Staat böse – oder wollen wir nur zu viel von ihm?

Ist Gleichheit gerecht?

Kann eine Revolution gelingen, die keinen Humor hat?

Neuronale Demokratie

Der französische Philosoph und Naturwissenschaftler René Descartes sprach den berühmten Satz »Ich denke, also bin ich«. Aber schon 1200 Jahre zuvor formulierte der Philosoph und Religionsgründer Augustinus: *Fallor ergo sum* – Ich irre, also bin ich. Die amerikanische Essayistin Kathryn Schulz beschreibt in ihrem Buch »Being Wrong – Adventures in the Margin of Error«, was unser wahres Erkenntnisproblem ist. Es fehlt uns an Irrtums-Kapazität:

»Von allen Dingen, über die wir uns irren, ist die Vorstellung des Irrtums vielleicht die wichtigste. Weit entfernt davon, unsere intellektuelle Unterlegenheit zu zeigen, ist die Fähigkeit zum Irrtum der eigentliche Kern der menschlichen Kognitionsfähigkeit. Weit entfernt davon, ein moralisches Versagen zu sein, ist die Fähigkeit zum Fehlermachen untrennbar mit unseren humansten und ehrenwertesten menschlichen Eigenschaften verknüpft: Empathie, Optimismus, Imagination, Mut.«[22]

Das Gehirn macht nicht Fehler, indem es irrt. Es gewinnt vielmehr bessere Beurteilungen, weil es im Irren einen neuen Zugang erhält. Zweifel entwickelt die Fähigkeit, ein Phänomen aus einer Meta-Position zu betrachten. Es von mehreren Seiten zu durchschauen. Es zu umkreisen.

Im Laufe des Zweifels organisiert sich das neuronale Programm um. Von einem auf Linearität beharrenden Modus (»Ich will nur das wissen, was ich sowieso schon weiß«), zu einer »neuronalen Demokratie« – so nennt es der amerikanische Neurowissenschaftler David Eagleman:

»Der Trick des Gehirns: Es besitzt multiple, überlappende Arten und Weisen, um mit der Welt umzugehen. Es ist eine Maschine, die aus Teilen gebaut wurde, die ständig mit etwas in Konflikt geraten. Eine repräsentative Demokratie, die durch Wettbewerb zwischen Parteien funktioniert, geht richtig mit dem Problem um. Die Botschaft lautet: Vergesst die einzige Lösung. Die Frage lautet: Gibt es vielfältige, produktive, sich überschneidende Weisen, das Problem zu lösen?«[23]

Kapitel 6

»In der modernen Welt sind die Dummen felsenfest sicher, während die Intelligenten voller Zweifel sind« – das soll der britische Philosoph Bertrand Russel einmal gesagt haben.[24] Charles Darwin wiederum formulierte: »Ignoranz bringt öfter Vertrauen hervor als Wissen.«[25] Man kann neuronale Demokratie üben. Im alljährlich ausgetragenen Wettbewerb »World Universities Debating Championship«, dem größten Debattierclub der Welt, treffen Menschen aufeinander, die sich in Rhetorik und der Kulturtechnik des Streitens üben. Zu den wichtigsten Zukunftsthemen – »Mehr Atomkraftwerke oder alle Atomkraftwerke abschalten?«, »Schwulenehe oder nicht?« »Europa als Superkontinent?« »Waffenbesitz verbieten oder erleichtern« – treten jeweils zwei Redner gegeneinander an. Der Witz: Per Los wird ausgewählt, wer welche Meinung vertritt. Per Los!

Die Kunst des prismatischen Denkens

Eine der erfolgreichsten Methoden des konstruktiven Zweifelns ist der Humor.

Ende der siebziger Jahre wurden einige meiner besten Freunde Kabarettisten. Ein wahrer Segen, denn die Revolte hatte sich bis dahin vor allem durch ihren schrecklichen Ernst ausgezeichnet. Unsere K-Gruppen-Freunde lachten nie. Die militanten Genossen schon gar nicht. Revolution war bluternst.

Humor ist eine geistige Methode, Distanz und Übersicht zwischen sich und die Welt zu bringen. Im Lachen lösen wir die Tunnelsicht auf, in der wir die Welt nur als Einbahnstraße der fixen Bedeutungen sehen können. Wir nehmen zu uns selbst eine »exzentrische Position« ein, in der wir uns und die Welt verwundert von außen betrachten.[26] Lachen entsteht aus der Erkenntnis, dass man die Dinge auch völlig anders sehen kann und es Paradoxien sind, aus denen die Welt besteht. »Ein Lachen ist die weiseste und einfachste Antwort auf all diese Merkwürdigkeiten«, formulierte W. H. Auden.

Die Fähigkeit zum Humor sagt über den Geist, was breite Hüften und starke Schultern über die Fruchtbarkeit sagen.[27] Humor ist eine Zukunftseigenschaft. Er ist – habe ich das schon erwähnt? – gut für die Nachkommen. Eltern, die nicht ordentlich lachen können, stellen für ihre Kinder ein Problem dar. Und Frauen verlangen nicht ohne Grund humorige Eigenschaften wie Frohsinn, Schlagfertigkeit, Lebenslust und Gelassenheit vom Vater ihrer zukünftigen Kinder.

Humor ist der beste Cognitive-ease-Effekt, den es gibt – eine verlässliche Waffe im Kampf gegen gefährliche Kontrollillusionen, mit relativ geringen Nebenwirkungen. Im Humor werden wir zu Verrätern an einer Welt der Eindeutigkeit. Wir feiern den Reichtum, der in der Mehrdeutigkeit liegt. Wir können zweifeln, ohne zu ver-zweifeln. Wir lernen, uns mitten in den Widersprüchen der Wirklichkeit zu entspannen.

Von dort lässt sich die nächste Stufe erreichen: Die Kunst, nicht alles zu werten.

Moralische Wertung ist ein tiefer menschlicher Instinkt. Schon Kinder beurteilen ständig, ob sie etwas gerecht oder ungerecht finden – meistens finden sie das gerecht, was ihnen dient. Aber gerade beim kindlichen Vergleich wird deutlich, wie sehr moralische Wertung an unser Ego, an unsere eigenen Interessen gebunden ist. Wer moralisch argumentiert, bedient so gut wie immer seine »self-serving bias«: Er sucht nach Bestätigung für seine mentalen Modelle, um sich selbst gut aussehen zu lassen.

Bei dem Versuch, sich von den eigenen Affekten zu entfernen, hilft auch die Kunst. Nicht wenige meiner Freunde haben auch einen buddhistischen Weg eingeschlagen. Der wahre

Grund, warum fernöstliche Religionen heute eine so starke Faszination ausüben, liegt genau hier: Wenn wir weiterkommen wollen, brauchen wir geistige Techniken des Loslassens.

Vielleicht lässt sich die Frage, warum die Welt nicht im nuklearen Feuer unterging, nie endgültig beantworten. War es Zufall, dass Kennedy sich mit den richtigen Beratern umgab? War es russische Ironiekompetenz, die sich in der Metaphorik von Teelöffeln ausdrückte und uns vor dem Schlimmsten bewahrte? Oder hatten wir nur Glück, dass ein warmherziger, humorvoll denkender Mensch namens Gorbatschow zur richtigen Zeit am richtigen Ort, im Kreml, saß? In jedem Fall hat mentale Evolution eine wesentliche Rolle gespielt – die Fähigkeit, mehrwertige Denkweisen anzuerkennen.

Am Ende dieser mentalen Evolution steht das, was ich prismatisches Denken nennen möchte. Wie ein Prisma alle Farben des Lichts zerlegt, aber auch wieder zusammensetzen kann, enthüllt sich die Tiefe der Welt, wenn man sie in ihren Wechselwirkungen wahrnimmt, ihrer Konnektivität. Erst wenn man sich nicht mehr wertend entscheidet, versteht man, wie alles auf einer höheren beziehungsweise tieferen Ebene zusammengehört. Das Gemeinwohl und die Freiheit. Das Globale und das Lokale. Das Individuelle und das Soziale. Das Geistige und das Emotionale. Das Moralische und das Rationale. Selbst Krieg und Frieden.

Am Ende des Zweifels fügt sich die Welt wieder zusammen: Zu einem schöpferischen Geheimnis, in dem wir zu Hause sind. Wir gewinnen das Staunen zurück. Wenn wir Zukunft wagen, tun wir genau das: Staunen lernen über die Vieldeutigkeit der Welt.

7 Warum wir die Apokalypse lieben
Über die Sehnsucht nach Weltrettung und Endzeit

Um Katastrophen braucht man sich eigentlich
nicht zu sorgen, die kommen schon. Aber vielleicht
muss man sie heraufbeschwören, zeitweise,
weil von selbst dauert's zu lang.
Thomas Bernhard

Die Sache mit Fritz

Anfang der achtziger Jahre öffneten sich summende Tore, durch die ich wie von Magnetkräften hindurchgesogen wurde. Die Träume von Rebellion und Revolution hatten sich in eine Stimmung von Paranoia und Zerschlagenheit aufgelöst. Unsere Wohngemeinschaften in der Stadt fielen auseinander. Wir stritten endlos über den Abwasch statt über die Befreiung Lateinamerikas. Viele zogen das orangene Gewand Bhagwans an und kümmerten sich um die Verkleinerung ihrer Egos. Andere suchten ihr Heil in Rotwein und Starkbier. Oder verabschiedeten sich zu Frau, Kind, Reihenhaus und Karriere.

Vielleicht hatten wir es noch nicht radikal genug versucht. Vielleicht mussten wir einfach noch konsequenter sein. Und wirklich aussteigen aus dem System, das wir zu bekämpfen versuchten.

Die Alternativbewegung setzte zu ihrem Siegeszug an. Ihre Devise lautete: Selbermachen. Radikale Autonomie. Abkoppelung vom Bösen der technischen Zivilisation. Ich zog aufs Dorf. Mit einem kleinen Betrag, den meine Großmutter mir vererbte, kaufte ich mit drei Freunden ein bau-

Kapitel 7

fälliges Fachwerkhaus in einer hügeligen Mittelgebirgsland-
schaft, mit einem großen Garten, weit weg von der nächsten
Autobahn.

Wir begannen mit der Selbstversorgung. Mit einem Gemüsegarten, in dem wir Kartoffeln, Bohnen, Möhren, Kürbisse,
Zucchini, Broccoli, Rote Beete anbauten. Wir trockneten Pilze,
machten Sauerkraut und kelterten Apfelwein. Wir buken Brot
und pflückten Beeren im Wald, bis uns die Finger bluteten. Wir
ernteten, weckten ein, kochten, kneteten, bauten Zäune und
schlachteten Schafe auf dem Küchentisch. Wir waren wahrscheinlich der nachhaltigste Haushalt der westlichen Welt.
Zumal immer wieder aus Geldmangel das Telefon abgestellt
wurde.

Bald brauchten wir nur noch ein paar Mark für Grund-
bedürfnisse wie Benzin für den klapprigen VW-Bus und den
Tabak für die selbstgedrehten Zigaretten. Wir waren sicher:
Das ganze kapitalistische System ging den Bach herunter. Ein
Kollaps, sei es durch Atomkrieg, Rohstoffmangel oder den
Zusammenbruch der Ökosysteme war nur noch eine Frage
von wenigen Jahren. Die Zukunft lag nun nicht mehr vorwärts im Ideal einer euphorisch befreiten Gesellschaft. Eher
hinten, in einer imaginären, ländlichen Vergangenheit, einer
nostalgischen Stammeswelt, in der wir wie Indianer in wilden
Clans leben würden.

Fritz war unser Schafsbock. Er hatte eine anmutige Häss-
lichkeit. Seine irren, gelben, senkrecht geschlitzten Augen
verliehen ihm etwas Alien-haftes. Im Sommer lag ich mit ihm
oft zusammen unter dem Pflaumenbaum im Garten, und
wir blickten in den Sternenhimmel, während er widerkäute
und mich mit seinen dämonischen Augen anstarrte. Wenn
dann aus heiterem Nachthimmel ein Phantom-Düsenjäger im
Tiefflug über unser Tal donnerte – der Kalte Krieg näherte

sich seinem Höhepunkt, und »Fulda Gap«, die vermutete Einmarschschneise der Russen, war nicht weit –, erschrak er sich zu Tode. Wie ein Irrwisch galoppierte er im Garten herum und konnte sich überhaupt nicht mehr beruhigen.

Fritz – beruhige dich!

Fritz – Das Ende ist nah!

Fritz – Don't worry, be happy!

Auf eine seltsame Weise machte uns der nahe Untergang gelassen, ja sogar fröhlich. Alles war intensiv. Die Welt roch nach ungeheurem Hier und Jetzt.

Freddy und der Unabomber

Auf einer Reise nach Spanien lernte ich damals Freddy kennen. Freddy hieß eigentlich Friedrich Theodor. Er stammte aus einer Adelsfamilie, die er schon mit 13 im Streit verlassen hatte. Internat, Kiffen, die ganze Litanei. Freddy lebte in einer halb verfallenen Bauernhütte am Rande eines andalusischen Bergdorfs. Im hinteren Teil seiner Halbruine hausten halb wilde Schweine, die er mit Brot fütterte. Er lebte allein, hatte aber erstaunlich oft schöne blonde Frauen mit langen Hippiekleidern aus Hamburg, Bielefeld oder Berlin zu Besuch, die ihm stumm die Wäsche wuschen. Er konnte unglaublich viele Theoretiker zitieren, Gramsci, Marx, Hegel, Castaneda, Kant. Er hatte nie Geld, besaß eine einzige zerfledderte Jeans und tatsächlich ein rotes T-Shirt.

Schon damit erinnerte er, zumindest im Nachhinein, an den Anarchisten und Unabomber Ted Kaczynski. Damals deutlich jünger, aber irgendwie doch sehr ähnlich in der grantigen, etwas hochmütigen Physiognomie.

Ted Kaczynski, der von 1978 bis 1995 in einer stromlosen Berghütte in Montana lebte und von dort aus mit Briefbom-

Kapitel 7

ben, die er an Prominente und Politiker schickte, das Ende der Zivilisation beschleunigen wollte, studierte Mathematik und Komplexitätsanalye in Harvard und war mit 25 Jahren schon Assistenzprofessor. In seiner Berghütte, die das FBI im Jahre 1995 stürmte, fanden die Beamten neben Büchern über Kräuterkunde, Fallenstellen und Überlebenstechniken in der Wildnis auch Bücher von Gramsci, Cioran, Proust und Hegel. In seinem gewaltigen 1000-Seiten-Manifest »Industrial Society and Its Future« beschreibt Kaczynski, wie und warum die technische Zivilisation enden muss:

> »Ich glaube nicht, dass es einen kontrollierten und geplanten Weg geben kann, das industrielle System auseinanderzunehmen. Der einzige Weg, wie wir es loswerden können, ist, dass es zusammenbricht, kollabiert. Die wirklichen Revolutionäre sollten sich deutlich von den Reformen absetzen. Wir müssen nicht die Mehrheit der Bevölkerung überzeugen, sondern wir müssen die Spannungen so weit erhöhen, dass die Menschen anfangen, zu rebellieren.«[1]

Kaczynski nannte sich selbst einen »Radikal-Primitivisten«. So heißt es in seinem Unabomber-Manifest, einem 400 Seiten starken Konvolut für den schnellstmöglichen Untergang, in Paragraph 198:

> »Der primitive Mensch als Individuum und kleine Gruppen hatten beachtliche Macht über die Natur, besser gesagt vielleicht in der Natur. Wenn der primitive Mensch Nahrung brauchte, wusste er genau, wo er essbare Wurzeln finden und wie er diese zubereiten konnte, wie man Wild aufspürt und dieses mit selbstgefertigten Waffen erlegt. Er wusste, wie er sich vor Hitze, Kälte, Regen und gefährlichen Tieren

schützen konnte. Aber der primitive Mensch hat der Natur kaum Schaden zugefügt, weil die kollektive Macht der primitiven Gesellschaft im Vergleich mit der kollektiven Macht der industriellen Gesellschaft kaum ins Gewicht fällt.«[2]

Natürlich war Freddy alias Friedrich kein Terrorist. Er war ein gutmütiger intellektueller Hippie mit sozialen Gleichgewichtsstörungen. Aber er dachte und fühlte über weite Strecken durchaus wie der Einsame in den Bergen von Montana. Im Jahr 1983 – dem Jahr, an dem unser guter Stanislaw Petrow den Weltkrieg verhinderte – zog er zu Fuß mit einem Esel von Spanien quer durch Europa, als Zeichen gegen den Untergang, und um seine adelig-bürgerlichen Eltern durch den ersten Besuch seit vielen Jahren zu erschrecken.

Später verlor ich Friedrich aus den Augen. Ein einziges Mal hatte ich ihn wiedergesehen, kurz nach der Jahrtausendwende. Er trug einen beigen, schnittigen Anzug und führte drei vegetarische Restaurants in einer norddeutschen Großstadt. Seine immer noch langen Haare waren geföhnt und grau.

Was mir besonders auffiel: Er hatte nagelneue Zähne.

Tanz auf dem Vulkan

Auf dem Höhepunkt der Finanzkrise bekam ich einen Brief, geschrieben von Friedrich, der plötzlich wieder »von« hieß. Ich wusste nur, dass er inzwischen auf einer südlichen Insel lebte und dort ein spirituelles Zentrum gegründet hatte. Auf dieser Insel gibt es sogar einen Vulkan, der bisweilen Lava und Asche spuckte. Allerdings hält dieser Vulkan sich seit vielen Jahrhunderten auf geradezu verdächtige Weise zurück.

Kapitel 7

Lieber Matthias,

*wie Du siehst, neigt sich jetzt die Zeit des geldgierigen Zerstö-
rungssystems endgültig dem Ende zu. Die Zeichen am Horizont sind
eindeutig: Finanz- und Wirtschaftskrisen häufen sich, immer öfter
erleben wir Naturkatastrophen mit Überschwemmungen, Erdbeben
und Wetterextreme, terroristische Attentate, Unruhen und Amok-
handlungen. All dies erinnert an die sieben Plagen der Bibel und an
andere Prophezeiungen der kosmischen Bücher der Menschheit. Viele
spirituelle Führer gehen mittlerweile davon aus, dass die Spezies
Mensch das 21. Jahrhundert nicht überleben wird. Bereits im Jahr
1992 unterzeichneten mehr als 1600 führende Wissenschaftler, darunter eine Vielzahl von Nobelpreisträgern, eine beispiellose Warnung
an die Menschheit. Jetzt ist der Zeitpunkt gekommen. Wir müssen
das Ruder herumreißen! Wir müssen den Selbstzerstörungstrip der
Menschheit beenden!*

*Wir bitten Dich deshalb, zu unserem Kongress »Tanz auf dem
Vulkan« auf unsere Insel zu kommen, um mit uns gemeinsam nach
Auswegen aus der Weltkrise zu suchen. Wir haben die wichtigsten
Denker und Visionäre eines weltweiten Netzwerkes eingeladen, dass
nach Konzepten des Überlebens suchen will. Du darfst dabei nicht
fehlen!*

Dein Friedrich

Lange hielt ich den Brief in den Händen. Er roch nach Vanille
und Laserdrucker. Alles schien so einleuchtend.

Und doch so furchtbar falsch.

Level up!

In meiner Kindheit klopften die Zeugen Jehovas alle Sonntage
an die Tür, und wenn wir nicht öffneten, warteten sie unten
an der Haustür, bis wir in den Park oder zum Eisessen gin-

gen, Männer in Bügelfaltenhosen, Frauen in langen grauen
Röcken und nach Mottenpulver riechend, lächelnd, immerzu
lächelnd, und verteilten Broschüren mit Bildchen, in denen
bärtige Männer über Schafe und fröhliche Frauen wachten,
die auf üppigen Feldern arbeiteten, nachdem es Kometen und
Meteoriten vom Himmel geregnet hatte. Die Jehovas waren
auf eine so hartnäckige Weise glücklich, dass es mit Armageddon, dem bevorstehenden Untergang, nichts Schlechtes auf
sich haben konnte.

Das Untergangsmodell der Zeugen Jehovas folgt einem
klassischen Selektionsmechanismus: Die Schlechten ins
Feuer, die Guten in den Himmel. Gott richtet die sündige
Welt, aber 144 999 Gläubige werden in den Himmel erhoben.
Um zu diesen 144 999 zu gehören – Gott alias Jehova hat eine
gute Buchhaltung –, musste man in einem Punktesystem
die Zeitung »Wachturm« verkaufen, der Gemeinde dienen,
Seelen retten und viele andere fromme Dinge tun. Ähnlich
wie bei einem Videospiel greift ein solches Ermächtigungs-
schema offenbar tief in unser neuronales Angst- und Beloh-
nungssystem ein.

In den großen Online-Computerspielen, die uns süchtig
machen können, heißt das Ganze: Level up! Neue Fähigkeiten
freischalten! Wenn man sich anstrengt, wird man auf eine
höhere Ebene befördert: mehr Macht, mehr Kraft, mehr Rüs-
tung, mehr Intelligenz. Nach diesem Mechanismus befördert
auch Scientology seine Mitglieder, um sie auf den Endkampf
vorzubereiten.

Die elitäre Entrückung, der Weltenbruch, auf Englisch »rapture« genannt, macht Schluss mit dem ganzen Lotterkram,
der Verweichlichung, den Korruptionen, der Ungläubigkeit
und dem Elend der materiellen Welt. Evangelikale Christen
in Amerika glauben auch heute in tausend Versionen an die

»rapture« und bereiten sich mit verschiedensten Waffengattungen darauf vor.

Erstaunlicherweise gehören die Zeugen Jehovas noch immer zu den weltweit am stärksten wachsenden Religionsgemeinschaften, obwohl sie schon an die zwanzig Weltuntergänge verschieben mussten. Sie haben das Untergangsspiel einfach perfektioniert. Auf eine paradoxe Weise scheint Armageddon soziale Systeme zu erzeugen, die sich selbst stabilisieren – egal, was wirklich passiert, der Glaube an das große Loch, in das wir fallen, nimmt weiter zu.

Die Nadelöhr-Theorie

Als unsere Vorfahren vor 74 000 Jahren von Afrika aus in kleinen Gruppen Europa erreichten, den eurasischen Kontinent durchquerten und langsam nach China und Ostasien vordrangen, wäre die Geschichte der Menschheit beinahe schon fast wieder beendet gewesen.

In Indonesien explodierte damals der Vulkan Toba. Er spie gewaltige Mengen von Magma, Staub und Asche aus, etwa zehntausendmal mehr als bei der Vesuv-Explosion, die vor zwei Jahrtausenden Pompeji zerstörte – genug Material, um damit den Mount Everest, den höchsten Berg, zweimal auftürmen zu können. Säuredämpfe stiegen hoch in die Atmosphäre, verbreiteten sich in den Höhenschichten rund um den Planeten, und verdunkelten die Erde. Die Katastrophe verstärkte die damals herrschende Eiszeit. So jedenfalls Stanley Ambrose von der University of Illinois, der 1998 die »Theorie vom evolutionären Flaschenhals der Menschheit« aufstellte.[3]

Im Erbgut heutiger Menschen fanden Forscher den Beweis, dass alle heute lebenden Menschen von wenigen tausend Individuen abstammen, die irgendwann vor 50 bis 100 Jahrtausenden gelebt haben müssen.[4] Das ist die sogenannte Nadelöhr-Theorie. Klimatologen um Alan Robock von der Rutgers University im US-Staat New Jersey haben die Megakatastrophe simuliert. Ihren Berechnungen zufolge stürzte die Temperatur nach der Eruption fünf Jahre lang um bis zu 18 Grad ab; noch zehn Jahre nach der Eruption war es auf der Erde demnach durchschnittlich zehn Grad kälter. Es regnete weniger, mancherorts herrschte jahrelange Dürre. Die Auswirkungen der Toba-Explosion waren mit den Folgen eines totalen Atomkrieges vergleichbar, und sie bildeten das Nadelöhr der menschlichen Entwicklung.[5]

Toba war wahrscheinlich nicht der einzige genetische Engpass, den unsere Vorfahren durchschritten. Die amerikanische Journalistin Annalee Newitz hat in ihrem Buch »Scatter, Adapt, and Remember« die Desaster-Geschichte der Welt nachgezeichnet, vom gigantischen Artensterben der Urzeit, als sich immer komplexere Organismen durchsetzen konnten, bis in die Humangeschichte.[6] Sie glaubt, dass es diese Megakatastrophen waren, die das Schicksal der verschiedenen Menschentypen entschieden, vom *Australopithecus* über *Homo ergaster*, *Homo erectus* und *Neandertaler* bis zum *Homo sapiens*. Durch die »bottlenecks« gelangten nur Humanoiden mit bestimmten Adaptionsfähigkeiten. Mindestens vier solcher Engstellen in der Populationsgeschichte müssen in den letzten 500 000 Jahren überwunden worden sein. Am Ende blieb *Homo sapiens sapiens* übrig, aufgrund seiner ungewöhnlichen Fähigkeit zur Kooperation und Innovation, durch sein Talent als Überlebenskünstler.

Ob diese These stimmt, ist noch nicht völlig nachgewiesen. Funde von bearbeiteten Obsidian-Steinen belegen tatsächlich, dass die Menschen nach der Eruption des Toba längere Transportwege als früher zurückgelegt haben und dass die

Kapitel 7

Entwicklung von Steinwerkzeugen sich beschleunigte. Aber sollte sich die Vermutung eines Tages bewahrheiten, dann sind wir noch in einem ganz anderen Sinne »Katastrophenkinder«. Und in unserer Faszination an gewaltigen Desastern verbirgt sich womöglich eine Art Gründer- oder Schöpfermythos.[7]

Aus der Evolutionstheorie wissen wir, dass alles Leben eine Art »carving out« ist: Wir sind nicht nur das Produkt von Katastrophen, sondern auch von unglaublichen Zufällen. Wie der Evolutionsphilosoph Daniel Dennett es beschreibt:

> »Von einer kosmischen Perspektive aus sollte sich jedes Lebewesen einfach glücklich fühlen, am Leben zu sein. 90 Prozent aller Organismen, die jemals gelebt haben, sind ohne Nachkommen gestorben, aber kein einziger unserer Vorfahren hatte dieses Schicksal. Wir entstammen einer ungebrochenen Linie von Gewinnern, und diese Gewinner waren in ihrer jeweiligen Generation diejenigen, denen glücklicher Zufall am meisten half. So unglücklich du auch manchmal sein magst – die pure Tatsache deiner Anwesenheit auf diesem Planten beweist, was für ein unerhörtes Glück du hattest!«[8]

Warum können wir unser Daseinsglück nur so wenig genießen? Und warum setzen wir es immer wieder mit aller Emphase, die wir haben, aufs Spiel?

Ergötzliches Unglück

Im Jahr 1913, ein Jahr vor dem Ersten Weltkrieg, schrieb der Berliner Fabrikantensohn Alfred Lichtenstein ein Gedicht mit dem Titel »Sommerfrische«:

»Man würfelt, säuft. Man schwatzt von Zukunftsstaaten.
Ein jeder übt behaglich seine Schnauze.
Die Erde ist ein fetter Sonntagsbraten,
hübsch eingetunkt in süße Sonnensauce.
Wär doch ein Wind … zerriss mit Eisenklauen
die sanfte Welt. Das würde mich ergötzen.
Wär doch ein Sturm – der müßt den schönen blauen
ewigen Himmel tausendfach zerfetzen.«

Viele Intellektuelle und gebildete Bürger schwärmten an der
Schwelle des Ersten Weltkriegs in romantischen Tönen von
den »Stahlgewittern«, die Ernst Jünger später so zärtlich schildern sollte. Der Schöngeist Hugo von Hofmannsthal war nicht
minder begeistert über das Ende des Fin de Siècle, jener langandauernden Friedens- und Prosperitätszeit von 1872 bis 1914.
»Glauben Sie mir«, schrieb er am 28. Juli 1914, »dass wir hier
alle in diese Sache [den Krieg] und in alles, was daraus werden
möge, mit einer Entschlossenheit und, ja Freude hineingehen,
die ich nie für möglich gehalten hätte.« Und Thomas Mann
formulierte nur einige Wochen später:

»Als sittliche Wesen hatten wir tief im Wesen gefühlt, dass
es so mit der Welt, mit unserer Welt nicht mehr weitergehe.
Wir kannten sie ja, diese Welt des Friedens. Wimmelte sie
nicht vom Ungeziefer des Geistes wie von Maden und stank
sie nicht von den Zersetzungsstoffen der Zivilisation. Wie
hätte der Gott, der Künstler, der Soldat im Künstler nicht
Gott loben sollen für den Zusammenbruch einer Friedenswelt, die er so satt, so überaus satt hatte. Krieg! Es war eine
Reinigung, Befreiung, und eine ungeheure Hoffnung!«[9]

Kapitel 7

Der Historiker Gerhard Henschel ist in seinem Buch »Menetekel – 3000 Jahre Untergang des Abendlandes« dem Unter-
gangsgeraune über die Jahrtausende nachgegangen. Immer ist
die Vermutung des kommenden Untergangs mit moralischen
Vorwürfen verknüpft, und diese Vorwürfe gelten wiederum als
Begründung des kommenden Desasters. Dass sich »die Sucht
nach Vergnügungen und der verderbliche Luxus, d. h. der
unnötige, übertriebene Aufwand, in allen Klassen der Gesellschaft« immer mehr Bahn breche und dass dies zunehmende
Verarmung und Entsittlichung zur Folge habe, schrieb 1846 ein
württembergisches Heimatblatt in der Hochphase des Bieder-
meier.[10] Und der deutsche Maler und Moraliker Adolph Menzel formulierte 1869: »Der Sinnencultus und die Selbstvergöt-
terung beherrschen die gegenwärtige Welt schon wieder wie
in der vorchristlichen Zeit.«[11] Plinius der Ältere klagt im ersten
Jahrhundert unserer Zeitrechnung: »Denn die Geldgier und
die Genusssucht machen uns zu ihren Sklaven«.[12] Schon ein
Untergangsdichter des Alten Ägyptens, Cha-cheper-Re-seneb,
hielt im 18. Jahrhundert unserer Zeitrechnung auf Papyrus folgende Brandrede gegen die immer schlechter werdende Welt:

> »Ein Jahr ist schlechter als das andere
> das Land bricht auseinander und ist für mich zerstört /
> es ist Brachland geworden. Die Pläne Gottes
> hat man verwirrt /
> ihre Weisungen vernachlässigt man.
> Alle leiden gleichermaßen unter dem Bösen.«[13]

Die Vision des »unvermeidlichen Niedergangs«, der im großen Bruch enden muss und den man nicht ohne Genuss, mit
viel raunender Selbstgerechtigkeit regelrecht herbeibeschwört,
beherrschte offenbar alle Epochen. Immanuel Kant schrieb:

»Dass die Welt im Argen liege, ist eine Klage, die so alt ist wie die Geschichte. Alle Kulturen lassen gleichwohl die Welt vom Guten aus anfangen: vom Goldenen Zeitalter, vom Leben im Paradiese oder von einem noch glücklicheren in Gemeinschaft mit himmlischen Wesen.« [14]

Auf paradoxe Weise verbindet sich die Furcht vor dem großen Bruch mit einer regelrechten Sehnsucht nach ihm. Der Untergang, so kann man in all diesen Pamphleten lesen, kann eigentlich gar nicht schnell genug kommen. Wenn er nicht kommt, muss man ihn herstellen. Als Lehre und Mahnung, Strafgericht oder einfach Auflösung eines Zustands der Langeweile. Der Untergang ist eine pädagogische Katastrophe, die uns mit Feuer und Schwert reinigen soll von den diversen Ursünden, die in uns stecken. Bei der allertiefsten Ursünde scheint es sich um die Zivilisation selbst zu handeln – um jenes zerbrechliche, komplexe Gebilde, das uns vor der unmittelbaren Gewalt der Natur schützt, aber dabei unentwegt verderbliche Verhaltensweisen erzeugt.

Die Heldenreise

In dem wohl drastischsten Untergangsspektakel der Filmgeschichte, »2012« von Roland Emmerich, wird der ganze Planet in biblischer Weise überflutet, sogar der Mount Everest wird überschwemmt. Mittendrin – das ist die eigentliche Handlung – sammelt der einfache Familienvater Jackson Curtis seine Patchwork-Familie zusammen, beendet seine Karriere als erfolgloser Teilzeitschriftsteller. Mit einem Privatflugzeug fliegt er über die dahinsiechende Welt. Gewaltige Panoramen der Zerstörung tun sich vor ihm auf. Je mehr der Untergang fortschreitet, desto mehr rückt die Familie zusammen.

Kapitel 7

Emmerich hat geschickt die Chiffren des Untergangs in personale Dramaturgien umgesetzt. Er nutzt die Bühne der Apokalypse wie eine Kulisse: innere Rettung durch äußere Katharsis. In »Independence Day« – dem Tag, an dem die Außerirdischen uns ausrotten – kitzelte Emmerich den heroischen Patriotismus der Amerikaner heraus. Und schon in »The Day After Tomorrow«, dem Hollywoodfilm, der die Klimakatastrophe populär machte, geht es nicht ums Klima (der Film ist völlig unwissenschaftlich) und nicht um Naturschutz (nicht die Bohne), sondern um eine archaische Dramaturgie: die Heldenreise.

Das Motiv der Heldenreise steckt in unzähligen Epen, Dramen, Narrationen der kleinen und großen Literatur. In der modernen Filmdramaturgie wurde sie zu immer höheren Raffinessen gebracht, von Luke Skywalker bis zu Superman, von Wizard of Oz bis World War Z. Der amerikanische Drehbuchautor und Filmdozent Christopher Vogler analysiert das ewige Schema so:

- Ausgangspunkt ist die gewohnte, langweilige oder unzureichende Welt des Helden.
- Der Held wird von einem Herold zum Abenteuer gerufen.
- Diesem Ruf verweigert er sich zunächst.
- Ein Mentor überredet ihn daraufhin, die Reise anzutreten, und das Abenteuer beginnt.
- Der Held überschreitet die erste Schwelle, nach der es kein Zurück mehr gibt.
- Der Held wird vor erste Bewährungsproben gestellt und trifft dabei auf Verbündete und Feinde.
- Nun dringt er bis zur tiefsten Höhle, zum gefährlichsten Punkt, vor und trifft dabei auf den Gegner.
- Hier findet die entscheidende Prüfung statt: Konfrontation und Überwindung des Gegners.

- Der Held kann nun »den Schatz« oder »das Elixier« (konkret: einen Gegenstand oder abstrakt: besonderes, neues Wissen) rauben. Mit diesem Wissen lässt sich der Untergang verhindern.
- Er tritt den Rückweg an, währenddessen kommt es zu seiner Auferstehung aus der Todesnähe.
- Der Feind ist besiegt, das Elixier befindet sich in der Hand des Helden. Er ist durch das Abenteuer zu einer neuen Persönlichkeit gereift.
- Das Ende der Reise: Der Rückkehrer wird zu Hause mit Anerkennung belohnt. Das alte Regime, das ihn an seiner Heldentat hindern wollte, wird gestürzt.[15]

Nach diesem archaischen Muster verlaufen antike Dramen wie fast alle Hollywoodschinken. Die Heldenreise erinnert an die Jäger in der Stammesgesellschaft, die zu langen, gefährlichen Reisen aufbrachen, um das Wild zu jagen und die Gemeinschaft zu schützen. Sie ist genuin männlich, aber ohne Frauen (Reproduktion) gäbe es in diesem Spiel keinen Sinn.

Einen tieferen Sinn ergeben auch die Apokalypse-Panoramen, wenn wir sie in Bezug auf den »Sündenfall der Zivilisation« analysieren, der ja das Eindeutige, Klare der Stammes- und Sippengesellschaft auflöst. In meiner Alternativ-Bauernhof-Zeit schrieb der Komponist und Drehbuchschreiber Friedrich Scholz einen Roman, der in einer fiktiven postapokalyptischen Zeit spielt:

»Es gab einmal eine Zeit, die nennt man die Alte Zeit, da sind die Menschen nicht gestorben, nicht vor Hunger und Kälte und nicht vor Seuche und Gebrechen, sondern lebten lange, zeugten Kinder, bis es so viele waren, dass sie bald die Häuser übereinander stellen mussten, und sie lebten bald übereinander in hundert aufeinandergestellten Häusern. Aber als aller fester Grund vollgestellt war mit ihren Häusern, da reichten die immer noch nicht für alle Menschen. Das sah das Weltenauge, hatte ein Einsehen und machte, dass alle Menschen sterben mussten, und die wollten auch gerne sterben, starben auch alle bis auf wenige und sind auch wenige geblieben bis zum heutigen Tage.«[16]

Das Weltenauge. »Wollten gerne sterben.« Alles ist wieder gut, wenn das Moderne, Entartete, Verderbte, endlich eliminiert ist. Moderne Zivilisation ist komplex. Globale, städtische Kultur erodiert Familienstrukturen, kappt genealogische Leitungen. Väter sind in der modernen Welt oft abwesend. Mütter zerrissen zwischen Arbeitswelt und Familie. Der Untergang der Zivilisation hingegen lässt uns den Urzustand wieder herstellen, er rekonstruiert den existenziellen Rahmen. Der haltlose Hippie kehrt zurück zu den Wurzeln und steht plötzlich am Gartenzaun der grau gewordenen Eltern, während die Aliens schon den Bahnhof pulverisiert haben. Mann sinkt Frau in die Arme, Generationen finden und vereinigen sich, während die Zombies aus der Kanalisation emporsteigen. Im Untergangsfilm »The Road« findet der Vater seinen Sohn wieder, beide ziehen zusammen durch ein zerstörtes, postapokalyptisches Amerika, und lernen, was Menschsein und Moral ist. In »The Postman«, »Waterworld«, »Terminator« und »Matrix« und hundert anderen heroischen Untergangsfilmen dient die Untergangskulisse immer wieder der Rekonstruktion männlicher Autorität. Kehre heim und kämpfe! Besinne dich deiner Wurzeln! In »Blackout«, einer neuen US-Serie, die nach dem finalen Stromausfall spielt, kehrt ganz Amerika zum Stammes- und Clanleben zurück. Man reist wieder mit dem Planwagen und beschützt die eigene Sippe mit dem Gewehr. Alle halten zusammen gegen die Feinde. Der Staat spielt keine Rolle mehr, ebenso wenig Übergewicht oder Scheidungsanwälte. Recht wird wieder mit Strang und Flinte gesprochen. Alles wird, wenn nicht gut, so doch einfach.

An den »Collapsionists« in den USA – jenen Waffenbesitzern, die handfest an den bevorstehenden Weltuntergang glauben – kann man gut beobachten, wie sich all diese Motive längst in die Wirklichkeit zurückschleichen, mit bisweilen verheerenden Wirkungen. Nancy Lanza zum Beispiel, die Mutter des jungen Killers Adam Lanza, der in Newtown in Connecticut in einem der schlimmsten Schulmassaker im Dezember des Jahres 2012 achtundzwanzig Schüler ermordete und sich dann selbst tötete. Nancy Lanza hatte Angst vor dem Weltuntergang, Angst vor dem wirtschaftlichen Kollaps, Angst vor kommender Essensknappheit, sie sah die Welt im Niedergang befindlich. Ihre Familie mit dem Asperger-Sohn war nach einer komplizierten Scheidung zerbrochen. So ging sie jeden zweiten Tag auf den Schießstand. Sie lebte in einem komfortablen Haus, in dem sie Essen anhäufte, für den bald ausbrechenden Ernstfall. Der kam dann auch, aber anders als erwartet. Ihr Sohn hielt das alles nicht aus. Und so stellte er die Apokalypse, seine eigene und die seiner Opfer, schließlich selbst her.

Das Erzählwesen Mensch

Für unsere Vorfahren, die vor Hunderttausenden von Jahren in der Savanne, an den Rändern des Regenwaldes, um ihr Überleben kämpften, muss die Welt eine Ansammlung beunruhigender Zeichen und Signale gewesen sein. Die Geräusche der Raubtiere in der Nacht. Das Rascheln der Bäume im Wind. Das Rufen und die Trommelklänge anderer Stämme, mit denen man sich in Nahrungsmittelkonkurrenz befand. Flu-

Kapitel 7

ten, Stürme, Trockenheiten, Erdbeben, Waldbrände. All das konnte jederzeit Leib und Leben kosten, ja die ganze Sippe auslöschen, die ein prekäres Leben in einer Höhle oder Lichtung des Waldes oder einem geschützten Tal gefunden hatte.

Geister in der Nacht. Schatten, die töten.

Hugo Mercier von der Universität Neuchâtel und Dan Sperber von der Universität Budapest veröffentlichten 2012 eine Studie zur »narrativen Evolution« des Menschen. Wir sind, so die beiden Evolutionswissenschaftler, eigentlich kein *Homo sapiens sapiens,* also erkennender Mensch, sondern ein *Homo narrativus,* das heißt, wir sind die erzählende Spezies. Der entscheidende Faktor des menschlichen Erfolges ist die Fähigkeit, Geschichten zu erzählen. Man könnte auch sagen: Wir sind argumentative Affen, die sich unentwegt Erzählungen an den Kopf werfen.[17]

Angst wurde von der Evolution erfunden, damit wir im Ernstfall nicht so lange nachdenken. Aber Angst ist schwer dosierbar, und sie hat Nebenwirkungen. Wer vor Angst schlottert, ist im Gefahrenfall gelähmt. In der archaischen Umwelt hatten jene Gruppen die größten Überlebenschancen, die ihre Angst am besten moderieren konnten. Was beruhigt Menschen am meisten angesichts unwägbarer Gefahren und existenzieller Bedrohungen? Denken wir an unsere Kindheit zurück. Es sind Geschichten. Storys. Narrative Übertreibungen. Im Gruseln lässt sich Angst abbauen. Oder wie der britische Staatsmann Winston Churchill formulierte: »Nichts im Leben löst ein größeres Hochgefühl aus als beschossen und nicht getroffen zu werden.«

Damit unsere Vorfahren vor Angst nicht verrückt wurden, erfanden sie Untergangsmythen. Geschichten von Erdmüttern und Schildkröten, die die Welt auf ihrem Rücken trugen. Sagen von Helden und Übermenschen, Göttern, die Blitze schleuderten, von großen Schlangen, die die Welt vertilgten, es sei denn, ein Held besänftigte sie mit magischen Kräften. »Wahre Leidenschaft entsteht an den Grenzen zwischen Langeweile und Angst«, formulierte Mihály Csíkszentmihályi, Erfinder und Erforscher des »Flow«.[18] Untergangsnarrative beruhigen also unsere ängstliche Seele. Sie setzen die Angst in Relation zu einer noch viel größeren Gefahr, die dann gleichzeitig als unrealistisch wahrgenommen werden kann. Aus demselben Grund, weshalb Kinder sich so gerne gruseln, lieben wir Endzeitstories über alles. Sie geben uns das Gefühl, dass es vielleicht doch nicht so schlimm kommt, wie unser fiebriges Gehirn sich das vorstellt.

Manchmal aber kommt es noch schlimmer. Manchmal werden die Prophezeiungen wahrgemacht.

Am 28. November 1978 begingen in Französisch-Guyana 900 Menschen Selbstmord, angestiftet von ihrem Guru Jim Jones, der die Apokalypse über die Welt hereinbrechen sah und seine »Schafe« (Jones nannte seine Jünger tatsächlich zärtlich »my sheep«) in die Sicherheit des Jenseits bringen wollte. In Waco erfolgte 1993 ein weiterer Massenselbstmord durch die religiöse Gruppe »Branch Davidians« und seinen Führer David Koresh, der ebenfalls vom bevorstehenden Untergang der Welt ausging. Und auch die Kämpfer von Dschihad und al-Qaida operieren auf Basis einer untergehenden, verderbten Welt, die sie in Richtung auf ein Paradies verlassen, in dem die nächsten zehn Millionen Jahre Milch und Honig fließen. Nein, harmlos sind Apokalypsefantasien nicht. Wenn sie in die falschen Köpfe geraten – in die Köpfe der Depressiven, Paranoiker und mächtigen Verführer –, dann werden sie zu mentalen Massenvernichtungswaffen.

Loblied der Abhängigkeit

Lieber Friedrich, nein, ich werde nicht zu Eurem Weltrettungs-
kongress anreisen. Der Grund ist nicht die Angst, dass Euer
Vulkan plötzlich ausbrechen könnte, nach den hunderttausend
Jahren Schweigen. Auch nicht mein, wie Du das süffisant for-
mulierst, »Friedenspakt mit dem Kapital«. (Mit Deinen drei
steuergünstigen Häusern auf drei Kontinenten musst Du das
gerade sagen!)

Ich bin nur vom Glauben abgefallen. Vom grundlegenden
Glauben an die Idee, dass die Welt sich auf Messers Schneide
befindet. Dass sie unbedingt und unentwegt gerettet werden
muss.

Ich behaupte stattdessen einmal etwas Unerhörtes: Der
Welt geht es den Umständen entsprechend gut.

Ich gebe gerne zu: Weltretten ist sexy. Der ewige Retter,
umflort von der Melancholie des Abschieds. Wir haben das ja
früher gemeinsam genossen, und ich weiß noch genau, wie
neidisch ich auf Deine supercoole Attitüde des »Alles zu spät«
war, die aus irgendeinem magischen Grund bei den Damen
ganz unglaublich zog. Aus erotischer Sicht ist der Weltretter immer attraktiv. Selbst, wenn man ihn nicht immer ganz
wörtlich nimmt. Er singt die schönsten und süßesten Lieder.
Wer wollte da nicht noch schnell ein Apfelbäumchen pflanzen?

»Die Sorge um die Zukunft hilft der Herrschaft der Gegenwart; gegebenenfalls baut man dazu ein paar Tempel«, formulierte der Feuilletonist Georg Seeßlen.

Ist Dir aufgefallen, dass es immer die Männer sind, die die
Welt um jeden Preis retten müssen? Zunehmend auch alte Männer, die um die Gunst von jungen Frauen buhlen. Ist das Zufall?
Liegt es an einer alten, archaischen Rollenverteilung? Die Frauen
können die Zukunft machen, indem sie Kinder auf die Welt
bringen und sich kümmern, dass der Laden läuft. Wir Männer

müssen derweil immer hektisch ums Dorf rennen, mit den Armen rudern, Alarm schreien und die Dämonen verscheuchen.

Was wäre, lieber Friedrich, wenn das eigentliche Problem der Welt eher aus den unentwegten männlichen Rettungsversuchen stammen würde? Ich könnte Dir viele historische Beispiele nennen …

Ich habe lange gebraucht, um zu verstehen, welche Energien im Kern unseres damaligen Autonomietrips wirkten. In unserem Rückzug auf die Scholle steckte eine umgekehrte Größenfantasie: Dass wir völlig autark von allen andern leben könnten. Ohne Bindungen. Ohne Abhängigkeiten. Fuck off, liebe Umwelt, liebe Mitmenschen, wir sind so enttäuscht, dass wir Euch nicht die Bohne brauchen!

Lieber Friedrich, bei Licht betrachtet nennt man das eine narzisstische Störung. Eine panische Bindungsangst.

Wir sahen uns damals in vielfacher Hinsicht als »Autonome«. Aber Autonomie, das ist der Trugschluss, führt nicht zu Freiheit, sondern zu Regression. Den Schlüssel zu dieser Erkenntnis habe ich ausgerechnet bei einem Ökonomen gefunden. Adam Smith, der Ökonom der »unsichtbaren Hand«, der eben auch ein Moralphilosoph war, schrieb:

»In einer zivilisierten Gesellschaft ist der Mensch ständig und in hohem Maße auf die Mitarbeit und Hilfe anderer angewiesen, doch reicht sein ganzes Leben gerade aus, um die Freundschaft des einen oder anderen zu gewinnen. Fast jedes Tier ist völlig unabhängig und selbständig, sobald es ausgewachsen ist, und braucht in seiner natürlichen Umgebung nicht mehr die Unterstützung anderer. Dagegen ist der Mensch fast immer auf Hilfe angewiesen, wobei er jedoch kaum erwarten kann, dass er sie allein durch das Wohlwollen der Mitmenschen erhalten wird.«[19]

Kapitel 7

Und Albert Einstein, ein spiritueller Rationalist, formulierte:

> »Wenn wir unser Leben und unsere Bemühungen Revue passieren lassen, können wir beobachten, dass alle unsere Handlungen und Wünsche mit der Existenz anderer verbunden sind. Wir essen Nahrung, die andere produziert haben, tragen Kleider, die andere machten, leben in Häusern, die andere bauten. Das Allermeiste dessen, was wir wissen, wurde uns von anderen Menschen über Sprache vermittelt. Das Individuum, allein gelassen von Geburt, würde vollkommen primitiv bleiben müssen in seinen Gedanken und Gefühlen – in einem Ausmaß, das wir uns kaum vorstellen können.«[20]

Wenn ich beim Bäcker Brot kaufe (anstatt es selbst zu backen, wie wir es damals machten), vertraue ich, dass andere etwas besser können als ich. Vertrauen ist aber die einzig wirksame Medizin gegen den ewigen Untergang. Das Gewebe des Sozialen basiert immer auf Anerkennung und Delegation. Wenn ich jemanden liebe, gestehe ich ein, dass ich mich nicht nur selbst lieben kann. Wenn ich meine Kartoffeln von jemand anderem anbauen lasse, erhöhe ich die Komplexität der Welt. Ökonomie ist eben nicht nur »Kapitalismus«, »Entfremdung« und »Warenverhältnis«, wie das in der ökonomiefeindlichen Suada, die heute eine Renaissance erlebt, immer heißt.

Um Angst zu überwinden, müssen wir uns in riskante Abhängigkeiten begeben. Das ist in der Liebe so. Beim Elternsein. In der Gesellschaft. Nur in der gegenseitigen Verbindlichkeit entsteht jenes »non-zero-sum game«, das Nicht-Nullsummenspiel, das den ewigen Zerfall des Universums zurückdrängt.

Stellen wir uns vor, die Welt würde unsere Rettung einfach nicht brauchen. Sie würde sich unentwegt selber retten.

Schrecklicher Gedanke! Eine apokalyptische Vorstellung! Was bliebe dann für uns übrig, als Lebenssinn, als Deutungsmacht, als Mission?!

Aber genau deshalb, lieber Friedrich, komme ich nicht zu Euch auf die Insel.

Der innere Ausgleich

Aber vielleicht ist ja auch alles ganz anders.

Es gibt sie ja, die Apokalypse. Sie braucht weder Aliens noch Fluten noch Kometen, weder Risse im Zeitgefüge noch tobende Zombies, noch nicht einmal die steigenden Fluten des Global Warming. Die echte Apokalypse ist der Liebste, der Freund, der Vater, der mit Schläuchen in der Nase im Krankenhaus liegt, und niemand weiß, was morgen sein wird. Die wahre Endzeit bevorzugt profane Orte: Krankenhäuser, Wellblechhütten, Mietshäuser, Intensivstationen, Dementenheime, in denen der Tod wohnt, lange bevor er zupackt. Die Hoffnungslosigkeit gleich um die Ecke. Das Grauen, das jeden Tag in den Zeitungen steht, aber deshalb nicht immer erlogen ist.

Wir sind zerbrechliche Wesen. Das ist eine unumstößliche Wahrheit. Und jeder von uns erlebt irgendwann seinen eigenen Untergang. Mal langsam und schrecklich. Mal schnell mit einem Wispern.

Vielleicht ist es einfach nur das: Wir imaginieren uns den großen, generellen Untergang, weil wir einen inneren Schirm für die Vorstellung des eigenen Endes brauchen. Wir altern. Wir sterben. Wir gehen unter, meist ohne Trompeten. Mit dem großen, äußeren Untergang wollen wir wieder ein Gleichgewicht herstellen, eine Homöostase.

Warum soll es der Welt anders gehen als uns?

8   In welcher Richtung liegt die Zukunft?
Die fundamentalen Irrtümer der Futurologie

Der wahrhaft siegreiche Futurist ist kein Prophet. Er besiegt
nicht die Zukunft, sondern gewinnt die Gegenwart.
Bruce Sterling

Der Transhumanist

Ray Kurzweil ist ein schöner, trauriger Mann. Obwohl er von
durchschnittlicher Größe ist und sein Körper durchaus athletische Züge aufweist, wirkt er auf der Bühne seltsam klein,
geradezu entrückt; ein bisschen wie Woody Allens jüngeres
Ich oder wie jemand, der gerade aus einem anderen Universum hergebeamt wurde, dessen Moleküle sich noch nicht
vollständig zusammengesetzt haben. Seine Kleidung sieht aus,
als befände er sich im dauerhaften Aufbruch zu einer Expedition; weite Jacketts, Khaki-Hosen und hellblaue Hemden.
Seine sonore Stimme transportiert eine mühsam kontrollierte
Ungeduld, aber auch eine tiefe Müdigkeit.

Wenn Kurzweil auf die Bühne kommt, wird es still. Sogar
das Klacken der Laptoptastaturen verstummt, während er
seine Brille abnimmt und mit eigentümlich reptilienhaft-
kurzsichtigen Augen ins Publikum schaut, das ihn in diesem
Augenblick sichtbar anhimmelt.

»You know«, sagt er in einer kumpelhaften Weise, die nur
große Rhetoriker und Illusionisten beherrschen. »Ich bin
selbst immer wieder unsicher, ob meine Daten und Theo-
reme stimmen können. Aber sie stimmen jedes Jahr ein bisschen mehr.«

In welcher Richtung liegt die Zukunft?

Ray Kurzweil ist Futurist, »Director of Engineering« bei Google und der Botschafter des Transhumanismus. Einer Zukunftsvision, die uns Kindern der sechziger Jahre durchaus vertraut vorkommt. Zukunft liegt nicht nur vor uns. Sie liegt sehr weit vorne, sehr weit oben. Sie ist jene Welt, die sich von der Gegenwart in allem unterscheidet. Und sie kommt schnell. Sie kommt über uns, ohne dass irgendeine Macht der Erde sie verhindern könnte. Sie besteht in rasend beschleunigter Technologie.

Der Mensch, so lautet Kurzweils Botschaft, steht kurz vor einem Quantensprung. Er wird sich demnächst aus den Niederungen der Not, seiner Endlichkeit, erheben. Er wird aufsteigen zu einem – sagen wir es frei heraus – Übermenschen.

Kurzweil zeigt uns in seinem Beweisverlauf viele, viele Grafiken, Charts, Punkte, ansteigende Linien, die den linken oberen Bildrand sprengen. Die Rechenkapazität von Computerchips. Die Produktionszahlen von Solarmodulen. Die Kostenreduzierung von Transistoren. Die Wirksamkeit von Supraleitern. Die Verbilligung von DNA-Sequencing. Technologie wird nicht immer schneller, sondern immer schneller schneller. Und damit läuft die Welt eindeutig auf einen einzigen Punkt zu: die Singularität.

Die Singularität ist jener Punkt, an dem die Kurve der technologischen Entwicklung die Evolutionskurve des Menschen durchstößt. An dem die Technosphäre den Menschen inkorporiert, ihn und seinen sterblichen Körper gnädig aufnimmt. Nanoroboter werden jeden Schaden unseres Körpers reparieren können. Unsere Zellen werden umprogrammiert auf Unsterblichkeit. Meta-Biotechnik führt dann zu jedem gewünschten Zustand eines Organismus. Wir könnten Glück programmieren, Heiterkeit, Lust und Kreativität. In der Zukunft ist kein Tod mehr. Kein Leiden daran, dass Menschen

165

Kapitel 8

plötzlich auf Nimmerwiedersehen verschwinden. Wir können Kinder designen und uns selbst.

Wir müssten niemanden mehr verlassen oder von ihm verlassen werden.

Ray Kurzweil ist der Sohn säkularer intellektueller Juden, die wie so viele, die später Genies und Nobelpreisträger werden sollten, vor den Nazis aus Wien flohen. Sein Leben ist durch den Verlust geliebter Menschen geprägt. Kurzweil hat seinen Vater früh verloren, der bereits mit 58 Jahren an Herzversagen starb. Sein Großvater wurde sogar nur 50 Jahre alt.[1]

Kurzweil hat alle Informationen über seinen Vater aufgehoben. Er will einen biologischen Avatar schaffen, der seinen Vater rekonstruiert.[2]

Im Jahr 2010 reiste Kurzweil auf Einladung großer Unternehmen nach Brüssel, Zürich, Warschau und Wien. Er hielt Vorträge vor Geschäftsleuten und Politikern, über »die Beschleunigung der Technologie im 21. Jahrhundert – Auswirkungen auf die Unternehmenswelt.« Zu Beginn stellte er seinem Publikum zwei Fragen, über die er abstimmen ließ. Was er am Ende seiner Rede wiederholte.

Frage eins: Wann werden Computer den Turing-Test bestehen, jenen Test, bei dem ein Proband nicht mehr unterscheiden kann, ob er mit einem Computer oder einem Menschen spricht; der endgültige Beweis für das Entstehen der künstlichen Intelligenz?

	Vorher	Nachher
In 10 Jahren	31 %	21 %
In 25 Jahren	40 %	60 %
In 50 Jahren	7 %	1 %
In 100 Jahren	1 %	3 %
Nie	21 %	15 %

Und Frage zwei: Wann werden Drei-D-Printer für den Haushalt jeden beliebigen Gegenstand drucken können, von einer Bluse über Solarzellen bis zum Hausmodul?

	Vorher	Nachher
In 10 Jahren	53 %	57 %
In 25 Jahren	18 %	30 %
In 50 Jahren	11 %	3 %
In 100 Jahren	11 %	4 %
Nie	7 %	6 %[3]

Nach Kurzweils Rede scheinen mehr Menschen an die technische Beschleunigung als vorher zu glauben. Aber wenn man genauer hinschaut, haben die meisten Zuhörer den Zukunftshorizont nur etwas verschoben. Mehr Zuhörer glaubten nach seinem Vortrag, dass die großen Durchbrüche in 25 Jahren kommen.

Auf 25 Jahre können wir uns einigen.

In 25 Jahren kann viel passieren. Es ist einerseits ziemlich weit weg, sodass man nicht allzu enttäuscht wäre, wenn, nun ja, sich die ganze Sache etwas verzögert. Andererseits kann man es, wenn man im mittleren Alter ist, noch bequem erreichen.

Das lässt uns alles offen.

Der Zukunftstest

Legen Sie sich auf die Couch. Entspannen Sie sich. Atmen Sie tief und gleichmäßig durch. Und nun versuchen Sie, sich die Zukunft vorzustellen. Was sehen Sie?

Sie sehen vielleicht metallisch-glänzende Formen, rasende stromlinienförmige Vehikel, die auf gläsernen Spuren oder in der Luft umherflitzen. Roboter, die geschmeidig Alltags-

Kapitel 8

service verrichten. Wolkenkratzer bis in den Himmel, leuchtende Computerpanels, Raumschiffe, Kuppelbauten, Sternenhimmel und fremde Planeten.

Sehr wahrscheinlich sind Sie ein Mann. Und ziemlich sicher sind Sie in den sechziger oder siebziger Jahren aufgewachsen. Macht man dasselbe Experiment mit Frauen, sehen diese anstelle der Zukunft überraschenderweise oftmals zunächst – gar nichts. Blank. Schwarze Leinwand. Oft entsteht seltsames Kichern. In den entsprechenden Tests (wir betreiben in meinem Zukunftsinstitut eine kleine, laienhafte Forschungsserie darüber) beschreiben Frauen Zukunft eher als geheimnisvolle, exotische Landschaften, mit Säulen und Veranden – wie aus Folianten des 19. Jahrhunderts. Mit schönen Haustieren, bis hin zum Einhorn. Feminine Zukunft besteht auch häufig aus satten, üppigen Hügeln, mit intensiven Himmeln, durchaus auch auf fremden Planeten, aber doch sehr irdisch anmutend.

Männer sind in weiblichen Zukunftsfantasien, wir ahnten es schon, überwiegend abwesend.

Beide Geschlechter schildern jedoch ähnliche Dystopien: Bilder des vor uns liegenden Nieder- und Untergangs. Bevorzugt werden gender-übergreifend radioaktive Wüsten, in denen kannibalische Zerlumpte unterwegs sind (im Stil der Science-Fiction-Filme »Mad Max« und »The Book of Eli«). Düstere Trümmerhalden und Parkplätze mit rostenden Wracks, auf denen um das letzte bisschen Nahrung gekämpft wird. Hochhausruinen mit Schlingpflanzen. Bei apokalyptischen Bildern kommt es sehr auf das Alter an. Ältere Menschen sehen immer noch Atompilze und sterbende Wälder, jüngere eher Monster und Zombies.

Verändern wir nun die Testanordnung: Stellen Sie sich vor, die Zukunft wäre ganz normal. Im Jahr 2100 – der Zeitraum bis dorthin entspricht der durchschnittlichen Lebensspanne eines heute geborenen Kindes – wird unsere Welt sich nicht allzu sehr verändert haben. Hochhäuser werden teilweise noch kühner leuchten, transparenter aussehen und seltsam verdrehte Formen annehmen. Aber Autos bewegen sich immer noch auf vier Rädern, auch wenn einige vollautomatisch fahren. Die meisten Menschen werden in Städten leben, diese Städte werden grüner sein, sauberer und auch nicht allzu überfüllt, denn 2100 wird die Weltbevölkerung bereits wieder zurückgegangen sein (nach dem Bevölkerungszenit von 9,5 Milliarden 2055). Der Klimawandel wird moderater ausfallen, als viele befürchteten. Die meisten Rohstoffe werden viel länger reichen als gedacht oder längst durch neue Technologien ersetzt sein. Weder werden wir alle Krankheiten oder gar den Tod heilen können, noch werden Klone oder Sexroboter die Straßen bevölkern. Es wird eine kleine Kolonie auf dem Mars und eine auf dem Mond geben, aber das Ganze hat womöglich eher den Aufmerksamkeitscharakter einer Fernsehshow. Armut ist nicht endgültig verschwunden, aber deutlich zurückgegangen. Und umso mehr ein Skandal.

Schildert man eine solche Zukunft der Kontinuität, erntet man kopfschüttelnde Ablehnung oder gar Entrüstung.

Was – das soll Zukunft sein? Unmöglich! Da kann man ja gleich die Gegenwart nehmen!

Und was ist mit den Katastrophen, die uns bis dorthin garantiert erwarten?

Muss nicht alles so radikal anders werden, dass wir es gar nicht wiedererkennen werden?

Die Zukunft in unserem Kopf hat, per definitionem, vor allem ein kleines Wort zur Vorbedingung: neu.

Und genau hier beginnt der Irrtum.

Das Power-Law-Gesetz

Wird wirklich alles immer schneller?

Machen wir ein Experiment. Nehmen Sie die Straße bei Ihnen um die Ecke, dort, wo Sie täglich einkaufen. Wenn Sie auf dem Land leben, fahren Sie in die nächste Kleinstadt. Wichtig ist, dass Sie schon öfters hier waren in den letzten Jahrzehnten. Dass Sie die Straße kennen, ein Gefühl für sie haben.

Gehen Sie auf dem Bürgersteig entlang und schätzen Sie, was wirklich neu ist. Und was nicht. Teilen Sie auf, welche der Läden 10, 20, 30, 40 Jahre alt sind. In wievielter Generation? Wo hat der Besitzer, das Konzept, die Auslage, die Branche gewechselt? Ein Lampenladen, ein Zeitschriftenkiosk, ein Küchenstudio – wie lange ist es schon da? Wie lange gibt es schon Ediths Nagelstudio? Ist der Supermarkt noch von der gleichen Marke? Wie riecht es in diesem Tabakladen? Hat es hier auch vor dreißig Jahren schon so gerochen? Hat die Änderungsschneiderei Schumacher noch offen, die Kneipe »Zum Pils«? Wie lange existiert dieser Bäcker dort schon? Das Döner-Fast-Restaurant Ülmüz, die Boutique Isabel, das Werkzeuggeschäft Hartmeier, der Kinderkleiderladen Hotzenplotz? Der Esoterikladen Aura ist tatsächlich relativ neu, und der Schuster wich einem der Automatenläden für einarmige Banditen und drehende Obstsymbolscheiben. Aber ist das »neu«?

Betrachten Sie die Auslagen des Werkzeuggeschäfts – hat sich dort seit drei Millionen Jahren etwas geändert? Immer noch hängen Hämmer in Reih und Glied, und Bohrmaschinen sind für 99,50 Euro zu haben. Gut, die Bohrmaschinen sehen ein klein wenig anders aus als in den siebziger Jahren. Aber sonst?

Was neu ist, ist oft gleicher. Es sind einige Ketten-Shops hinzugekommen, Bäcker, Textilgeschäfte, Café-Filialen, die es in jeder anderen Straße auch gibt. Aber die existieren nun auch schon zehn, zwanzig Jahre. Wohin wir auch blicken: Vergangenheit, unvollendete Gegenwart, Reste und Ruinen des Gestern. Langsamkeit.

Wo könnte die Welt schnell sein? Na klar, im Fernsehen. Machen wir die Kiste an. Eine Sportchannel-Sendung mit Wrestling Superstars, bei der sich röhrende Männer gegenseitig unter Ankündigung in den Matsch hauen. »The Giant« brüllt: Ich werdäää dich zerfääätzen! Im anderen Kanal läuft »Derrick« oder »Ein Fall für zwei« oder das Kochstudio mit lauter Prominenten, die vor einem halben Jahrhundert jung waren. Dann »Bauer sucht Frau«, »Die Nachbarkatastrophe«, »Frauentausch«. Es reichen auch zehn Minuten Verkaufsprogramm im Shopping-Kanal. Wahlweise eine politische Talkshow im Spätabendprogramm, in der es um Eurokrise, Familienkrise, Schulkrise, Politikkrise, Weltkrise, Abhörkrise, Übergewicht, das Elend der Rentner / Familien / Kinder in der Schule geht, um herauszufinden, dass sich im Grunde sehr wenig verändert.

Nichts ist neu.

Es wird nur immer mehr.

Es drängt sich.

Wenn wir nüchtern und aus der notwendigen Distanz auf die Welt schauen, lautet die gefühlte Neu-Formel:

80 zu 20 zu 4.

Erneut eine Pareto-Verteilung, auch Power-Law-Gesetz genannt. In einem Zeitraum von zehn Jahren verändern sich 80 Prozent überhaupt nicht.

16 Prozent variieren, sind also »ein wenig anders«.

Und vier Prozent sind wirklich neu.

Gehen Sie auf ein Klassentreffen. Von zehn Freunden haben sich zwei tatsächlich stark verändert. Sodass man verblüfft ist. Das merkt man sofort. Jemand hat einen ganz

Kapitel 8

anderen Partner gefunden, sich innerlich transformiert, ist gläubig oder endlich ungläubig geworden, hat seine Berufung gefunden, ein Lebensprojekt – er hat sein Leben verändert. Alle anderen machen so weiter wie bisher. Sie werden nicht anders, nur älter.

In Meetings sprechen 20 Prozent der Teilnehmer 80 Prozent der Zeit.[4]

80 Prozent der Leute nutzen 20 Prozent der möglichen Wege in einem Raum und erzeugen dadurch 80 Prozent Abnutzung auf 20 Prozent der Fläche.

Städte beherbergen 80 Prozent der Menschen auf 20 Prozent der Fläche, Dörfer 20 Prozent der Menschen auf 80 Prozent der Fläche.[5]

80 Prozent der Haushaltsausgaben bestreitet ein Durchschnittshaushalt mit den immer gleichen 20 Prozent Gütern.[6]

20 Prozent der Websites im Internet machen 80 Prozent des Datenvolumens aus. 80 Prozent der Verarbeitung in einem Computer wird durch 20 Prozent der Befehle abgearbeitet.[7]

20 Prozent unserer täglichen Nahrung machen 80 Prozent der Kalorien aus.[8]

Im Gesundheitswesen verursachen 20 Prozent aller Patienten 80 Prozent aller Kosten.

Die Pareto-Verteilung scheint so etwas wie eine Faustregel für die Verteilung vieler, wenn nicht aller Phänomene in Gesellschaft und Ökonomie zu sein. Wäre es möglich, dass es sich dabei um eine Art Evolutionsgrundgesetz handelt? Eine Formel, die auch für den Wandel gilt? Sagen wir so: 80 Prozent der Welt bleiben gleich. 20 verändern sich. Und alle zehn bis zwanzig Jahre wird alles gemischt. Und dann geht das Spiel von vorne los.

In welcher Richtung läge dann die Zukunft?

Die vier Morgenillusionen

Auf einigen tropischen Inseln und in Südindien haben die Bewohner eine raffinierte Art und Weise entwickelt, Affen zu fangen: Man platziert am Strand oder auf einer Lichtung eine Kokosnuss, in die man ein Loch bohrt, durch das genau ein Affenarm passt. Im Inneren befindet sich ein Leckerbissen. Der Affe greift durch das Loch und umklammert die Beute. Durch die schwere Nuss an seinem Arm ist er jetzt massiv gehandicapt. Er verliert das Gleichgewicht, sobald er zu rennen versucht. Er kann sich nicht mehr auf Bäume schwingen. Er lässt sich leicht fangen.[9]

Und niemals würde er loslassen!

Etwa so ähnlich geht es uns mit der Zukunft. Wir stecken in einer futuristischen Affenfalle. Unsere Zukunftsbilder basieren auf folgenden Mythen, an denen wir hartnäckig festhalten:

■ *Der Mythos der Beschleunigung:* »Future Shock« nannte der amerikanische Schriftsteller Alvin Toffler seinen Bestseller von 1970, in dem er die Zukunft als sagenhaften Raum reiner Beschleunigung beschreibt. Unentwegt tönt der Fanfarenstoß des Fortschritts: Alles rast, rennt, flüchtet nach vorne. Und diese Grundvermutung ist bis heute gleich geblieben: In jeder Talkshow, jedem Kneipengespräch, natürlich in der Rede eines Zukunftsforschers, darf die Formel vom »sich ständig beschleunigenden Fortschritt« nicht fehlen. Zukunft definiert sich dadurch, dass wir nicht mitkommen. Sie raubt uns, symbolisch gesprochen, den Atem.

■ *Der Mythos der Kontrolle.* Kein Science-Fiction-Film, der ohne das berühmte Kontrollpult auskäme. Kein »Haus der Zukunft«, in dem nicht alles vollautomatisch verliefe. Durch technische Heinzelmännchen wird gekocht, geputzt, aufgeräumt. Eigentlich sind die Bewohner überflüssig. In der Zukunft, so viel ist sicher, werden wir alles durch Fernbedienungen erledigen. Drohne statt Schlachtfeld. Knöpfe und Tastaturen drücken statt Aufstehen. Facebook statt Freundschaft. Virtueller statt realer Sex. So ist sie nun einmal, die Zukunft. Das haben wir in den sechziger Jahren gelernt, und so bleibt es auch. Basta! Allerdings trauen wir dem Kontrollpult nie wirklich. Schon in Filmen der zwanziger Jahre explodierten die Schaltzentralen der finsteren Bösewichte unaufhörlich in endlosen Feuerwerkkaskaden. Nichts wird pyrotechnisch so gründlich zerlegt wie die Steuerpulte auf dem Raumschiff Enterprise. Der ständige Kurzschluss ist offenbar ein Konstruktionsmerkmal dieser Einrichtung: Noch größer als unsere Leidenschaft, alles im Griff haben zu wollen, ist unsere ewige Angst vor Kontrollverlust.

■ *Der Mythos des Bruchs.* Die Geschichte und die Propaganda der Zukunft wimmelt von Behauptungen von Zeitenwenden, die unmittelbar bevorstehen. Ständig bricht etwas zusammen, geht den Bach herunter, wird nie mehr wieder hochkommen: Imperien, Mächte, Herrschaften, Kulturformen, der Westen, Amerika, der Kapitalismus, die Konsumgesellschaft. Obwohl die wahren Untergänge in der Geschichte sehr selten sind (auch das untergehende Rom dauerte fast ein Jahrtausend an), wähnen wir uns in der brüchigsten aller Bruchzeiten. Selbst das große Schockereignis unserer jüngsten Epoche, der 11. September, hat in Wahrheit keine Zeitenwende eingeläutet, sondern nur zu vielen graduellen Veränderungen und Verschiebungen geführt. Fliegen ist seitdem unangenehm geworden. Datenüberwachung hat sich massiv ausgedehnt. Aber der »Krieg der Kulturen« lässt immer noch auf sich warten. Oder war er schon vorher da?

■ *Der Mythos der Substitution.* Zukunft besteht darin, dass das Neue das Alte (oder Gegenwärtige) vollständig ersetzt. Sozu-

sagen rückstandsfrei. Die Zukunft ließe sich daran erkennen, dass sie von allem Bekannten, Gewohnten und Vertrauten radikal entleert ist. Dieses »neotonische« oder »neophile« Denkmuster stammt direkt aus unserem Neugiergehirn, wobei »Neu-Gier« hier wortwörtlich zu nehmen ist. Wenn sich etwas verändert, denken wir diese Veränderung immer weiter geradeaus, ohne die »drei R« zu bedenken: Renaissance, Recycling und Rekursion. Wenn der Internethandel kommt, gibt es, logisch, demnächst keine Läden mehr. Weil gebloggt wird, werden Zeitungen aussterben. Wenn eine »share economy« oder »Shareconomy« den Tauschhandel salonfähig macht, ist das das »Ende des Eigentums«.
Diese vier Mythen haben unseren Morgendiskurs fest im Griff. Sie sind gewissermaßen die Standardeinstellungen, mit denen Zukunft in unserem Gehirn prozessiert wird. Die Zukunftsforschung selbst ist daran nicht ganz unschuldig. Nutzt sie doch seit Jahr und Tag eine standardisierte Sprache des »Müssen Müssens«. Keine Rede eines Futuristen oder die Rhetorik des Nichts-wird-mehr-so-sein-wie-früher, in Verbindung mit der strafenden Peitsche: »Wer sich nicht anpasst, wird nicht überleben.« Keine Visionskonferenz ohne die Invektive: »Wir stehen vor gigantischen Umbrüchen, in denen Sie, liebes Publikum, zwar nicht mitkommen werden, aber dennoch die Hauptrolle spielen.« Diese Adrenalin-Rhetorik gehört zum klappernden Geschäft, wird aber auch von den Kunden (Rezipienten) dringend eingefordert. Was? Sie wollen nicht über Visionen einer ganz anderen Welt sprechen? Sie glauben nicht, dass wir vor radikalen / revolutionären / atemraubenden Umwälzungen im Einzelhandel / Gartenbau / Beamtenwesen / Bauwesen / Familienleben stehen? Sie behaupten, vieles würde gleich bleiben, oder nur ein bisschen anders werden?
Wozu haben wir Sie dann eingeladen?!

Kapitel 8

Wie es der irische Zukunftsschriftsteller C. S. Lewis schon 1942 lakonisch formulierte: »Wir haben trainiert, die Zukunft als ein versprochenes Land zu empfinden – und nicht als etwas, das jeder im Tempo von sechzig Minuten pro Stunde erreicht.«[10]

Im Jahre 2012 erreichte mich folgender Brief:

Liebe Zukunftshausbesitzer,

ich bin ein großer Interessent an zukünftigen Trends und Entwicklungen. Doch was Ihr über Euer neues Zuhause, das »Future Evolution House« berichtet, hat mit Zukunft nicht viel gemeinsam. Das ist ein tolles Haus mit modernem Design, aber so werden nur ganz wenige in Zukunft wohnen. Das Stiegensteigen in der Zukunft wird den Bewohnern noch schwerer fallen. Die Fassade ist modern, aber die Fläche könnte mit Photovoltaik zugepflastert sein. Das Interieur ist nur modern, aber unbequem und wenig Technik. Das Befüllen der Badewanne wurde ja schon vor Jahrhunderten auf die gleiche Weise gemacht. Wo ist der Temperaturregler, die Einfüllautomatik, die automatische Zumischung der Badezusätze usw.?

Ich lebe, arbeite seit zweieinhalb Jahren in großen Städten Asiens. Gewohnt wird in Luxusapartments. Tausende Menschen auf wenig Platz und dennoch ist jeder für sich individuell. Der Komfort dieser Apartmentanlagen mitsamt Aussicht ist überwältigend, einige verfügen sogar über einen eigenen Bootshafen. Die Ausstattung geht schon in die Richtung wie jene Schauwohnung, die auf der Expo 2010 im Siemens-Pavillon in Schanghai gezeigt worden ist, Zukunft pur.

Mein Tipp, kommen Sie mal auf eine längere Zeit nach Asien, aber nicht als Tourist, sondern als Zukunftsforscher, Sie werden staunen.

Der Lindy-Effekt

Welche der folgenden Innovationen hat das Leben der Menschen am gründlichsten, radikalsten, nachhaltigsten verändert?

a) *Gewehr und Kanone* (circa 1200–1400)
b) *Sanitäre Anlagen in großen Städten und das Wasserklosett* (zwischen 1800 und 1900)
c) *Penicillin* (1928)
d) *Das Smartphone* (2010)

Zwar erleben wir das Smartphone heute als einen Turbo-Realitätsveränderer, während a, b und c heute so selbstverständlich sind, dass wir sie gar nicht mehr als technische Erfindungen wahrnehmen. Wenn wir aber prismatisch, also mehrschichtig, denken, wird schnell klar, dass gegen viele Erfindungen und Entdeckungen der Vergangenheit unsere heutigen Innovationen eher eine Art Spielzeugcharakter haben.

Der »Economist« griff diese Wahrnehmung auf. Auf einem seiner am besten verkauften Titel thronte ein Mann in Denkerpose auf einer Kloschüssel, darüber eine Denkblase: Werden wir jemals wieder etwas so Sinnvolles erfinden?[11] Technologiehistoriker David Edgerton schlägt in dieselbe Kerbe. In seinem Buch »The Shock of the Old« spricht er von einer »technologischen Amnesie«, durch die wir heutige Techniken massiv überbewerten:

> »Wenn wir über Informationstechnologie reden, vergessen wir das alte Postsystem, den Telegrafen, das Telefon, Radio und Fernsehen – bewährte Systeme, die zuverlässig teilweise über Jahrhunderte funktionierten. Wenn wir Online-Shopping feiern, vergessen wir den guten alten Katalogversand, den es schon seit zweihundert Jahren gibt. Genetic Engineering diskutieren wir, als hätte es niemals andere Wege gegeben, Tiere und Pflanzen zu verändern.

Kapitel 8

Die Zucht, unsere Ernährung, unsere Haustiere – all das
hat unser Leben immer wieder radikal verändert.«[12]

Der Stuhl, auf dem Sie sitzen, repräsentiert eine ungefähr
5000 Jahre alte Technologie. Glas, das Material, aus dem Sie
mit hoher Wahrscheinlichkeit trinken, wurde im alten Mesopotamien erfunden. Wir produzieren derzeit zweieinhalbmal
so viele Fahrräder wie Autos auf der Welt, und in manchen
Städten sind Fahrräder heute das dominante Verkehrsmittel.
Unsere Schuhe sind nach einer ähnlichen Technologie gefer-
tigt wie die von Ötzi, dem neolithischen Jäger aus dem Alpen-
gletscher. Mit Leder, Nägeln, Fäden, Klebstoff.

In der Wirklichkeit folgt Technologie nicht der Beschleu-
nigungsregel, sondern dem »Lindy-Effekt«.[13] Im Jahre 1964
entdeckte man diesen Effekt bei der Analyse der Laufzeit von
Theaterstücken und der Entwicklung der Verkaufszahlen von
Bestsellern. Die technologische Lindy-Regel lautet:

Je länger eine Technologie existiert, desto größer die Wahrscheinlichkeit, dass sie noch lange bei uns bleiben wird.

Wenn man einen alten und einen jungen Menschen sieht,
kann man davon ausgehen, dass der jüngere länger überleben
wird. Aber im Reich der Technologien ist diese Faustregel
falsch. Die Flop-Rate neuer Technologie – wo sind der Kasset-
tenrekorder und das Achtspur-Tonbandgerät geblieben? – ist
weitaus höher als die alter, bewährter Technologien. Nassim
Nicholas Taleb beschrieb die Regel so:

»Für das Fragile, Zeitsensible, bedeutet jeder zusätzliche
Tag im Leben eine kürzere Lebenserwartung. Für das
Robuste, Antifragile (wie bewährte Technologien) bedeutet jeder zusätzliche Tag womöglich längere Lebenserwartung.«[14]

Es war wahrscheinlich eine ziemlich gute Entscheidung, die Informationen für fremde kosmische Zivilisationen, die wir mit der Raumsonde »Voyager« im Jahr 1977 ins All schickten, auf einer Stahlplatte einzuritzen und nicht auf Tonbandkassetten zu speichern. Inzwischen sind auch die Außerirdischen wahrscheinlich vom guten alten Achtspur-Magnetband-Aufzeichnungssystem abgekommen.

Die digitale Bilanz

Aber bleibt nicht zumindest ein zentraler unstrittiger Beschleunigungstreiber – das Moore'sche Gesetz, wonach sich die Rechnerleistung alle 18 Monate verdoppelt? Und muss es mit dieser steilen Kurve nicht zwangsläufig zu einem Quantensprung kommen – einem Sprung in die Künstliche Intelligenz?

David Graeber, amerikanischer Anthropologe, schrieb in einem Essay auf der Website »The Baffler«:

> »Das Internet ist eine bemerkenswerte Innovation, aber alles, über das wir hier reden, ist im Grunde nur ein superschneller und globaler Zugang zu Bibliotheken, Post und Orderkatalogen. Hätte man das Internet einem Science-Fiction-Fan in den fünfziger und sechziger Jahren als die dramatischste technologische Veränderung der kommenden Zeit geschildert, wäre seine Reaktion Enttäuschung gewesen. Fünfzig Jahre – und das ist das Beste, womit die Wissenschaftler aufwarten konnten? Wir erwarteten Computer, die denken können!« [15]

Mit dem »Denken« von Computern ist es jedoch so eine Sache. »Schnelles Rechnen« als Intelligenz zu definieren, ist eine grenzenlose Verkürzung – und ein riesengroßes Missverständnis über das, was Intelligenz eigentlich ausmacht. Je mehr wir uns mit dem Phänomen menschlicher Intelligenz auseinandersetzen, desto schwieriger wird es, zu definieren, was das eigentlich ist. In den letzten Jahren kamen zu den formalen Intelligenzen, die früher die Basis für den »IQ« bildeten, lauter neue Intelligenzen hinzu: Emotionale Intelligenz, Beziehungs-Intelligenz, Kreative Intelligenz.

»Künstliche Intelligenz« ist letztlich ein Anthropomorphismus: Wir projizieren menschliche Eigenschaften in Computer, die diese niemals haben können. Oder umgedreht: Es ist ein »Mechamorphismus« – wir projizieren maschinelle Eigenschaften in Menschen. Denken basiert immer auf Emotionen, auf den tief abgelagerten Erfahrungen von Schmerz und Tod, Erwartung und Hoffnung. Unser Gehirn ist in der Fleischlichkeit gegründet, und würde man es auf einen Computer überspielen – wie viele Transhumanisten erwarten –, wäre es eben kein »Gehirn« mehr, sondern ein Programm, das lineare Routinen herunterspult. Das mentale Sein des Menschen, mit seinen Repräsentationen und Assoziationen, hat mit Geschwindigkeit wenig zu tun (auch wenn wir manchmal blitzschnell mental reagieren können). Nicht nur an diesem Punkt geht Ray Kurzweil seiner eigenen Wunschwelt, seinen Erlösungssehnsüchten, auf den Leim.

Hat das Internet wirklich die Kommunikationswelt »revolutioniert«? Sorgt es tatsächlich für einen genuin neuen Zugang zu Wissen, Demokratie, Produktion, Gemeinschaft? Nach der Euphorie der vergangenen Jahrzehnte wachsen die Zweifel.

Der Hang zu einer monochromen Mehrheitsmeinung, wie er im Zeitalter der alten Massenmedien vorherrschte, scheint durch das Internet sogar noch zuzunehmen. Das ständige »liken«, »ranken« und »linken« führt eher zu mehr Gleichförmigkeit. Nun verbreiten sich Meinungen, Vorurteile, auch

Aggressionen, rasend schnell im Netz – als Shitstorm, mit dem abweichende Meinungen niedergemacht werden, oder als Likestorm, in dem alle Konsumenten den gleichen Katzenfilm einfach nur suuupersüß finden. Die »confirmation bias« wird verstärkt, der Hang, immer nur die eigene Meinung, den eigenen Geschmack, bestätigt zu bekommen.

»Facebook macht dick und arm«, schrieb die »Neue Zürcher Zeitung« im Dezember 2012.[16] Amerikanische Psychologen untersuchten junge Facebook-Viel-User in Bezug auf ihr Selbstwertgefühl und ihr daraus resultierendes Leistungsverhalten.[17] Intensive Facebooknutzer, so die Forscher, tendierten zu einem angeberischen Lebensstil. Man beschäftigt sich unentwegt mit der Mitteilung eigener Grandiosität. Man postet sich unentwegt selbst, versucht, als der Größte dazustehen. Das ist wahnsinnig anstrengend. Es frisst das Leben auf. Es kann auch erklären, warum in den USA und Europa die Facebook-Nutzerzahlen bei den Jüngeren längst wieder zurückgehen.[18]

In »Race Against the Machine«, erschienen 2011, behaupten ausgerechnet zwei MIT-Auguren (das Massachusetts Institute of Technology ist eine der technik-affinsten Institutionen der Welt), dass die technische Revolution des Internets mehr Nachteile als Vorteile bringe. Mehr Jobs würden zerstört als geschaffen, so die beiden Autoren Erik Brynjolfsson und Andrew McAfee, und das vor allem im Bereich kognitiver, also hochqualifizierter Berufe. Ungleichheiten werden verstärkt, demokratische Strukturen eher zerstört statt gestärkt. Ähnlich argumentiert der weißrussische Autor Evgeny Morozov, der mit seinem »To Save Everything, Click Here« eine populäre Ketzerschrift gegen den digitalen Fortschrittsglauben geschrieben hat. Nach Morozov ist die digitale Innovationswelt getrieben vom »Solutionismus«[19] – dem ständigen

Kapitel 8

Drang, Probleme zu lösen, die gar keine sind. Morozov über die berühmte »augmented reality« am Beispiel von virtuellen Kochanweisungen:

> »Was genau ist erweitert bei dieser Realität? Es mag sich um eine technische Erweiterung handeln, aber es scheint auch intellektuell reduziert. Das Beste, was wir hier bekommen, ist eine ›erweiterte reduzierte Realität‹. Die Geeks, die das erfinden, weigern sich zu erkennen, dass Widerstände und Herausforderungen das menschliche Leben eher verbessern als einschränken. Kochen einfacher zu machen heißt eben nicht, es zu verbessern – im Gegenteil. Es komplett der Logik der Effizienz zu überantworten bedeutet, Menschen die Möglichkeit, etwas zu bewältigen, zu entziehen und unser Leben letztlich arm zu machen.«[20]

Jeder hat schon einmal erlebt, wie schnell und effektiv menschliche Kooperation sein kann, wenn man sich physisch in die Augen schaut und Vertrauen entsteht. In der indirekten Welt des Internets jedoch steigt das Niveau von Unsicherheit und Ambivalenz ständig an. Schon wenn wir mit Mails kommunizieren, geht ein großer Teil der Zeit mit Validitätsprüfungen verloren. Ständig schreiben wir Mails, die davon handeln, ob ein Mail angekommen / gelesen / ernstgenommen / missverstanden / richtig eingeordnet wurde. So steigen ständig die Grenzkosten der Kommunikation, und das macht viele digitale Vorteile wieder zunichte.

Gibt es in diesem ewigen Spiel der Kommunikation womöglich archaische Grundregeln? Der Stamm der Hadza in Tansania lebt bis heute von der modernen Zivilisation getrennt in einer semi-nomadischen Lebensweise, in sogenannten Camps. Die Jagd ist nach wie vor eine der Haupternährungsquellen,

und die Männer sind manchmal wochenlang vom Camp entfernt unterwegs.

James H. Fowler und Nicholas A. Christakis, zwei bekannte
Verhaltenspsychologen, haben mit einem Team von Wissenschaftlern die sozialen Netzwerke der Hadza erforscht. Dabei
orientierten sie sich am sogenannten »honey stick«-Ritual, einem
sozialen Austausch von Geschenken, die sich Hazda untereinan-
der zum Zeichen der Wertschätzung machen. Die Gemeinsam-
keiten mit Facebook-Netzwerken waren verblüffend. Die Größe
der Gruppen ähnelte den durchschnittlichen Gruppengrößen
und Vernetzungsgraden der Facebook-Freundeskreise – einer
Lerngruppe von 10 bis 15 »Freunden« waren etwa 80 »Bekannte«
zugeordnet. Diejenigen Hadza, die besonders viele Honeysticks
austauschten, also höhere Grade von Kooperation aufwiesen,
hatten auch überdurchschnittlich viel Kontakt zu anderen, die
sich ähnlich sozial verhielten. Zwischen sozial aktiven Mitgliedern verschiedener Camps gab es mehr Kooperation als innerhalb der Camps. Fowler und Christakis belegten damit auch die
Evolutionsthese der sozialen Kooperation.[21]

Die Dunbar-Zahl,[22] nach der eine Gemeinschaft von maximal 70 bis 150 Menschen stabile Sozialfunktionen ausbilden
kann, gilt auch hier.[23] Nur eines kannten die Hadza nicht: 1000
Freunde, mit denen man eigentlich gar nichts zu tun hat. Das
ist wirklich neu. So neu, dass es womöglich nicht lange bleiben wird.

Der größte Trend ist der Retro-Trend

Ich werde oft nach dem »größten Trend von allen« gefragt. Das
lässt sich eigentlich nicht beantworten. Trends gibt es in allen
Ebenen und Dimensionen: Modetrends und Techniktrends,
Makrotrends und Megatrends, Sozio-Trends und Forschungs-

Kapitel 8

Methoden-Entwicklungen in der Festkörperphysik, die man ebenso als »Trends« bezeichnen könnte. Hier eine Hierarchie, ein »ranking« anlegen zu wollen, ist ebenso schwierig wie unsinnig. Trends sind zudem auf vielen Ebenen miteinander vernetzt, sie greifen ineinander und bedingen sich gegenseitig.

Und doch gibt es einen dominanten Trend, der so etwas wie ein »Meta«-Trend sein könnte: den Retro-Trend!

Wohin wir auch schauen, wird die Vergangenheit wieder lebendig. In den Schaufenstern von London und Paris, bei den großen Couturiers, ist man heute endgültig in den dreißiger Jahren des vergangenen Jahrhunderts angekommen. Mit klarer Tendenz zu den zwanziger Jahren. Plisseeröcke, Schärpen, Schleifen, Bubikragen, Spaghettiträger, Perlen, Boas. In den Designer-Wohnungen häufen sich Nudelreiben aus dem 18. Jahrhundert und handgestrickte Pudelmützen, die so aussehen wie mein kratziges Exemplar von anno 1966. In den Plattenläden wird die CD langsam wieder von den Vinylplatten abgelöst, und alle Songs aus den Hitparaden klingen wie die von 1960, 1970 oder 1980. Wer stilmäßig auf sich hält, besitzt keinen Stuhl von Philippe Starck, sondern einen Orginalstuhl in dänischem Design der sechziger Jahre. Viele Autos sehen aus wie ihre Vorgänger von vor einem halben Jahrhundert, und immer mehr Menschen begeistern sich für Oldtimer. Digitale Radios werden heute gestaltet, als wären sie Volksempfänger aus den Dreißigern. Selbst in den Computerspielen geht es derzeit zurück von den aalglatten utopischen Apokalypsewelten zu Steampunk – einer viktorianischen Technikwelt aus Mechanik, knarzendem Leder und knirschend-rostigen Metall-Skalen.

In der Hitparade der Vornamen für Neugeborene in Deutschland sind Namen der Urgroßväter- und Müttergeneration auf dem Vormarsch: Sophie, Marie, Anton, Emil, Karl.[24]

Die Landlebennostalgie ist längst in der Mitte der Gesellschaft angekommen. In den Großstädten boomen heute die Schrebergärten. Urban Gardening ist eine Massenbewegung, authentisches Gemüsekochen eine Art Kult. Die erfolgreichsten Zeitschriften-Neugründungen handeln von Apfelbaumidyllen, Kräutergärten, Backsteinmauern und handgestrickten Schals. Königsfamilien und ihre Hochzeiten haben sich zu den größten Massenritualen entwickelt – mit mehr Zuschauern als auf dem Fußballplatz oder bei Rockkonzerten. Abermillionen schauen zu, wie Prinzessin Kate und Prinz William sich den Hochzeitskuss geben. Bis es so weit ist, sitzen Millionen Menschen sechs Stunden vor dem Fernseher.

Auch in der Ökonomie lassen sich solche Rekursionen feststellen. Im Internet entwickelt sich eine neue Tauschwirtschaft, in der Waren nicht mehr gegen Geld, sondern wiederum gegen Waren getauscht werden. Oder auch gegen Beziehungen. Die »Shareconomy« macht von sich reden. Allerorten werden Genossenschaften gegründet, die Energie und Nahrungsmittel selbst produzieren oder soziale Probleme in neuen Siedlungskonzepten lösen wollen. Die große Nostalgie reicht heute bis tief in die Gedankenwelt hinein. Je mehr Informationen, Bilder, Zeichen über alle Schirme flattern, desto mehr wächst der Drang zu Philosophie, Vertiefung, Glaube. Das Piktogramm für mein Schreibprogramm auf dem Bildschirm meines Computers ist ein Tintenfass! Heißt das, dass wir uns in einer vorübergehenden Ära des Stillstands, der Rückwärtsgewandtheit befinden? Es könnte auch heißen: Alle Zukunft entsteht immer wieder aus Renaissancen, in denen das Alte und das Neue *hybridisiert* werden.

Synthesen von Alt und Neu

Nehmen wir zum Beispiel die Amischen (auf Englisch Amish), eine christliche Gemeinschaft, die seit 1630 mit Kutschen und Holztechnologie in einer agrarischen Lebensweise lebt, mitten in Amerika, dem Land der Zukunft und des gnadenlosen Fortschritts. Die Häuser der Amischen sind nicht ans Stromnetz angeschlossen, ihre Familien groß, fürsorglich und streng. Jeder Amische kann die Gemeinschaft verlassen, es handelt sich, trotz mancher Glaubenskonflikte, keineswegs um eine terroristische Gehirnwäsche-Sekte.[25] Die Zahl der Amischen – immerhin 250 000 – scheint sogar zuzunehmen.

Aus Sicht der Zukunft ist das schlichtweg ein unbedeutender Anachronismus. Ein Relikt. Aber die Amischen sind nicht einfach nur Menschen, die auf dem Stand des 18. Jahrhunderts leben. Mit ihrer Sprache und ihrem Selbstbewusstsein unterscheiden sie sich längst von ihren Vorfahren. Sie wissen über Verhütung Bescheid, auch wenn sie sie wenig praktizieren. Sie nutzen Technologie selektiv, indem sie beurteilen, ob das jeweilige Artefakt oder System der Gemeinschaft nützen kann oder nicht. So findet man beim Hausbau benzinbetriebene Kettensägen. Und auf den Straßen der amischen Siedlungen Inlineskater (was sehr komisch aussieht). Sie nutzen elektrische Signale für Blinker an ihren Kutschen und versehen ihre Traktoren mit Stahlrädern. Sie glauben hingegen, dass »normale« Autos ihre Gemeinschaft »zerfahren«, nutzen aber durchaus Busse, Schiffe und Züge. Sie lehnen Fernsehen und Computer ab, weil sie davon Verwirrung und geistigen Zerfall erwarten. Eine Meinung, die sie mit immer mehr Menschen anderswo teilen.

»Retro« bedeutet eben nicht einfach, dass die Vergangenheit einfach wiederkehrt. Dass sich alles unendlich im Kreis dreht. Der neue VW-Käfer ist nicht der alte Käfer, er besitzt eine ungleich bessere Technologie. Retro ist eine Kurzform von Renaissance. In den produktivsten Phasen der Kulturgeschichte besann man sich in zukunftsorientierter Weise auf das Alte.

Die amerikanische Anthropologin Helen Fisher vertritt die These, dass wir schon heute zunehmend in einer Neo-Synthese moderner und nomadischer Kultur leben – vor allem, was unser Liebesleben betrifft.[26] Wir haben wenige Kinder, durchlaufen in unserem Leben drei, vier prägende Beziehungen, die auf Zuneigung basieren. Ein Liebes- und Reproduktionsmodell, das dem der Jäger- und Sammlerkulturen ähnelt. Erst die sesshaft-agrarische Kultur brachte die nicht mobile Familie mit sich, mit ihren Unterdrückungsmechanismen, Zwängen, der großen Kinderzahl und der Orientierung an Grund und Boden. »Urbane Nomaden« von heute leben hingegen in vieler Hinsicht so wie unsere Ur-Vorfahren.

Der Evolutionsbiologe Jared Diamond hat in seinem Buch »Vermächtnis« beschrieben, was wir von den archaischen Stammesgesellschaften lernen können. »Auf keinen Fall würde ich in Neuguinea leben wollen! Aber ich möchte die Vorteile des Lebens dort in mein Leben hier integrieren.«[27] Diamond schlägt vor, Elemente des Rechts- und Gerechtigkeitssystems von Jäger- und Sammlerkulturen in die moderne Gerichtsbarkeit einzubringen. Wenn in tribalen Gemeinschaften die unmittelbare Aggression abgeebbt ist – und die Rachespirale zu einem Ende kommt –, geht es weniger um Strafe, sondern eher um Ausgleich zwischen den Konfliktpartnern. Die Familie eines Getöteten hat nichts davon, wenn der Täter eingesperrt wird, im Gegenteil – die Gemeinschaft muss den Delinquenten dann noch ernähren! Also sorgen Täter bei den archaischen Kulturen Neuguineas für Ausgleich, notfalls, indem sie viele Jahre für die Opferfamilie hart arbeiten. Damit könnte man das »Wegsperren« abschaffen und, so gut es geht, Verbrechen nutzbringend machen.

Kapitel 8

Seit einigen Jahren verfasst der Erfinder des Cyberspace, der berühmte Romanautor William Gibson, keine Science-Fiction mehr. Sondern nur noch Gegenwartsromane. In seinem jüngsten auf Deutsch erschienenen Essayband schrieb Gibson:

»Alvin Toffler warnte uns vor dem ›Future schock‹ – aber was ist mit der Zukunftsmüdigkeit? In den letzten zehn Jahren beharrten sämtliche Kritiker der Science-Fiction, auf deren Meinung ich etwas gebe, darauf, die Zukunft sei vorbei. Das klingt ein wenig albern, wie die These vom Ende der Geschichte. Aber gemeint ist natürlich nur die Zukunft, die zu meiner Zeit ein Kult, fast schon eine Religion war. Menschen in meinem Alter sind das Produkt dieser Kultur des Zukünftigen. Je jünger jemand ist, desto weniger ist er davon beeinflusst. Die 15-Jährigen leben vermutlich in einem endlosen digitalen Jetzt – einem Zustand der Zeitlosigkeit, der durch unsere immer effizienter werdende gemeinschaftliche Gedächtnisprothese ermöglicht wird.«[28]

Der amerikanische Publizist Douglas Rushkoff nannte dieses Phänomen »Present Shock« – Gegenwartschock. Nach Rushkoff sind wir längst in einer Welt gelandet, in der

»technologischer Fortschritt es uns erlaubt, in wahrer Echtzeit zu leben. Die Zukunft, die einmal ein Ziel war, auf das wir zumarschierten, ist angekommen. Wir müssen uns um die Zukunft keine Sorgen mehr machen, weil wir in einer Gegenwart leben, die für immer weitergehen wird«.[29]

Der Zukunftskater

Sophie und Jason sind ein junges Paar um die dreißig. Sie wohnen in einem kleinen Appartment in Los Angeles, verbummeln ihre Zeit vor dem Computer, scheitern an ihren Ängsten oder eher kleinen Zufällen und Kalamitäten. Ihre Jobs als Dienstleister der Serviceindustrie können ihnen keinen Lebenssinn vermitteln. Um der Tristesse zu entkommen, beschließen sie, den verletzten Kater namens »Pfötchen« zu adoptieren. Aber nur vorübergehend. Erschrocken über die vor ihnen liegende Verantwortung und den Verlust ihrer Freiheit, treffen Sophie und Jason eine Reihe von Entscheidungen, die ihr Leben vollkommen verändern werden.

So lautet die Inhaltsangabe eines Films, der einen interessanten Titel trägt: »The Future«. Gedreht von der Regisseurin und Schauspielerin Miranda July, ist der Film eher eine melancholische Komödie und hat mit Technik nur so viel zu tun, wie Technik Menschen eben auch ganz in sich gekehrt werden lassen kann. Der Film bricht die lineare Achse der Zukunft – statt nach »vorne oben« geht es nach innen. Gezeigt wird eine Zukunft, in der sich die Gegenwart zurückkrümmt. Nichts, keine Fliehkraft, keine Beschleunigung, noch nicht einmal eine Katastrophe führt aus dem Hier und Jetzt heraus. Die Zeit schnurrt auf einen einzigen Punkt zusammen, eine ewig ambivalente, in sich kreisende, nicht ganz ernst zu nehmende Gegenwart, in der ein behinderter Kater die Hauptrolle spielt.

Kurve, Linie, Spirale

Natürlich wäre eine Parole vom »Ende der Zukunft« genauso unsinnig wie die Formel vom »Ende der Geschichte«. Fortschritt hört nicht auf, auch wenn eine Zeit lang sensationelle

Kapitel 8

Durchbrüche auf sich warten lassen. Irgendeine Zukunft ist uns gewiss. Aber noch einmal: In welcher Richtung liegt sie?

Ray Kurzweils Vorne-oben-Vision repräsentiert im Grunde nur, was der deutsche Trendforscher Holm Friebe so treffend das »Kindchenschema des Fortschritts« nannte.[30] Ein Zukunftsbild, das letztlich aus der industriellen Kultur, dem industriell geprägten Denken stammt. Aus einer kurzen Epoche, in der sich tatsächlich kaskadenhafte technologische Durchbrüche häuften – und in unser Leben drängten.

Rekursion bedeutet in der Mathematik, dass eine Formel auf sich selbst angewandt wird. In der systemischen Zukunftsforschung beschreibt dieser Begriff jenen Syntheseprozess, aus dem sich Trend und Gegentrend herauskristallisieren.[31]

Aus Globalisierung und gleichzeitig der Sehnsucht nach Heimat, Lokalität, Begrenztheit und Zuordnung wird Glokalisierung: Wir leben in unserer jeweiligen Heimat, denken und fühlen aber global.

Aus Ökologie und Technik wird »Novel Ecology«. Es gibt kein »Zurück zur Natur«, weil Natur immer eine kulturelle Fiktion ist und weil Menschen durch ihre pure Existenz Natur evolutionieren. Wir sind »Terraformer«, ob wir wollen oder nicht, und es wird Zeit, dies anzuerkennen.

Aus analog und digital wird »digilog«. Die Zukunft besteht nicht im Auswandern in digitale Welten, sondern in einem integrierten Raum erweiterter Möglichkeiten.

Fortschritt bewegt sich eben nicht geradeaus, sondern liegt immer »hinter der Kurve«: in der Auflösung eines Paradoxes durch Rekursion. Im Netzwerk der Welt kann es keine dauerhaften linearen Beschleunigungen geben. Alle akzelerativen Visionen, auch Kurzweils Unsterblichkeitsphilosophie, haben nicht umsonst einen apokalyptischen Kern: Nach dem steilen Anstieg der Kurve muss es zwangsläufig zu einem Absturz kommen.

Eine alternative Möglichkeit, die Bewegungsrichtung der Zukunft darzustellen, besteht darin, sie als Asymptote zu denken: Es gibt eine unsichtbare, aber unüberschreitbare Linie, die uns von der utopischen Transzendenz trennt. In vielen Sektoren der Naturwissenschaften scheint sich dieses Modell mehr und mehr zu bewahrheiten: Wir kommen immer näher heran, aber niemals darüber hinaus. Eine asymptotische Zukunft würde in einer stetigen Verlangsamung von Fortschritt und Wandel bestehen, was aber subtile Verfeinerung nicht ausschließt.

Eine dritte Möglichkeit, die Zukunft zu zeichnen, wäre erweiternde Radikalität: Wir bewegen uns in einer unregelmäßigen Spiralbewegung immer weiter von unserem Urzustand weg, wobei die Graduenten von Freiheit und Komplexität stetig ansteigen. So gesehen, wäre Zukunft eine »Auffaltung«, in der der Raum des Möglichen langsam immer größer wird.

Die meiner Meinung nach stimmigste Verlaufslinie der Zukunft entwickelt sich in Schleifenbewegungen von Rekursionen, die mal regelmäßig, dann wieder unregelmäßig ineinander übergehen. Manchmal geht es dabei eher »eckig« zu – mit Krisen und Abstürzen. Mal sind die Schleifen stark ineinander verzahnt – die Geschichte »rotiert«, ohne so recht vom Fleck zu kommen. Mal ist der Schwung größer, mal kleiner. Auch dieser Graph hat eine Vorne-oben-Komponente. Aber anders als in den Transzendenzmodellen wird diese niemals durch Brüche oder gigantische Sprünge erreicht, sondern durch »graduelle Komplexitätsentwicklung«.

Wenn wir uns auf diese Weise von der Linearität verabschieden, wenn wir das Kommende nicht mehr als reine Beschleunigung, totale Kontrolle, tiefen Bruch oder Substitution des Bestehenden sehen müssen, können wir uns auf neue Weise mit der Zukunft versöhnen.

Kapitel 8

Vielleicht entdecken wir dann sogar etwas wie Heimweh nach der Zukunft.

Menschen wie wir

Greifen wir die Zukunftsübung vom Beginn noch einmal auf. Laufen wir durch die Straßen einer Stadt im Jahr 2100. Stellen wir uns vor, dass es immer noch schöne Häuser aus dem 19. Jahrhundert geben wird, in denen das Parkett knarzt und Paare mit Kindern wohnen. Vielleicht sind die Paare noch verschiedenartiger als heute. Seltsame, nicht auf den ersten Blick durchschaubare Familienkonstruktionen, hybride Einsamkeiten und Mehrsamkeiten, Neo-WGs oder mehrparentale Reproduktionsgemeinschaften. All das, was es heute schon gibt, wird dann mehr sein und anders, aber nicht wirklich ganz anders. Das Licht, das durch die abendlichen Fenster scheint, wird vielleicht andere technische Quellen haben. Aber es wäre nicht sehr unwahrscheinlich, wenn auch Kerzenlicht dabei wäre.

Vielleicht müssten wir uns bei unserem Besuch in der Welt von Morgen auch gar nicht als Dorftrottel aus dem Mittelalter vorkommen, völlig hilflos gegenüber der »Hypertechnik« unserer überlegenen Nachkommen. Womöglich wären die technischen Artefakte, mit denen wir uns heute so fanatisch beschäftigen, längst wieder verschwunden oder in den Wänden integriert. Die Bewohner des Jahres 2100 würden sogar etwas mitleidig, aber auch voller Nostalgie über jene Zeit des Techno-Hypes erzählen, in der jeder irgendein kompliziertes Gerät mit sich herumtragen musste, dass ihm seine Zeit raubte. Oder eine schwere Fahrmaschine besitzen musste, mit der er seine Ohnmachtsgefühle kompensierte.

Aber wird es in diesen Häusern der Zukunft überhaupt noch ein Treppenhaus geben? Ich glaube schon. Und wahrscheinlich werden sogar viele Menschen wieder Treppen steigen, statt den Lift zu nehmen – einfach aus Fitnessgründen. Mag sein, dass wir im Treppenhaus Menschen treffen würden, die ziemlich schrill aussehen, was ihre Kleidung oder Frisur betrifft – Neo-Barock als neue Businesskleidung, Toga-Spock-Uniformen für die Alten. Es könnte trotzdem sein, dass die Menschen der Zukunft konservativer, »normaler« sind als wir Heutigen. Stellen wir uns aber vor, dass das gar nicht so wichtig wäre, weil die Bewohner der Zukunft uns zutiefst vertraut wären, mit ihren Sorgen und Nöten, Sehnsüchten und Fehlern, Verrücktheiten und Sterbensängsten.

»Die Menschen, die vor sechshundert Jahren lebten, und jene, die sechshundert Jahre in der Zukunft leben werden, sind Menschen wie wir«, formulierte Freeman Dyson, der alte utopische Visionär. »Technologie wird auch weiter Veränderungen in unseren Lebensstilen bewirken und uns voneinander entfernen. Umso kostbarer sind die Verwandtschaften, die uns über alle Zeiten verbinden.«[32]

Den Tod überleben

Auch Ray Kurzweil wird mal sterben, obwohl er jeden Tag 200 verschiedene Vitamine isst, meditiert und felsenfest an die Singularität glaubt. Wir alle sterben irgendwann.

Man kann das mit Recht traurig finden. Ray Kurzweil ist ein Held, der für uns alle kämpft. Ich verstehe seine tiefe Gekränktheit, die aus den Verlusten des Lebens resultiert. Aber ich gestehe, dass mir die menschliche Endlichkeit auch eine heimliche Genugtuung bereitet. Wäre es nicht unerträglich, wenn jemand, der aus einem menschlichen Körper geboren wurde, sich einfach in die Unsterblichkeit davonmacht? Warum er und nicht ich? Meine Kinder? Meine geliebte Frau?

Kapitel 8

Das Fundamentale, das uns als Menschen verbindet – die Erfahrung von Alter und Tod, Generativität und Begrenztheit –, würde sich in eine schreiende Ungleichheit verwandeln, eine existenzielle Dissonanz, die keine Gesellschaft überstehen würde. Die ersten Unsterblichen würden wahrscheinlich von einer marodierenden sterblichen Meute aus ihren Unsterblichkeit-Tanks gerissen oder mit Riesenmagneten aus den Festplatten gelöscht werden – das wäre doch mal ein schöner Plot für einen Science-Fiction-Film!

Das alles heißt nicht, dass sich Kurzweils Prophezeiung nicht irgendwann erfüllen kann. In tausend, oder in hunderttausend, oder in einer Million Jahren – was ist schon Zeit in diesen Dimensionen? – wird der Mensch die Grenzen des sterblichen Körpers überschreiten. Aber dann wird das, was »Menschsein« ist, nicht mehr existieren. So, wie die Person, die eines Tages sterben wird, eine ganz andere sein wird als diejenige, die sich heute vor ihrem Tod fürchtet.

Bis dahin werden wir uns etwas anderes einfallen lassen müssen, um den Tod zu überleben.

9   **Wie zerbrechlich ist die Welt?**

Über die Wahrscheinlichkeit des Krieges
und anderer Katastrophen

Was die Raupe Ende der Welt nennt,
nennt der Rest der Welt Schmetterling.
Lao Tse

Die Heimkehr

Der Winter zur Jahreswende 1944/45 brachte in Mitteleuropa
bittere Kälte mit heftigen Schneestürmen. Im östlichen Teil
Europas, auch in Ostdeutschland, herrschten noch im März
Temperaturen bis minus 20 Grad. Für die von den zersprengten Frontlinien zurückströmenden Soldaten der deutschen
Wehrmacht waren das mörderische Bedingungen.

Einer von ihnen war mein Vater.

In den letzten Kriegstagen schlug sich mein Vater durch Wälder und zerstörte Dörfer im heutigen Ostpolen zu seinem Elternhaus in Pirna an der Elbe durch. Er war in einen Pelzmantel
gehüllt, den er in einem verlassenen Bauernhof gefunden und
den er der Länge nach aufgeschlitzt hatte, seine Landser-Stiefel
waren mit Zeitungspapier ausgestopft. Die Uniformjacke mit
den Schulterstücken, die ihn als Leutnant auswiesen, behielt
er darunter an, falls er zwischen den sich auflösenden Fronten
noch auf funktionierende deutsche Truppeneinheiten getroffen wäre. Einige Wochen versteckte er sich in einer Scheune
bei Verwandten in einem kleinen Bauerndorf namens Kleinhennersdorf. Dort gab es wenigstens noch etwas zu essen.

195

Kapitel 9

Am 22. April, der Krieg neigte sich dem Ende zu, erreichte er, aus den Wäldern der Sächsischen Schweiz kommend, mit Frostblasen an den Füßen, das Elbtal. Auf der Anhöhe, wo heute die Plattenbauten der DDR das Stadtbild der mittelalterlichen Stadt Pirna entstellen, muss er gestanden und auf die rauchende Stadt hinabgeschaut haben.

Das Haus seiner Eltern, kaum 100 Meter vom anderen Ende der alten Stadtbrücke entfernt, lag in Schutt und Asche.

Am 19. April, mehr als zwei Monate nach dem Untergang der nahen Großstadt Dresden im Feuersturm, hatten amerikanische Bomber in einem der allerletzten Angriffe des Krieges die Brücke angegriffen und zerstört. Dabei fiel eine schwere Fliegerbombe auf das Dach des Hauses, in dem mein Vater seine Kindheit verbracht hatte, und durchschlug alle drei Stockwerke. Sein Vater, also mein Großvater, starb sofort, seine Mutter – meine Großmutter väterlicherseits – überlebte zunächst im Keller des Hauses, unter Tonnen von Geröll, bevor sie von Nachbarn ausgegraben wurde. Die Legende ging, dass sie über den Hausbrunnen gefallen war und der aus dem Wasser austretende Sauerstoff ihr zunächst das Leben rettete. Sie starb einen Tag, bevor mein Vater ankam, im Pirnaer Krankenhaus, das mit schreienden, sterbenden, dahindämmernden Opfern der letzten Kriegstage überfüllt war.

Nach dem Fall des Eisernen Vorhangs fiel das Grundstück mitsamt den Trümmern des Hauses an meine Familie zurück. Im Brennnesselwald, der heute dort wächst, sind immer noch zwei undeutliche Stufen zu sehen, die nach unten, in den ehemaligen Keller mit dem Hausbrunnen führen. Lange Zeit lautete die Parole auf der angrenzenden Fassade eines Discount-Getränkemarktes: »Trink dich Fit!«

Das Wunder Zivilisation

Manchmal gehe ich durch die Straßen einer Großstadt und staune, auf welche magische Weise alles funktioniert.

Ich beobachte Paare, die sich küssen, Kellner in Cafés, die unentwegt Geschirr abräumen, höflich bleiben oder grantig sind, Dienstleister in grauen Uniformen, die Pakete ausliefern und nervös ihre Lieferwagen in der zweiten Reihe parken, Jugendliche, die in Cliquen cool das Pflaster beherrschen, Touristen, die nach dem Weg fragen, Aktentaschenmenschen, die wie aus einer anderen Zeit wirken, Bauarbeiter mit Presslufthämmern. Einsame, Zielstrebige und Verlorene.

Welche geheimnisvolle Macht dirigiert und koordiniert all diese Aktionen, Bewegungen, Kommunikationen? Alles scheint sich wie von Geisterhand zu ordnen, zu organisieren; Straßenbahnen fahren, U-Bahnen sausen im Minutentakt durch lange Tunnel, Museen sind auf geheimnisvolle Weise sauber geputzt und mit Kunstinteressierten gefüllt. Tausende von Autos fahren in komplizierten Bahnen, aber nur seltsam selten kommen Menschen zu Tode. Die Leuchtreklamen leuchten, Ampeln wechseln wie von Geisterhand. Die Kanalisation transportiert das verbrauchte Wasser aus Millionen Wohnungen. Ungeheure Warenströme verteilen sich Tag für Tag in alle Läden, Reichtümer aus aller Herren Länder liegen jeden Tag fein sortiert in Auslagen. Jede Sekunde begegnen sich auf der Straße Fremde, ohne sich die Kehle durchzuschneiden (gewiss, das kommt vor; schreckliche Gewalttaten in der U-Bahn; aber eben nur sehr selten). Statt sich zu bekämpfen, gehen sie einkaufen. Statt sich die Augen auszustechen, gehen sie ins Theater und schauen sich quälende Schreimonologe an, in denen es um Vernichtung, Tod und Untergang geht, aber nur scheinbar. Statt sich gegenseitig als Heckenschützen zu erschießen, sitzen sie in Cafés und warten in fiebriger Vorfreude auf jemanden, der dann vielleicht kommt oder ausbleibt oder sich als ein anderer entpuppt. Man kann von hier aus sogar in Flugzeuge steigen, ungeheuer komplexe Maschinen, und die Welt von oben anschauen, den Fluss der Ameisenautos auf den Autobahnen, das Leuchten der Fabrikanlagen, das filigrane Muster der Vororte und Stadtkerne, den ganzen ungeheuren Organismus der Zivilisation.

Fällt uns eigentlich noch auf, wie seltsam das alles ist?

Natürlich fällt uns das auf. Denn wir sehen auf unseren inneren Monitoren ja auch die Ruinen von Mogadischu, die Kellerlöcher von Aleppo, einer vor Kurzem noch blühenden Stadt, wo einem jede Sekunde ein Schrapnell das Gehirn wegfetzen kann. Wir schleppen tief in unserem Inneren immer noch die Trümmerlandschaften von Dresden, Hiroshima, Berlin mit uns herum.

War das, was mein Vater erlebt hat, eine historische Ausnahme? Ist das, was wir »Zivilisation« nennen, jenes komplizierte Netz von Institutionen, Höflichkeiten, Warenströmen, Zerstreuungen, Checks and Balances, Sitten und Gebräuchen, eine prekäre temporale Sonderzone? Wie dünn und zerbrechlich ist die »Kruste« der Zivilisation, die uns vom Magma der Zerstörung, des Kampfes aller gegen alle, vom molekularen Bürgerkrieg trennt?

Gleichschaltung in eusozialen Systemen

Auf welche Weise konnte eine Gesellschaft, aus der ein Goethe und Schiller, die Romantik, das Automobil, ein Albert Einstein, der Jugendstil, ein Heine oder Rilke hervorgingen, einer so ungeheuren Barbarei anheimfallen wie Deutschland in der Hitler-Zeit? Darüber sind ganze Bibliotheken kluger Analysen verfasst worden. Im klassischen Bezugsrahmen von Ökonomie und Soziologie reicht das Spektrum der Erklärungen von »Hitler war ein Produkt der deutschen Stahlindustrie« über die Verspätung der Deutschen Reichsgründung bis zu Hannah Arendts verstörender Analyse der »Banalität des Bösen«. Aber verstehen lässt es sich auf diese Weise nicht.

Aus Sicht der Evolutions- und Kognitionspsychologie lassen sich weitere Facetten hinzufügen. Es ging auch hier um das Wechselspiel von Angst und Kontrolle. Der Erste Weltkrieg und die Wirtschaftskrisen danach bedeuteten für die Deutschen, die um die Jahrhundertwende Bewohner eines blühenden Zukunftslandes gewesen waren, eine schreckliche Erfahrung des Kontrollverlustes. Viele Deutsche fühlten sich zutiefst gedemütigt, traumatisiert, erniedrigt. Auf dem Resonanzboden dieses Kontrollverlustes konnte Hitlers Ideologie wachsen.

Die Nazis griffen bei ihrem mörderischen Plan auf biologistische Denkmuster zurück. Sie vertraten ein Prinzip, das der Evolutionsphilosoph Edward O. Wilson »Eusozialität« oder »Ultrasozialität« nennt. Der Nationalsozialismus wollte Begattung, Brutpflege, Bau, Feindabwehr »biologistisch« zentral organisieren – wie in einem Ameisenbau. Dazu gehört die Gleichrichtung von Lebensstilen, Gefühlen, Werten, Verhaltensformen, die Gleichtaktung aller gesellschaftlicher Organisationen, die Unterdrückung jeglicher Kritik. Der Plan einer vollkommen einheitlichen, superfunktionalen Gesellschaft konnte nicht wenige Deutsche in einen euphorischen Taumel versetzen – mit allen mörderischen Konsequenzen.

Aber müsste ein solches perfektes, »durchgestyltes« Programm nicht auf Dauer ungeheuer erfolgreich sein?

Im Tierreich kommen sowohl Eusozialität als auch Ultrasozialität durchaus immer wieder vor. Aber immer nur in sehr begrenzten, prekären evolutionären Nischen. Warum?

Kapitel 9

Wenn der martialische Darwinismus, den die Nazis konstruierten, tatsächlich einen evolutionären Vorteil aufweisen würde, hätte sich die Menschheit schon vor Jahrtausenden in diese Richtung entwickeln müssen. Die menschliche Kultur wäre im Zuge der Gruppenselektion immer weiter in Richtung hocheffektiver Ameisenstaat gewandert. Schließlich wären alle Kinder von einem »stählernen Alpha« gezeugt – dem mit dem perfektesten Immunsystem und den sehnigsten Muskeln – und in Bruthäusern von den großbrüstigsten, fruchtbarsten Frauen ausgetragen worden, die immer neue Superkriegergenerationen zur Welt brächten.

Kleine Männer mit Basedow-Augen – eine Immunerkrankung der Schilddrüse, die hervortretende Augen und Jähzorn fördert – hätte es übrigens in einer solchen Kultur gar nicht gegeben.

Diese menschliche Superkriegerrasse hätte nach und nach alle anderen Kulturen ausgerottet, versklavt oder unterworfen.

Und dann wäre sie komplett ausgestorben.

Warum? Aus denselben evolutionären Gründen, aus denen die Natur den Sex erfunden hat, mit seinem genetischen Zufallsspiel, seiner fröhlichen Unordnung. Aus demselben Grund, aus dem eine Stadt, in der man gerne leben möchte, immer auch ein Stück chaotisch ist. Aus demselben Grund, warum eine kunterbunte Nation wie Amerika so erfolgreich sein konnte.

Eusoziale Systeme basieren auf der Grundidee der zentralistischen Synchronisation. Im militärischen Marschieren, das die Nazis perfekt inszenierten, zeigt sich die Grundidee. Jedes Individuum – in der Systemsprache nennen wir das »Agent« – hat nur eine vorgegebene Rolle, eine von oben bestimmte Funktion. Ein solches System ist »Top Down«, also hierarchisch gelenkt. Eine solche Organisationsform ist nur in einer einzigen Situation effizient: im Krieg. Und selbst da nicht wirklich, wie die Militärgeschichte des Zweiten Weltkriegs zeigt. In einem solchen System verlieren die einzelnen Subsysteme schnell ihre Fähigkeit zur Selbstorganisation. Die Aufrechterhaltung von Macht und Hierarchie erfordert nun enorme Energien, die das System nur um den Preis von räuberischer Ausbeutung erbringen kann. Innere Ordnung verwandelt sich so schnell in äußeres Chaos.

Die evolutionäre Fitness sinkt rapide.

Der Zweite Weltkrieg wurde eben nicht von den arischen Supermenschen gewonnen (und erst recht nicht von den kleinen Schwarzhaarigen und dicken Bösartigen à la Himmler, Goebbels, Hitler, Göring). Sondern von exzentrischen Außenseitern, jüdischen Mathematik-Aspergern, verrückten Ego- und Exzentrikern und schwulen Genies, die zum Beispiel in Bletchley Park, dem geheimen Rechenzentrum der Briten unweit von London, die deutschen U-Boot-Codes dechiffrierten. Und damit dem Zweiten Weltkrieg eine entscheidende Wende gaben.

Eusozialität ist zunächst sehr wirkungsvoll, aber im Kontext von pluralen Systemen hat sie auf Dauer wenig zu melden. Die Vertreibungs- und Vernichtungspolitik der Nazis führte außerhalb Deutschlands zu einer Beschleunigung von Wissenschaft und Kultur. Viele der klügsten Wissenschaftler, Künstler und Intellektuellen Deutschlands und Österreichs gingen nach Amerika und trafen dort auf einen Geist des Aufbruchs und der Vielfalt. Gleichzeitig verlor das Deutsche Reich seine Talente, seine Vielfalt, seine Fähigkeit, Innovation anders als militärisch-industriell zu generieren. Höchstleistungen der menschlichen Erfindungskunst wanderten ab. Eine der komplexesten Innovationsunternehmungen aller Zeiten war die Atombombe, die zum großen Teil von europäischen Emigranten bewerkstelligt wurde. Ein anderes war die Erkenntnis des Philosophen Karl Popper, dass die Welt sich immer durch den Irrtum verbessert. Dass es die Revision ist, nicht die Konsequenz, die den politischen Systemen ihre Stabilität und Zukunftsfähigkeit verleiht.

Einen solchen evolutionären Vorsprung hatte es in der frühen Neuzeit schon einmal gegeben. Der Grund für den Aufstieg des Westens war nicht, dass europäische Wissenschaftler die bessere Mathematik oder Himmelsmechanik beherrschten (das konnten Chinesen und Araber auch). Der Grund für den westlichen Vorsprung Mitte des 18. Jahrhunderts war die spezifische Art des Westens, mit Störung umzugehen; ein Denken, dass sich seit der Renaissance Stück für Stück durchsetzte. Indem man Opposition, Leistungsorientierung, Abweichlertum in das gesellschaftliche und kognitive System einbaute, erzeugte man eine evolutionäre Beschleunigung der Kultur. Indem man zunächst in der angelsächsischen, dann auch in der kontinentalen Kultur von einem monolithischen zu einem pluralen Kulturbegriff kam, Opposition anerkannte, ja sogar feierte, setzte man den Grundstein für die zweihundert Jahre andauernde Vorherrschaft des Westens.

Der amerikanische Systemforscher Andrew Zolli brachte es in seinem Buch »Resilience« so auf den Punkt:

»Ein scheinbar perfektes System ist oft das fragilste, während ein dynamisches System, das immer wieder zufälligem Versagen anheimfällt, das robusteste sein kann. Resilienz ist, wie das Leben selbst, unordentlich, unperfekt und uneffizient. Aber sie überlebt!«[1]

Knospen der Komplexität

Die nächste schwierige Frage lautet: Wie konnte sich Deutschland nach dieser Apokalypse in eine zivile, demokratische, schließlich sogar tolerante, weltoffene Gesellschaft verwandeln? Heute ist Deutschland nicht nur die stärkste Wirtschaftsmacht Europas, mit erheblichem Einfluss auf der ganzen Welt. Heute sind in Deutschland Schwule Bürgermeister, Frauen Bundeskanzler, und im deutschen nationalen Parlament sitzt keine einzige rechtsradikale Partei. Warum gehört der deutsche Lebensstil – sogar die englische und italienische Presse räumen das inzwischen ein – zu den entspanntesten, vielfältigsten und auch coolsten der ganzen Welt?

In den Jahren nach der Apokalypse des Zweiten Weltkrieges sah das zunächst völlig anders aus. Das totalitäre Denken und Fühlen hörte ja nicht einfach auf. Wer um 1950 glaubte, man würde Deserteure, die den Vernichtungskrieg verweigert hatten, öffentlich anerkennen, hatte sich geirrt. Antisemitismus blühte immer noch an allen Straßenecken. Deutschland würde sich, so hieß es nicht nur in den Dossiers der Siegermächte, niemals von seiner inneren Vergiftung erholen. Auch viele deutsche Intellektuelle glaubten an eine Art ewiger Verseuchung der deutschen Seele. »Germany is our Problem«, schrieb der amerikanische Politiker Henry Morgenthau in seinem berühmten Traktat, in dem er Deutschland in eine agrarische Armutsgesellschaft ohne Industrie verwandeln wollte, damit »nie mehr Panzer von deutschem Gebiet aus rollen können«.[2]

War es der Erfolg der Wirtschaftspolitik, bedingt vom Marshallplan, der der deutschen Wirtschaft ein plötzliches Wirtschaftswunder bescherte? Hatte die souveräne Großzügigkeit der Amerikaner heilende Wirkung? Oder schlichtweg kriecherischer Opportunismus gegenüber den Siegermächten, so wie wir es als Jugendliche oft wahrnahmen: getarnte Nazis überall?

In der Entwicklungsbiologie gibt es das Phänomen der sogenannten Latenz: »im Gegebenen schlummernde Möglichkeiten«. Im technischen Sinn meint Latenz einen zeitlichen Abstand zwischen einem Reiz und einer Reaktion (bei Computern die Zeitspanne, in der der Prozessor auf den Speicher reagiert). In der Biologie handelt es sich um Vor-Prägungen eines Organismus. In der Embryonalentwicklung zum Beispiel bilden sich Grundstrukturen des Nervensystems bereits in der ersten Phase aus, in der der Embryo nur über einige hunderttausend Zellen verfügt. Diese »Knospen der Komplexität« werden erst in einer späteren Phase verbunden und »abgerufen«.

»Ist das Reich der Vorstellung revolutioniert, hält die Welt nicht stand«, formulierte Hegel. Man könnte auch umgekehrt formulieren: Jeder Komplexitätsschub hat eine Inkubationszeit, eine »Ahnungsphase«. In dieser Zeit sorgen Vor-Denker dafür, dass sich neue Gedanken, Meme, in der Gesellschaft ausbreiten. Aber noch lange ist die Gesellschaft als Ganzes nicht in der Lage, den Sprung in eine neue Ordnung zu vollziehen. Steigt der Außendruck, muss es zu Krisen und Regressionen kommen. Wie in der Embryonalentwicklung bestimmte Wachstumsstadien besonders heikel sind, sind auch Transformationen von einem gesellschaftlichen System in das andere gefährlich. Wenn das Alte noch nicht aufgehört, das Neue noch nicht angefangen hat, neigt das System zu Turbulenzen. Nichts anderes können wir heute in den arabischen Ländern erleben, in den Aufständen der türkischen urbanen Mittelschicht oder schlimmer, in den Bürgerkriegen weiter südlich.

Mitten in einer solchen Turbulenz befand sich mein Vater in der Jugend seines Lebens. Sein Elternhaus war wilhelminisch-autoritär, es herrschte »Zucht«, und das Verprügeln mit dem Rohrstock gehörte zum Alltag. Das Jungschar-Dasein, wie es die Nazis anboten, war eine willkommene Alternative, verhieß

Abenteuer und Kollektivität, und so wurde mein Vater zum begeisterten Jungschar-Führer (er redete über seine Militärzeit oft ähnlich wie über Abenteuer am Lagerfeuer). Gleichzeitig gab es in der deutschen Kultur längst eine Latenz der Modernität. Berlin war vor dem Krieg eine echte Weltmetropole, in der englisch und französisch gesprochen wurde und Minderheiten nicht nur toleriert, sondern auch gefeiert wurden. Das jüdische Bürgertum brachte einen Kosmopolitismus ins Land, den Hitler nicht umsonst sofort als gefährlich für seine Pläne ausmachte. Deutschland wimmelte schon damals von Erfindern, Ingenieuren, Innovationsideen, Gründern, Tüftlern. Meine Großmutter erzählte mir viel aus dem liberalen, offenen Klima ihrer Heimatstadt Dresden, wo Lesungen in Französisch und Vernissagen internationaler Künstler an der Tagesordnung waren.

Diese kulturelle Vorformung war nach dem Krieg immer noch vorhanden. Nun aber gaben die Siegermächte dem Land einen institutionellen Rahmen, in dem die Modernisierung Deutschlands endlich stattfinden konnte. Wie wir auch in unserem persönlichen Leben immer wieder erfahren: Ein äußerer Rahmen kann in manchen Lebensphasen Übergänge erst möglich machen. Komplexitätssprünge brauchen einen Rahmen.

So kam es zu einem psychologischen Effekt des posttraumatischen Wachstums.[3] Einer Art Überkompensation mit segensreichen Wirkungen.

Die verheerenden Auswirkungen von posttraumatischem Stress sind bekannt. Soldaten, die das Grauen des Krieges erlebten, Folteropfer, Überlebende von Flugzeugunfällen, Patienten, die eine schwere Herzoperation oder Krebs erleben mussten, können furchtbar an ihren in Körper und Seele eingravierten Erinnerungen leiden. Schreckliche Kindheitserfahrungen wird man nie mehr los. Das traumatische Erlebnis gräbt sich, wie die neue epigenetische Forschung herausfand, sogar bis auf die Ebene unserer Gene ein. Unsere Zellen werden durch traumatische Erfahrungen regelrecht »umgeschrieben«.

Nach dem Krieg waren viele, wenn nicht die meisten Deutschen, hochgradig traumatisiert. Chaos und Niedergang hätten eigentlich das Land ergreifen müssen. Aber die Menschheit hätte wohl nicht überlebt, wenn es nicht eine anthropologische Gegenkraft gäbe. Menschen mit schweren Vergangenheiten oder heftigen Lebenskrisen entwickeln oft eine ganz besondere Widerstandsfähigkeit. Eine erstaunliche heilsame Energie kann ausgerechnet dort wirken, wo die schlimmsten Traumata wüteten. Kompensation kann eine gewaltige Kraftquelle sein. Künstler, Kreative, Genies hatten fast alle eine schwere Kindheit.

Der glühende Wirtschaftswundereifer meines Vaters nach dem Krieg war ein Ausdruck von posttraumatischem Wachstum oder »heilsamer Kompensation«. Auf diese Weise lassen sich schreckliche Erfahrungen durch neue Dopaminausschüttungen zumindest teilweise »überschreiben« – auf der Ebene des Subjekts, aber auch im kollektiven Bewusstsein. Später spielten auch wir, als Jugend-Rebellierende, eine Rolle in diesem Spiel, in dem sich die deutsche Gesellschaft endlich in eine plurale, moderne Kultur verwandelte.

Die Friedman-Formel

Wie wahrscheinlich ist es, dass wir – unsere Kinder und Enkel – in diesem Jahrhundert wieder Krieg am eigenen Leibe erleben werden?

Wer in die Geschichte zurückschaut, dem muss es angesichts dieser Frage schwindelig werden. Ein Abgrund der Gewalt tut sich auf, wenn wir in die Vergangenheit schauen. Im historischen Vergleich sind wir, die nach dem Krieg Geborenen, eine absolute Ausnahmegeneration. Keine Generation unserer europäischen Vorfahren hat jemals eine lebenslange Friedenszeit gekannt. Trotzdem gibt es einen Trend. Einen Trend Richtung Frieden. Obwohl wir das, angesichts der Präsenz medialer Gewaltbilder, kaum glauben können.

In seinem Buch »Gewalt« zeichnet der Psychologe und Harvard-Professor Steven Pinker die lange Geschichte der tödlichen Gewaltakte zwischen Menschen nach. Von den Jäger- und Sammler-Kulturen bis in die moderne, globale Zivilisation. Seine überraschende Diagnose: Noch nie war die Welt so friedlich wie heute. Im Vergleich zu den Gewalterfahrungen der Generationen vor uns nimmt die Gewalt deutlich und kontinuierlich ab. Nicht nur die organisierte Kriegsgewalt, sondern auch die Alltagsgewalt zwischen Menschen. Mord und Totschlag, Amok und Attentat – alle Arten, in denen Menschen andere Menschen zu Schaden oder zu Tode bringen, sind auf breiter Front und in der überwiegenden Anzahl aller Länder und Regionen auf dem Rückzug.[4]

Aber heißt das auch, dass das so bleibt?

Wie tief sitzt uns die Gewalt in den Genen und Memen, den kulturellen Mustern?

Was sind die systemischen Bedingungen von Zerstörung und Selbstzerstörung?

In seiner anthropologischen Großstudie »Vermächtnis« beschreibt Jared Diamond die Stämme der Dani, Fayu, Daribiu, Enga und Fore in Papua-Neuguinea, der Ngarinyin und Yolngu in Australien, der Inupiat in Alaska. Stämme, bei denen es bis vor Kurzem noch vorkam und auch heute noch passiert, dass Fremde, die durch Zufall auf Stammesterritorium geraten, einfach getötet werden. Einfach, weil sie Fremde sind.

Kapitel 9

Diamond vergleicht die relativen Opferzahlen von kriegerischen Auseinandersetzungen zwischen diesen Stämmen mit den Kriegen des 20. Jahrhunderts. Er schreibt:

»Die Kämpfe der Dani (in Neuguinea) im Jahre 1961 forderten nur etwa elf Todesopfer. Bei einem Massaker am 4. Juni 1966 kamen 125 Menschen ums Leben. In der dreimonatigen Schlacht um Okinawa, in der Bomber, Kamikazeflieger, Artillerie und Flammenwerfer eingesetzt wurden, kamen ungefähr 264 000 Menschen ums Leben, die Gesamtbevölkerung der USA und Japans lag damals bei 250 Millionen. Die 125 Opfer, die bei den Dani 1966 getötet wurden, stellten ungefähr fünf Prozent der rund 2500 Stammesangehörigen dar. Um diesen Prozentsatz zu erreichen, hätte die Atombombe von Hiroshima nicht 100 000, sondern vier Millionen Japaner töten müssen, und beim Anschlag auf das World Trade Center wären nicht 2996 Menschen, sondern 15 Millionen ums Leben gekommen.«[5]

In seinem Buch »The End of War« untersucht und debattiert der amerikanische Wissenschaftsjournalist John Horgan die möglichen Gründe für den Rückgang der Kriege im letzten halben Jahrhundert.[6]

Zunächst die Globalisierung mit ihrer zunehmenden Vernetzung der Ökonomien – ein kriegsdämpfender Faktor? Dieses Argument ist mit Vorsicht zu genießen. Schon 1848 behauptete der englische Philosoph und Ökonom John Stuart Mill, dass »der Handel zwischen den Nationen den Krieg mehr und mehr als unzuträgliches Mittel erscheinen lässt«.[7] Der britische Politiker und Publizist Norman Angell behauptete 1909, fünf Jahre vor Ausbruch des Ersten Weltkriegs, in seinem Buch »The Great Illusion«, dass die europäischen Nationen »wahr-

208

haftig keinen rationalen Grund mehr zum Kämpfen haben«.[8]
Weit vor dem Zweiten Weltkrieg gab es schon Globalisierungs-
tendenzen – die internationale Handelswelt entstand mit den
Kolonialreichen.

Könnte der »Megatrend Frauen« Kriege in Zukunft dämpfen
oder gar verhindern? Durchaus, wie man an von Frauen mode-
rierten Konflikten in Afrika (zum Beispiel Liberia) sehen kann.
90 Prozent aller Soldaten sind immer noch männlich, 95 Prozent aller kriegerischen Gewaltakte werden von Männern verübt – die Gender-Forschung untermauert also zunächst die
Annahme einer »weiblichen Pazifizierung«. Allerdings zeigt
auch eine lange historische Erfahrung, dass Frauen als glühende Kriegsunterstützer auftreten können. Und ihre Söhne
(und demnächst Töchter) enthusiastisch in den Krieg schicken.
Zu den härtesten Kriegsherren gehörten Herrinnen: Margaret
Thatcher im Falkland-Krieg, Golda Meir in Israel. Umgekehrt
gehört eine der patriarchalsten Gesellschaften, die Schweiz, in
der in einigen Kantonen erst 1990 das Frauenwahlrecht eingeführt wurde, zu den friedlichsten Nationen der Erde. Und in
einigen Ländern, in deren Militär es Frauen bis zum Komman-
deur bringen können – den USA und Israel –, herrscht immer
noch ungebrochener Militarismus.[9]

Hilft die Demokratie dem Frieden? Die sogenannte Fried-
man-Formel, nach dem Globalisierungsspezialisten Thomas
Friedman, besagt ganz schlicht: Noch nie haben zwei demokratische Nationen gegeneinander Krieg geführt.

Die Formel stimmt tatsächlich bis heute, obwohl sie im Bos-
nienkrieg eine Relativierung erfuhr, denn in den zerfallenen
jugoslawischen Teilrepubliken gab es durchaus Wahlen, aus
denen die schlimmsten Kriegstreiberparteien hervorgingen.
Aber man könnte argumentieren, dass diese Wahlen weder frei
noch unbeeinflusst waren und dass zu Demokratie noch eine

Menge mehr gehört als nur Stimmzettel. Die Regel könnte also heißen: Reife Demokratien führen selten Kriege gegeneinander.

Immerhin. Aber beruhigt uns das wirklich? »Wie schön wäre es doch«, merkte der amerikanische Politikwissenschaftler Joshua Goldstein 2001 an, »wenn wir einfach das Hormon oder den Neurotransmitter finden könnten, der kriegerisches Verhalten unterbindet. Dann könnten wir einfach diese Substanz ins Trinkwasser leiten, und die Welt wäre friedlich!«[10]

Fraktale Fronten

Grundsätzlich existiert Krieg in zwei Arten: staatlich geführte, organisierte, mit Tausenden von Soldaten ausgefochtene, technologisch organisierte Kriege. Und chaotische, asymmetrische Kriege, Gewalt mit Macheten, Flinten und selbstgebastelten Bomben. Seit ungefähr einem halben Jahrhundert wird der erste Typus deutlich seltener. Und der zweite (wieder) häufiger. Und in der allerneuesten Entwicklung, siehe Libyen, Syrien, vermischen sich beide Formen auf untrennbare Weise. Die Zukunft des Krieges ist in jedem Fall asymmetrisch. Damit aber entgrenzt sich die Gewalt aus ihren Organisationen und Schlachtfeldern heraus. Krieg herrscht plötzlich auf dem Marktplatz. In der U-Bahn.

Zunächst: Wie kommt es zum Rückgang der staatlichen Kriege? Staatliche Kriegsführung benötigt ein enormes Maß an zentraler Organisation. Man braucht große Mengen von jungen Männern (oder auch Frauen), die sich motivieren lassen (notfalls durch Geld und soziale Anreize), ihr Leben zu opfern. Man braucht extrem teure Technologie. In demokratischen Wohlstandsgesellschaften wird es immer schwieriger, dies zu mobilisieren. Zudem spielt hier ein soziokultureller Megatrend eine Rolle: Individualisierung.

Im Kern bedeutet Individualisierung, dass »das eigene Leben selbst« kostbarer, geschätzter, selbstreflexiver wird. Individualisierungseffekte erodieren die Idee des heroischen Opfers »für das große Ganze«. Sie verhindern – oder bremsen – die innere Formierung, die für große staatliche Kriege unabdingbar ist. Sie machen die Gesellschaft störrisch gegenüber dem Gleichschritt.

Medien spielen in diesem Kontext eine Doppelrolle. Sie problematisieren in Demokratien zwar den Krieg, aber sie können auch, wie der Irak-Krieg gezeigt hat, die öffentliche Meinung für den Krieg anpeitschen. Das hat sich auch durch das Internet wenig geändert. Aber Medien in der Erregungsdemokratie neigen zur Skandalisierung, und das führt organisierte Kriege schnell in Legitimitätskrisen. Wenn die ersten Bilder toter Soldaten durch die Fernsehkanäle flackern, wenn diese Toten ein Gesicht bekommen – eine konkrete, individualisierte, dramatisierte Geschichte – , dann wird es schwer für die Generäle und Politiker, mit dem Feldzug weiterzumachen.

In individualisierten Mediengesellschaften scheint es so etwas wie einen »Faktor zehn der Kriegsmüdigkeit« innerhalb einer Generation zu geben. Bis die öffentliche Meinung in Amerika kippte, brauchte es im Vietnamkrieg 50 000 gefallene US-Soldaten. Im Irak reichten 5000, in Afghanistan 3000, um den Rückzug zu erzwingen. Im Fall Syrien war es kaum noch möglich, eine Mehrheit für den Krieg zu gewinnen. Dem gegenüber steht jedoch eine neue »Basisgewalt«: Die Möglichkeit dezentraler Medien, Feldzüge »von unten« zu organisieren, darf man allerdings ebenfalls nicht unterschätzen. Der Krieg in Syrien ist bereits ein »Facebook-Krieg«, in dem sich die unterschiedlichsten Gruppen und Individuen per Social Media weltweit zum Kämpfen verabreden.

Einer der wichtigsten Hinderungsgründe für große, organisierte Kriege ist jedoch strategischer Art. Selbst eine gewaltige Kriegsmaschinerie wie die der Vereinigten Staaten kann ihre Kriege heute kaum noch gewinnen. Wurden Kriege in der Vergangenheit zum überwiegenden Teil durch den Sieg der einen Seite über die andere – und Kapitulation der Unterlegenen – beendet, änderte sich dies in den letzten Jahrzehnten. Im Jahr 1990 kam es zum ersten Mal bei 42 Konflikten zu 23 Waffenstillständen. Patt statt Sieg. Zwischen 2000 und 2005 endeten bereits 17 Konflikte in Vereinbarungen, nur vier durch Siege und Eroberung.[11] Das liegt vor allem an der Asymmetrie. Gegen eine opferbereite Guerillataktik nutzen keine Flächen-, Spreng- und Präzisionsbomben, es sei denn, man rottet die ganze Bevölkerung einfach aus. So engt sich das strategische Repertoire starker Mächte immer mehr ein. Am Ende bleiben reine Drohnenkriege, die allerdings ebenfalls schreckliche Konsequenzen haben können und schnell an ihre Grenzen geraten.

Bürgerkriege hingegen funktionieren nach völlig anderer Logik. Sie entstammen der tiefen, dauerhaften Erosion von Gesellschaften. Der kollektiven Traumatisierung ganzer Generationen. Kindersoldaten gibt es immer dort, wo es unstillbaren Hunger und viele Kinder gibt. Wer als 14-Jähriger die Wahl hat, sich einer Miliz anzuschließen oder zu verhungern, hat keine Wahl.

Bürgerkriegskonflikte kann man heute tatsächlich in Grenzen prognostizieren.[12] Aber auch hier gibt es einen positiven Trend. Wie viele extreme Armutsgesellschaften, »failed states«, gibt es auf der Welt, in der Krieg zwangsläufig eine Kultur werden muss? Die gute Botschaft lautet: weniger. Bürgerkriege haben außerdem eine genuin demografische Komponente. Nach dem deutschen Soziologen Gunnar Heinsohn korrelieren sie mit dem Phänomen eines »youth bulge« – einer Überzahl junger, zorniger, arbeitsloser Männer zwischen 14 und

Wie zerbrechlich ist die Welt?

30, die aus großen Familien mit fünf, sechs, sieben oder zehn Kindern pro Frau stammen[13] und verzweifelt um Status und Anerkennung kämpfen.

»Um Brot wird gebettelt. Getötet wird für Status und Macht«, sagt Gunnar Heinsohn.[14]

Doch auch an dieser soziodemografischen Front lässt sich ein Strukturtrend Richtung Frieden ausmachen. Der ständige Rückgang der Geburtenrate, der auch die Armutsländer erfasst hat, wird in diesem Jahrhundert die »zornigen Junge-Männer-Bürgerkriege« »von unten her« aushungern. Sehr hohe Geburtenraten haben heute nur noch Ausnahmeländer wie Palästina und Afghanistan.[15] Im »zornigen Land« Iran liegt die Geburtenrate hingegen schon länger auf dem Niveau Schwedens. Etwas salopp, aber hoffnungsvoll könnte man formulieren: Es wächst sich aus!

Die neuen Kriegsgefahren ergeben sich in Zukunft eher an »fraktalen Fronten«, die wie langfristige Infektionsherde funktionieren. Konflikte globalisieren sich nicht mehr wie im Kalten Krieg auf bipolare Weise, sondern schwarmhaft, chaotisch, multipolar. Dies wird in Syrien deutlich, wo Milizen und Truppen aus vielen Ländern kämpfen und die Fronten entlang von Durchmischungen politischer, materieller und religiöser Interessen verlaufen. Den Kristallisationskern eines solchen Fraktal-Konfliktes bildet zumeist eine bestimmte Art von Despotentum. Herrscher vom Stile eines Gaddafi, Assad, Mubarak oder Hussein, die über lange Zeit das Entstehen einer Zivilgesellschaft unterdrücken und eine privilegierte Nomenklatura schaffen. Damit entwickeln diese Gesellschaften keine starke Mittelschicht, die ausgleichend und pazifizierend wirkt.

Auch hier gibt es eine eher positive Botschaft: Tendenziell nimmt die Anzahl solcher Tyrannenhochburgen ab. Syriens Assad entspricht noch dem alten Potentaten, der zum fana-

Kapitel 9

tischen Kriegsherren wird. Aber rund um die Welt werden allmählich die Tyrannen rar. Und die verbliebenen Potentaten werden schlauer. Krieg, so verstehen sie langsam, wird ihnen in der vernetzten Weltordnung kein Heldentum, sondern immer nur Machtverlust bringen.

Der Gewinner ruiniert sich selbst

Bleibt am Ende nicht doch die Wahrscheinlichkeit einer Wiederkehr großer nationalistischer Staatskriege in einer veränderten, multipolaren Weltordnung?

Japan und China zum Beispiel. Während der japanischen Okkupation Chinas zwischen 1937 und 1945 kam es zu Gräueltaten mit Tausenden von Ermordeten, Gefolterten und Verschleppten. Auf den Beziehungen zwischen beiden Ländern lasten also schwere Rechnungen. Chinas Familienstruktur ist zwar nicht großfamiliär mit vielen Söhnen. Aber das Land hat einen erheblichen Männerüberschuss. Eine kommende chinesische Wirtschaftskrise könnte Massenmobilisierungen und einen nationalistischen Krieg begünstigen. Japan entdeckt währenddessen angesichts seiner anhaltenden wirtschaftlichen Stagnation seine kriegerische Shogun-Tradition wieder. Ist eine militärische Konfrontation zwischen diesen Supermächten im Fernen Osten nicht geradezu vorprogrammiert?

Ein wesentlicher Unterschied zu damals könnte tatsächlich in der Ökonomie liegen – in der Ökonomie des Krieges selbst.

Organisierter Krieg braucht eine halbwegs realistische Siegesoption. Man muss ein Territorium besetzen und es halten können. Fahnen errichten und sichtbar wehen lassen. Hitler festigte seine Macht zur totalitären Herrschaft, als er durch den Eiffelturm schritt. Wenn China Japan erobert – was es in zehn, zwanzig Jahren militäririsch vielleicht könnte –, was hätte es gewonnen? Kosten. Nichts als Kosten! Ein zerstörtes Land mit industriellen Ruinen, dessen Bewohner man entweder durchfüttern oder regelrecht vernichten muss.

Die nationalistischen Kriege im Europa des frühen 20. Jahrhunderts hatten ein realisierbares ökonomisches Ziel. Machtausdehnung war noch realistisch. Grund und Boden waren noch im klassischen Sinne ausbeutbar. In einer noch-agrarischen industriellen Rohstoffwirtschaft, in der Stahl, Kohle und Eisen die Wirtschaft antrieben, konnte man sich der Illusion von Eroberung zumindest eine Weile hingeben. In einer Welt, in der jedoch komplexe Logistik, Mobilität, Informationen und Ideen die entscheidenden Produktivfaktoren bilden, wird territoriale Eroberung zu einem einzigen gigantischen Kostenfaktor. Der Gewinner ruiniert sich selbst. Deshalb könnte an Stelle des heißen Krieges in Zukunft mehr und mehr das »Scharmützelprinzip« treten. Ewiges symbolisches Säbelrasseln mit einigen verirrten Raketen und Zwischenfällen, die zu nichts führen. Das Nordkoreaprinzip.

Gewalt als Angst vor der Zukunft

Rekapitulieren wir noch einmal die gängigen Interpretationen der Ursachen von Kriegen:

Das Marx'sche Klassenargument: Im Marxismus ist die Kriegsfrage eindeutig geklärt. Die Ursache liegt in der Kapitalakkumulation selbst. Es ist am Ende die soziale Ungleichheit, der Klassenkampf, der zum Krieg und dadurch zur Revolution führt. Der siegreiche Sozialismus oder Kommunismus ist dann genuin friedlich. Wie falsch solche Modelle sind, kann man nicht nur in Nordkorea beobachten.

Das (malthusianische) Rohstoffargument: Die Kriege der Zukunft werden um knappe und immer knappere Ressourcen

Kapitel 9

geführt werden. Öl. Wasser. Seltene Erden, und dazu die steigende Weltbevölkerung. Global Warming, nicht zu vergessen.

Und schließlich das genetische Argument: Der Mensch ist aufgrund seiner anthropologischen Konstitution nun einmal ein »genetischer Killer.« Es kommt gar nicht darauf an, ob Kriege sinnvollen Zielen dienen. Wir werden uns schon irgendeinen Grund dafür suchen.

»Der Mensch ist das einzige Wesen, das sich gegenseitig aus Gier und Hass umbringt.«

»Auch unsere Vorfahren haben sich schon unentwegt den Schädel eingeschlagen.«

Schon vor einem halben Jahrhundert hat der britische Meteorologe Lewis Fry Richardson versucht, Kriege auf diese Ursachen hin zu analysieren. Richardson brachte Erkenntnisse der Chaostheorie in die Meteorologie ein und verbesserte damit die mittelfristigen Vorhersageergebnisse erheblich; später untersuchte er solche Methoden auch in der Entstehungsgeschichte von Kriegen. Sein Hauptwerk »Statistics of Deadly Quarrels«[16] analysierte Hunderte von Kriegen zwischen 1815 und 1945. Reich und Arm, so Richardson, standen in praktisch allen Kriegen, einschließlich der russischen Revolution, auf beiden Seiten der Front. Richardson untersuchte auch die Frage der Überbevölkerung, der Rohstoffe, der Armut, der Migration, des Bevölkerungsdrucks. Er fand bei 38 Kriegen 244 verschiedene Gründe und Motive, die aber alle kein eindeutiges Bild ergaben.[17]

Die meisten ethnologischen Kriegsstudien brachten ein ähnlich verwirrendes Ergebnis. In ihrem Essay »Warfare Is Only an Invention – Not a Biological Necessity« von 1940 beschreibt die berühmte Anthropologin Margaret Mead völlig friedliche Gesellschaften, aber auch solche, in denen Menschenfresserei zum guten Ton gehört. Mead traf auf Stämme »auf der untersten Ebene gesellschaftlicher Organisation«, wie die Bewohner der Anadamanen, die »in kleinen Armeen aufeinander losmar-schieren«. Sie kämpfen nicht, weil sie Landgewinn oder Macht suchen, sondern weil Kämpfen zu ihrer Tradition gehört. Dazwischen lag das Gros der Stammeskulturen, in denen es zwar zu Gewaltausbrüchen kommt, denen aber »die Idee des organisierten Krieges völlig fehlt«.[18] »Krieg ist eine Erfindung«, so Mead, »wie Kochen, Schreiben oder Heiraten.«[19]

Eine Langzeitstudie von Carol und Melvin Ember unter-suchte bei 168 einfachen und komplexen Kulturen die Korre-lation zwischen Konfliktbereitschaft und Rohstoff- und Popu-lationsbedingungen. Die Studie befasste sich unter anderem mit den Babyloniern, Azteken, mit Jäger- und Sammlerkultu-ren, !Kung und Aleuten-Bewohnern, Maori und Yanomami, aber auch modernen ethnischen Kulturen wie Albanern und Kurden. »Chronischer Mangel hat nicht die geringste Auswir-kung auf die Kriegsfrequenz«, formulierte das amerikanische Anthropologenpaar nüchtern.[20] Knappe Ressourcen führten im Verlauf der Kulturgeschichte sogar eher zu weniger Kon-flikten, weil Kooperation oft mehr Vorteile brachte als Kampf.

Der Stamm der Huaorani lebt am Fuße der Anden in einer fruchtbaren Dschungelregion mit enormen Nahrungs-überschüssen – und gehört zu den kriegerischsten Kultu-ren überhaupt. Ständig wiederkehrende Kriege werden mit Hexereivorwürfen und »Frauen« begründet. Kampf und Mord innerhalb des Stammes fordern 60 Prozent Todesopfer in der Gesamtpopulation – eine wahrhaft mörderische Kultur.

Währenddessen leben die Meai in Malaysia in sechzigfach höherer Populationsdichte als die Huaorani. Sie müssen unter ihren ökologischen Bedingungen hart für ihren Lebensunter-halt arbeiten. Sie gehören zur friedlichsten Kultur der Welt. Niemals wird dort ein Mann seine Frau schlagen oder sein Kind, die Anzahl der Todesopfer durch Gewalt geht gegen null.[21]

Aus der »Urprägung« lässt sich Krieg also nicht verstehen. Der Mensch ist das »nicht festgelegte Tier« (Nietzsche). Wir können alles: Gewalt und Frieden, Konflikt und Kooperation.

Kriegerische Gewalt entsteht, wie alles Komplexe, aus Kaskaden von kohärenten Faktoren. Der Hormonforscher Paul J. Zak: »Man vermische all diese Phänomene: hohes Testosteron, autoritäre Gesellschaftsstruktur, Autoritätsgläubigkeit, Gruppenselektion, entmenschlichende Stereotypen – und man bekommt die Unmenschlichkeit der Nazis oder der belgischen Kolonialmächte im Kongo, die Jugendlichen, die nicht schnell genug auf den Kautschukplantagen arbeiteten, zur Strafe die Hände abschlugen.«[22]

»War Is a Force That Gives Us Meaning« – so ein Buchtitel des amerikanischen Kriegsexperten Chris Hedges. Krieg stiftet Sinn. Gemeinsamkeit. Identität. Er konstituiert ein exklusives Wir, das sich in der Gefahr bewährt und verdichtet. Die Kriegsromantik der Landsergeneration ist viel mehr als ein Nebenprodukt des Krieges. Sie ist vielleicht eines der wahren inneren Motive, warum Menschen sich das Töten antun. Organisierte Gewalt ist eine soziale Infektion, ein mächtiges Mem, »vielleicht das fitteste aller Meme« (Barbara Ehrenreich).[23] Wer dieses Mem in Aktion sehen will, muss nach Belfast gehen. »Wir« gegen »Wir«, seit Jahrhunderten. Oder nach Sarajevo, wo man – zumindest in Ansätzen – auch sehen kann, wie man die Polarisierung der Gesellschaft wieder überwinden kann. Oder nach Ägypten, wo das »große Wir« sich gerade in einem aktiven Formungsprozess befindet, in einer heißen Genesis der kollektiven Erregung.

Kriegerische Gewalt, so hat das Forscherehepaar Ember ebenfalls herausgefunden, hat eine Menge mit der Ebene der Zukunftserwartungen zu tun. »Gesellschaften mit einem Gedächtnis an schreckliche Katastrophen, die länger zurücklagen, neigten zu Eskalationen, weil sie Knappheiten in der

Zukunft fürchten.«[24] Krieg ist ein Versuch, die Angst quasi präventiv zu bekämpfen. So, wie sich Amerika nach dem Trauma des 11. Septembers in eine kriegerische »Wir«-Stimmung hineinsteigerte, ist Krieg immer in Paranoia gegründet. Gewalt ist das, was die quälende Angst vor dem Kommenden kathartisch auflösen soll.

Damit bekommt die Frage der Zukunftsbilder eine neue Bedeutung. Wenn die Ursache der Gewalt die Angst selbst ist, ist Angstmachen alles andere als harmlos. Der Untergangsprophet, der unentwegt Schrecken vor der Zukunft verbreitet, der Panikguru, der vor ewigen Knappheiten warnt, ist kein unschuldiger Kommentator, der es einfach nur gut meint mit der Menschheit. Der apokalyptische Spießer kann das Feld vorbereiten für jene kollektive Paranoia, in dem die Ängste individuelle oder kollektive Gewalttaten anstoßen. Deshalb ist die Deutung der Zukunft, ihrer Möglichkeiten, aber auch ihrer Lösungen, entscheidend für den Frieden.

Beobachtung und Wahrnehmung

Im Jahre 1954 führte der amerikanische Psychologe Muzafer Sherif sein berühmtes Camp-Experiment durch. Sherif brachte 22 zwölfjährige Jungen in ein entlegenes Camp im Staat Oklahoma. Und teilte sie in zwei Gruppen. Die »Rattlers« und die »Eagles«. Sherif hielt als Versuchsleiter die beiden Gruppen wochenlang getrennt und machte sie durch Gerüchte misstrauisch auf die jeweils andere Gruppe. Dann brachte er die Gruppen zusammen und gab ihnen völlige Verhaltensfreiheit. In kürzester Zeit kam es zu wüsten Beschimpfungen und Handgreiflichkeiten. Die Jungen fingen an, sich mit Stöcken zu schlagen und Steine in Socken als gefährliche Waffen einzusetzen.

Kapitel 9

Sherifs Verhaltensexperiment gilt bis heute als Beweis für die »ewige Gewaltbereitschaft« des Menschen, für das Gruppen-Terror-Syndrom – unsere Vorliebe, jene zu unterdrücken und zu quälen, die wir als »Andere« wahrnehmen.

Aber die Berichte über das Experiment verschweigen immer den zweiten Teil. Im fortgeschrittenen Stadium des Experiments konfrontierte der Versuchsleiter die Kämpfenden mit Problemen, die sie nur gemeinsam lösen konnten. Zum Beispiel konnte das Camp einen schönen Spielfilm erwerben und gemeinsam in einem Freilichtkino anschauen, »Die Schatzinsel«, wenn beide Gruppen kooperierten. Eine andere Kooperation ermöglichte das gemeinsame Fahren mit einem Lastwagen. Die Feindschaft zwischen den Gruppen löste sich binnen Stunden auf, sobald diese gemeinsamen Aktionen Kooperationsenergie einforderten. Am letzten Tag nahmen alle gemeinsam den Bus nach Hause. Sherif zog aus seinem Experiment, ganz anders als seine Rezipienten, einen positiven Schluss. In seinem Abschlusspapier zog er die Bilanz, dass feindliche Gruppen ihre »Feindseligkeit« (was für ein treffendes deutsches Wort!) überwinden können, wenn sie komplexere, übergeordnete Ziele und Werte entwickeln.

Und wenn sie bei ihren Handlungen beobachtet und wahrgenommen wurden.

Wenn wir über die Bereitschaft von Menschen nachdenken, Gewalt auszuüben, ignorieren wir immer diesen zweiten Teil. Wir glauben, dass Frieden entsteht, indem wir Kriege verhindern. Aber das lenkt die Aufmerksamkeit in die falsche Richtung. Kriege sind Erschöpfungsphänomene, in denen die Kontexte des Gesellschaftlichen zerbrechen. Sie sind evolutionäre Eskalationen, die man ab einem gewissen Punkt nicht mehr stoppen kann.

Krieg wird verhindert, wenn wir das Gewebe der Gesellschaft stärken. Ähnlich, wie das Gerüst der gesunden Zellen die Ausbreitung von Krebs bremst. Wenn wir lernen, übertriebene Angst zu moderieren, wird die Gesellschaft robuster gegen die Panik, die in Gewalt umzuschlagen droht. Frieden lässt sich dauerhaft erlernen – in der Wahrnehmung und Anerkennung, im Feiern der gegenseitigen Abhängigkeiten zwischen Menschen. Wie sagt Robert Wright, der Autor von »Nonzero«, so schön:

> »Wenn ihr mich fragt, warum ich dagegen bin, Japan zu bombardieren, dann scherze ich nur halb, wenn ich sage: Weil die mein Auto gebaut haben!«[25]

Und hier liegt der wahre Grund dafür, dass wir Hoffnung auf Frieden haben dürfen. Auch wenn die Globalisierung im Grunde noch am Anfang steht: Die »Entkriegung« der Welt ist auf breiter Front im Gange. In der ständig steigenden Vernetzung durch Medien, Rückkoppelungen, globale Institutionen, interkulturelle Interaktionen, nimmt die Anzahl der Beobachter ständig zu. Je mehr Menschen den Code des Globalen nutzen, desto schwieriger wird es, Eskalationsprozesse, mörderische Selektionen ungestört durchzuziehen – immer mehr Beobachter werfen immer mehr Sand ins Getriebe der Konflikte. Je mehr sich Ökonomien verbinden, desto mehr Win-Win-Spiele gibt es. Auch die Zahl der Herausforderungen, denen wir uns nur gemeinsam stellen können, wächst. Es müssen nicht die mörderischen Aliens aus dem All sein, die uns als Menschheit vereinen. Wir haben auf unserem Planeten genug zu tun, was wir nur gemeinsam schaffen können.

All das heißt nicht, dass es nie wieder Krieg geben kann. Es begründet nur eine Drift, die sich in der langfristigen Abnahme der Gewalt trotz allem ausdrückt. Wir werden Zeuge eines systemischen Prozesses, den man »positive Netzwerk-Externalisierung« nennt. Das »Betriebssystem« Frieden wird im Vergleich zur Gewalt ständig lukrativer. Krieg hat in diesem Spiel dauerhaft schlechtere Karten. Die Atombombe macht ihn zur abstrakten Vernichtung ohne jeden Triumph. Die wachsende ökonomische Komplexität macht ihn immer mehr zum Minus-Minus-Spiel. Auf eine paradoxe Weise sieht es so aus, als würden sogar die kommenden Gewaltausbrüche den Frieden nur stabilisieren, der sich langsam, aber unaufhaltsam aus dem Zusammenwachsen der Welt herausevolutioniert.

Krieg im Frieden

Mitte der achtziger Jahre ging die Zeit des fröhlichen Weltuntergangs zu Ende. Ich kehrte vom Land in die Stadt zurück. Wir verkauften die Schafe, und der Gemüsegarten verwilderte. Aus irgendeinem geheimnisvollen Grund war die Welt nicht untergegangen. Das Leben nahm einfach eine andere Richtung: Wir mussten Berufe erlernen, Familien gründen, erwachsen werden. Schwer genug.

1986 explodierte der Atomreaktor von Tschernobyl. Die Kinder des Nachbarn wurden fünfmal täglich geduscht und durften nicht mehr in der Sandkiste spielen. Wochenlang gab es keinen Salat, und im Keller hortete man Benzin. Wir, das heißt diejenigen, die sich immer als Warner und Weltretter gefühlt hatten, konnten uns einer gewissen Schadenfreude nicht erwehren. Der kleine Kick der Endorphine, wenn man mit seiner Prognose »recht gehabt hat« – eine ebenso wirksame wie kostenlose Droge.

1989 fiel die Mauer. Das allerdings traf uns völlig unvorbereitet. Und brachte uns völlig aus dem Konzept.

Mauern schränken ein und schließen aus, aber sie ordnen auch die Welt. Im Schatten der Mauer hatte meine Generation Deutungsmacht erlangt; aus den Rebellen waren Gestalter geworden, aus den radikalen Sinnsuchern Verantwortliche in Staat, Ökonomie, Kultur. Dieses Ereignis aber ging nicht auf unsere Rechnung. Es wurde verursacht von Menschen, die einfach nur frei leben wollten, in Mobilität, Konsum und Demokratie. Also das, was wir eher als selbstverständlich voraussetzten und als profan ablehnten.

Wir mussten plötzlich begreifen wie sehr wir privilegiert gewesen waren. Als Kinder des Goldenen Westens. Aber auch als Nutznießer eines Krieges, der unsere Gesellschaft kathartisch verändert hatte und es uns verdammt leicht gemacht hatte, im Dagegensein zu triumphieren.

Drei Jahre später entwickelte sich an der Peripherie Europas ein neuer Krieg. Menschen, die jahrzehntelang Tür an Tür gewohnt hatten, Familienväter, Nachbarn, Freunde, schossen mit Kalaschnikows aufeinander oder sperrten sich gegenseitig in mit Stacheldraht bewehrte Lager ein. Serben. Kroaten. Bosnier. Das ethnische Morden, das wir in Europa längst überwunden geglaubt hatten, kehrte zurück. Es sollte fast ein Jahrzehnt dauern, quälende Debatten, Zögern, Zweifel, bis Europa darauf eine Antwort fand. Denn wir hatten kein mentales Muster dafür, mit Krieg im Frieden umzugehen. Heute ist Kroatien in der EU, Sarajevo eine zwar nach wie vor leidende, aber vitale Stadt, und in Serbien zeichnet sich ein spektakulärer Wandel der führenden Politik ab. Immerhin.

Die Welt ist niemals heil. Ständig müssen wir dazulernen. Aus einer eingetretenen Prophezeiung wird der nächste Irrtum. Aus dem Rechthaben einer Generation die nächste Arroganz. Aber auch aus einer schrecklichen Ära ein neuer Aufbruch. Die Welt befindet sich in einem Zukunftsspiel, dessen Regeln wir noch nicht vollständig begreifen. Bleibt die alles entscheidende Frage: Hat dieses Spiel eine Richtung?

10 Das Morgenspiel
Wie sich die Welt immer wieder neu erfindet

*Wenn wir jemals eine finale Theorie in der Biologie
erreichen sollten, muss diese in der Verbindung von Selbstorganisation und Selektion bestehen. Wir müssen erkennen,
dass wir der natürliche Ausdruck einer tieferen Ordnung
sind. Am Ende werden wir in unserem eigenen Erschaffungs-
mythos entdecken, dass wir erwartet wurden.*

Stuart A. Kauffman[1]

Der rote Wald

25 Jahre nach dem Reaktorunglück von Tschernobyl brachen
Forscher aus Frankreich und Russland zu einer Expedition in
die verstrahlte Zone um den zerborstenen Reaktor auf. Was
sie dort fanden, war tatsächlich unerhört – aber in einem
ganz anderen Wortsinn. Es fand nie seinen Weg in die größere Öffentlichkeit. Kaninchen-Mutanten mit drei Beinen oder
strahlende Schlammmonster wären sicher in allen Top News
gezeigt worden. Aber die Ergebnisse der Forscher waren aus
einem völlig anderen Grund sensationell.[2]

Die Biologen untersuchten die Natur in einem Umkreis von
30 Kilometern um den zerstörten Reaktor, der am 26. April
1986 die unvorstellbare Menge von rund zehn Trillionen
Becquerel oder 50 Millionen Curie strahlender Partikel in
die Atmosphäre entließ – das entspricht der Menge, die ein
regionaler Atomkrieg mit Hunderten von Nuklearwaffen
freisetzen würde.[3] Nach dem Unglück waren fast alle Bäume
und Pflanzen in etwa drei Kilometer Radius um den Reaktor

abgestorben. Ein »roter Wald« aus toten Fichten, Birken und Gestrüpp entstand. In dieser heißen Zone versprachen sich die Radioaktivitätsforscher neue Erkenntnisse über die verheerende Wirkung von Strahlung auf Flora und Fauna.

Allerdings war von abgestorbenen Bäumen oder verkrüppelten Tieren nichts zu sehen. Stattdessen bedeckte ein Vierteljahrhundert nach dem Desaster nur dichter, grüner, saftiger Wald die heiße Zone.

Die Zone um Tschernobyl ist heute die artenreichste Naturzone Europas. Praktisch alle großen und kleinen Tierarten der Klimazone – Wildschweine, Wölfe, Luchse, Bären, seltene Wildpferde, Elche, Vögel – kommen in üppiger Zahl in diesem nun von Menschen verlassenen Gebiet vor. Keine Spezies dieser Breiten fehlt, im Gegenteil, die Artenvielfalt hat sich erhöht. Die Natur rückt schnell in die verlassenen Dörfer wie die ukrainische Geisterstadt Prypjat vor, das die Anwohner in wenigen Stunden verlassen mussten.

Mittendrin trafen die Wissenschaftler auf Leonid Bogdan, einen alten Kauz, der in einem Garten sein Gemüse zog. Saftige Möhren, Rote Beete, die er lächelnd verzehrte. Ein Selbstmordkandidat? Ein Verrückter? Bogdan ist Experimentiergärtner, der im Auftrag der Wissenschaft herausfinden soll, was man in einer verstrahlten Zone gefahrlos essen kann und was nicht. Kirschen zum Beispiel strahlen nur im Kern, das Fruchtfleisch ist ungefährlich.

Steckt hinter dieser Idylle ein geheimes Grauen? Tickt die berühmte Zeitbombe von Mutationen, die plötzlich in ein Umkippen des ganzen Ökosystems münden muss? Ist das Schlimmste noch gar nicht vorbei, und werden die Schäden erst in Jahrzehnten oder Jahrhunderten kumulieren? Akribisch untersuchten die Wissenschaftler alle Pflanzenarten auf Schädigungen. Alles wuchs normal, so wie in allen anderen Wäldern der Erde auch. Nur bei den Kiefern kam es zu einigen Zeichen von Großwuchs – überlange Nadeln und überschießende Äste. Die den Wald um Tschernobyl vorherrschenden Birken hingegen gediehen üppiger als in nicht verstrahlten Wäldern.

Die Wissenschaftler testeten die Gencodes der großen Tierarten auf Brüche im Erbgut. Und fanden erstaunlicherweise so gut wie keine Mutationen. Bei den Mäusen, die als besonders anfällig für Mutationen des Erbguts gelten, fanden die Forscher bei Tausenden von untersuchten Tieren keine einzige Unregelmäßigkeit, keinen Krebs, keinen Misswuchs. Die Tiere schienen sogar gesünder – kräftiger, robuster, Gen-stabiler, fruchtbarer – als Populationen außerhalb der Zone.

Wie konnte das sein? Die Forscher diskutierten verschiedene Thesen. So konnte zum Beispiel ein Teil der Tiere unmittelbar nach dem Strahlenausbruch gestorben sein. Unmittelbar danach häuften sich in der Tat Mutationen, die weitere Tiere schon im Entwicklungsstadium sterben ließen. Die wenigen Tiere, die sich fortpflanzten, hatten aus irgendeinem Grund eine angeborene Superresistenz gegen Strahlung. Eine Selektion der Strahlenresistenten, Darwin'sche Turbo-Evolution?

Durch die Expedition in den Wald von Tschernobyl brachen jedenfalls viele dämonische Fantasiegebilde zusammen. In diesen Bildern krauchen Mutanten und Monster durch verwüstete Landschaften und überfallen am Ende die Menschheit, beziehungsweise das, was von ihr übriggeblieben ist. Was aber, wenn die finalen Katastrophen die Welt nur in blühende Landschaften verwandeln?

Die Show im Slum

Vor einiger Zeit lief im britischen Fernsehprogramm BBC eine Reality-TV-Show, die den Namen tatsächlich verdiente. Zehn Folgen, die auf den ersten Blick an den Stil von Formaten wie das »Dschungelcamp« erinnerten. Als Protagonisten traten vier Prominente aus London auf: ein Fernsehmoderator, eine ältere Bühnenschauspielerin, ein junger IT-Unternehmer und eine sozial engagierte Popsängerin. Diese vier Stars hatten aber nicht die Aufgabe, Insekten zu essen, blödsinnige Rätsel zu lösen oder im Dschungel »Fun« zu haben.

Sie sollten stattdessen eine wahrhaft existenzielle Prüfung bestehen: im härtesten Slum der Erde zu überleben.

Kibera in Nairobi, Kenia, ist ein Moloch der Armut. Eine Million Menschen existieren dort am Abgrund, unter glühender Sonne und unvorstellbaren Bedingungen. Keine Infrastruktur. Keine sanitären Anlagen. Keine Polizei. Oder wenn, dann nur eine, die dich zusammenschlägt und dafür auch noch Geld verlangt.

Die vier Protagonisten, allesamt Einwohner großzügiger Backsteinhäuser in den besten Vierteln Londons mit Dienstmädchen und Range Rovern vor der Tür, wurden medizinisch begleitet. Jeden Abend konnten sie sich für eine Stunde an einem von der Fernsehgesellschaft organisierten Haus (Strom, Wasser, Klimaanlage, Kühlschrank) am Rand von Kibera einfinden, wo sie medizinisch untersucht wurden. Den Rest der Zeit mussten sie direkt und unmittelbar im Slum wohnen und dort eigenständig, ohne Geldzuschuss, überleben. Jeder bei »seiner« Familie:

Einer Waisenfamilie mit fünf Kindern zwischen zwei und 16 Jahren ohne Eltern.

Einer Prostituierten, die ihr Kind auf dem Land zurückgelassen hat und mit zwei anderen Huren zusammenwohnt.

Kapitel 10

Einer aidskranken Inhaberin eines Friseursalons mit sechs kleinen Kindern.

Zwei Cousins, die sich mit Gelegenheitsjobs über Wasser halten.

Man spürt regelrecht körperlich die eigene Angst beim Eintauchen in diese verelendete Menschenmasse. Man riecht, hypnotisiert durch die unglaubliche Wirklichkeitsnähe der HD-Kameras, den Gestank, das Elend, die Hoffnunglosigkeit. Man taucht, schwindelt, taumelt hinein in die Wellblechhütte, durch die eine Kloake fließt. Und nach zehn Minuten hat man verstanden, dass hier, genau an diesem Ort, etwas Ungeheures passiert. Ein Wunder.

Aus der Masse der Armen schälen sich schnell Gesichter heraus. Individuen mit einer ganz eigenen, großartigen Geschichte. Wir lernen Helen kennen, die Prostituierte, ihren schüchternen Blick, ihr wunderbares Lachen. Den dünnen Bernard, das größte der fünf Waisenkinder, der mit stoischer Melancholie seine Brüder durchzubringen versucht. Die Cousins Francis und Paul, die hartnäckig versuchen, eine Rap-Platte aufzunehmen, um damit berühmt zu werden. Und Caren, die Friseuse, die mithilfe eines kleinen, lustigen Friseursalons, in dem das Leben tobt, das Geld für die Bildung ihrer Kinder verdient.

Das mulmige Gefühl verfliegt schnell, wenn wir konkrete, lebendige Menschen erleben. Menschen, die lachen und hoffen können. Die nicht arm sind, weil sie seltsam, kriminell oder verrückt sind. Die warmherzig und aufgeschlossen sind. Sie kämpfen unentwegt. Sie sind erfinderische, kreative Unternehmer. Sie sind keine gefährliche Masse, sondern auf eine gewisse Weise individueller als wir. Sie sind nicht als Bettler hierhergekommen, sondern weil sie ihre Chancen suchen. Der Slum ist ein Sprungbrett, eine »Arrival City«. Durchlauferhitzer in ein besseres Leben.[4]

Wir erleben, wie Helen durch die Nacht geht, die Freier begutachtet, das Geld zählt. Wie sie nach einer Woche beschließt, zu ihren Eltern in die kenianische Provinz hinauszufahren, um ihre Tochter zu besuchen. Und wie diese Familie mühsam daran arbeitet, die Tochter wieder aus der Prostitution herauszuholen (was einige Monate später auch gelingt). Wir riechen förmlich, wie einer der Fernsehstars sein erstes Geld im Slum mit dem Abfüllen von Fäkalien verdient, einem »gutbezahlten Job« (umgerechnet 20 Cent die Stunde). Wie er nach vier Tagen schließlich aus dem Experiment aussteigt und seiner hungernden Familie ein »komfortables« Haus kauft (für 1000 Dollar), eine Blechhütte, in die sie jubelnd einzieht. Wie Caren ihren kleinen Friseursalon ausbaut und ihre Söhne auf die Schule schickt. Wie Kleines Enormes bewirkt. Wie es vorangeht, auch und gerade ganz, ganz unten.

Im Land der Gleichheit

Im Jahr 2013 besuchte ich mit meiner Familie Kuba, das zweitletzte realkommunistische Land der Erde.

Alberto Kordas berühmtes heroisches Foto von Che Guevara, das in meinen Schüler- und Studentenzeiten über meinem Bett hing, ist heute eine der meistgedruckten Ikonen der Welt. Che mit Baskenmütze. Che mit Blick auf den unendlichen Himmel. Che, jung und schön. Che, der früh genug starb, um ein unangreifbarer Heiliger zu werden. Auf T-Shirts, Postern, Kugelschreibern.

In Havanna hängt Che als riesige Leuchtschrift an Plattenbauten am Platz der Revolution. In jeder Bankfiliale ein James-Dean-artiges Schwarzweißfoto des ewigen *commandante* mit Bart und Zigarre, in lockerer, fröhlicher Pose. Aus den meisten Perspektiven sieht das heutige Havanna aus, als hätte der Krieg der Kubakrise damals doch noch stattgefunden, als hätten die Amerikaner den Malecón, die Küstenpromenade, mit ihren Bombern in Schutt und Asche gelegt. Paläste von unbeschreiblicher kolonialer Schönheit, in denen der Schimmel wächst. Der Kommunismus hat, zusammen mit den Hurrikanen, ganze Arbeit geleistet.

Gleichheit ist nicht nur ein Wort in Kuba. Der mittlere Lohn, der immer noch zu 75 Prozent beim Staat angestellten Menschen beträgt 25 Euro im Monat. Ärzte verdienen rund 35 Euro. Niemand kann davon leben. Alle sind bitterarm. Aber niemand hungert, und auf den Straßen sieht man kaum Bettler. Es gibt praktisch keine Korruption. Kuba hat das beste Gesundheitssystem Südamerikas, die geringste Analphabetenrate, erfolgreiche Sportler, sogar einen Genforschungs-Cluster. Und Lebensmittelmarken wie im Krieg. Ein Ei pro Woche, ein Pfund Zucker, zwei Kilo Reis.

Man sollte meinen, unter solchen Bedingungen müsste sich die Depression wie Mehltau über die Gesellschaft legen. Und trotzdem findet man selten so viele optimistische, vor Vitalität sprühende, gelassene, schöne Menschen wie im heutigen Havanna.

Die Stadt ist ein bizarres Chaos aus uralten, bunten Autos, Straßenkreuzern aus den fünfziger Jahren, die von ihren Besitzern in liebevoller Kleinarbeit repariert, lackiert, gepflegt werden und aus deren Auspuffrohren der Geruch von Schwerölruß quillt, sehr eleganten, selbstbewussten Frauen und einer kurz vor der Explosion stehenden superkreativen Marktwirtschaft, die tatsächlich »von unten« kommt. An jeder Ecke dealt jemand mit irgendetwas: Tanzkurse, Benzinkanister, Zigarren, Lose, Schrott, Schrauben. Niemand ist dick. Kaum jemand arbeitet wirklich (die Arbeitslosigkeit liegt bei null Prozent, das heißt, dass ein Job auf drei Leute aufgeteilt wird). Aber alle sind unentwegt beschäftigt. Der Markt bricht sich Bahn, von unten, in einer urwüchsigen, improvisierten Kreativität. Die leichte Lockerung der Gesetze für Privatwirtschaft durch Fidel Castros Bruder Raúl führte zu einem Boom an Restaurants, deren Charme und Kreativität kaum zu überbieten sind. In zerfallenen Palästen, bei Kerzenschein und mit liebevoller Bedienung, sind hier die witzigsten, kreativsten Themenrestaurants der Welt entstanden.

Libertad! Dieses Wort steht an jeder Wand. Nicht als subversive Forderung, sondern als affirmatives Gefühl des Stolzes: Wir sind frei! Und das in einem Polizeistaat, der immer noch eine große Menge seiner Talente einsperrt oder, neuerdings, ins Ausland treibt. Der endlose Kampf gegen das reiche, arrogante, übermächtige Amerika erzeugte einen übermenschlichen, »erotischen« (im Sinne von emotionaler Leuchtkraft) Mythos. Ein heroisches Wir. Aber dieser Mythos basiert auf einem Trauma, einem brutalen Krieg, der zwar am Ende durch die Revolutionäre gewonnen wurde, aber tiefe Spuren hinterließ.

Moral »bindet und blendet«, wo könnte man das besser sehen als auf Kuba?

Wahrscheinlich würden heute bei freien Wahlen immer noch mehr als 70 Prozent der Kubaner Fidels Kommunistische Partei wählen. Wie sagte mir ein Taxifahrer auf dem Malecón? »Es sind Idioten, Trottel, Versager, sie haben uns in ein Armenhaus gesteckt. Aber es sind die unsrigen!« Hasta la victoria siempre!

Das Hormesis-Phänomen

Was verbindet diese drei scheinbar völlig zusammenhanglosen Geschichten?

Das Wunder der Selbstorganisation.

Kapitel 10

Das Emergenzprinzip.

Das Wirken der Hormesis.

Keiner sagt den Kubanern, wie Marktwirtschaft funktioniert, den Bewohnern von Kibera, was Management und Business bedeuten. Und trotzdem organisieren sie all das »wie von selbst«.

Niemand sagt den Mäusen von Tschernobyl, wie man in einer verstrahlten Umwelt prosperiert. Doch genau das tun sie.

Hormesis nennt man den Effekt, der auch die Wirksamkeit von Impfungen garantiert. Beim Impfen ist die Sache klar: Wenn man einen menschlichen Organismus mit einer sehr kleinen Virus-Dosis konfrontiert, entwickelt er eine Immunreaktion (sicherer ist es, wenn man die Dosis erhöht, die Viren aber abtötet, wie man bald herausfand). Diese Reaktion erzeugt ein molekulares Gedächtnisprotokoll im Körper. Dasselbe gilt aber auch seltsamerweise für die Verabreichung von Giften, kleinere bis mittlere Mengen von Digitalis oder Strychnin machen Menschen resistenter gegen größere, letale Giftmengen.

Experimente im Labor zeigten, dass Mäuse, aber auch viele Pflanzenarten, nach der Bestrahlung mit niedriger Dosis eine besonders hohe Resistenz gegen starke Strahlung entwickelten. Eine mögliche Erklärung besteht darin, dass es sich um »Mitohormesis« handelt: In den Mitochondrien der Zellen wird durch die Strahlung die Produktion freier Radikale angeregt. Diese Substanzen absorbieren gefährliche Sauerstoffradikale, die bei Zellschädigungen entstehen. Wie allerdings dieser Effekt »abgerufen« und im Körper gespeichert wird, bleibt unklar.

Untersuchungen bei Arbeitern in Nuklearfabriken zeigten einen verwirrenden Effekt: Die Krebsmortalität war geringer als in der Gesamtpopulation. Ebenso konnte man bislang den eindeutig positiven Effekt des Einatmens radonhaltiger Gase mit den heutigen Modellen der Strahlenwirkung nicht erklären. Eigentlich müssten auch diese geringeren Mengen schädlich sein. Sie haben jedoch eindeutige Gesundheitswirkungen.[5]

Womöglich ist die Hormesis der Urgrund für Wandel und Adaption überhaupt. Ihr Prinzip steckt in Organismen, aber auch in Organisationen und Netzwerken. Sie bedeutet nichts anderes als die Fähigkeit, Reize, Stressoren, Krisen in adaptive Fähigkeiten umzuwandeln. Muskeln, die keinen Reiz mehr erfahren, verkümmern. Muskeln, die man hin und wieder besonders stark belastet, wachsen schnell. Gehirne, die nicht gefordert werden, verblöden. Ein bisschen Verwirrung von Zeit zu Zeit, neue Impulse, die einen »verrückt« machen können, steigern die mentalen Fähigkeiten. Eine Ökonomie ohne Pleiten erzeugt Stagnation. Eine Gesellschaft, ein Mensch ohne Krisenerfahrung, in vollkommener Komfortabilität, verwandelt sich früher oder später in einen Pudding ohne Perspektive. Das, was wir als Gefahr und Bedrohung empfinden, ist zugleich das, was Zukunft möglich macht.

Autokatalyse und Selbstorganisation

Die Welt, die uns umgibt, wimmelt von Ordnungssystemen, die Erstaunliches leisten. Jedes Bakterium dirigiert die Erzeugung und Verteilung Tausender Proteine. Jede Zelle in unserem Körper koordiniert die Aktivitäten von rund 100 000 Genen, einschließlich Enzymen, Hormonen, Botenstoffen, die diese Gene in Zellen erzeugen. Jedes Samenkorn, jedes befruchtete Ei entfaltet sich nach einer genau vorherbestimmten Choreografie zu einem vollständigen Organismus. Wie kommt das alles zustande? Jacques Monod, Biologe und Nobelpreisträger, nennt als Ursache der komplexen Ordnungen, die

Kapitel 10

unser Leben tragen, »chance caught on the wing« – den im Flug erwischten Zufall. Aber komplexe Ordnungen sind alles andere als Zufälle. Sie sind das Produkt von mehrschichtigen Evolutionen.

Der amerikanische Wissenschaftler Stuart Kauffman schildert in seinem Buch »At Home in the Universe« die unterschiedlichsten Formen der Autokatalyse, die unser Universum schon auf den einfachen chemischen und physikalischen Ebenen strukturieren.[6] Wenn in einer Gaswolke auch nur drei verschiedene, reaktionsfähige Atome existieren, verbinden sich diese automatisch zu komplexeren Molekülketten. Ihre Konnektivität zwingt sie gleichsam in die Musterbildung. Wenn in einer Atmosphäre auch nur die einfachsten Varianten organischer Moleküle vorkommen, entstehen ebenfalls unweigerlich komplexe Molekülketten.

In bestimmten kosmischen Milieus – etwa in kohlenstoffbasierten, wässrigen Lösungen auf der Oberfläche von Planeten gelber Sonnen vom Typ G mit einem größeren Mond und Umlaufbahnen in einem Abstand von etwa 150 Millionen Kilometern – wuchs die Reaktivität der Moleküle weiter an. Sie verbanden sich in einem langen Prozess der Selbstselektion zu Replikatoren, das sind Verbindungen, die sich selbst reproduzieren können. Diese schufen erst eukaryotische Zellen, dann mehrzellige Organismen, dann weitere Funktionsdifferenzierungen wie Nervensysteme, Augen, Ohren, Organe, Gehirne.

Komplexität ist das Produkt von Konnektivität.

Ein Slum ist ein extrem dichtes Netzwerk, in dem sich Menschen, die vorher in Peripherien lebten, etwa als selbstversorgende Kleinbauern in der Provinz, auf einer neuen Ebene zu ökonomischen und kommunikativen Systemen verbinden.

Ein Wald ist ein Netzwerk, in dem die unterschiedlichsten Querverbindungen zwischen Organismen existieren. Diese

Verbindungen sind so komplex, dass ein Schub von Radioaktivität eher zu einem »Aufblühen« als zu einem Absterben führt. Das ganze System verändert sich dabei zwar, aber eher im Sinne einer Verschiebung. Der Wald macht einfach in einer anderen Richtung weiter.

So funktioniert Evolution generell: Sie nutzt Störungen, um einfach in einer anderen Richtung weiterzumachen.

Eine Gesellschaft ist ein Netzwerk, in dem sich bestimmte Interaktionen dämpfen oder priorisieren lassen. Das Mittel dazu ist Macht. Man kann zum Beispiel Selbstorganisation und Differenzierung im Markt unterbinden. Und allen gleiche Löhne zahlen. Man kann Brot, Reis und sogar Alkohol zentral verteilen, Kommunikation kontrollieren und viele Polizisten auf die Straße schicken. Dann hat man Kuba. Aber eine Gesellschaft ist immer ein vitales, dynamisches System. Sie wird immer Ausgleichsformen der Selbstorganisation, Varianten der Emergenz entwickeln.

Wenn wir Systeme – Netzwerke – »in die Zukunft verstehen« wollen, müssen wir zunächst ihre einzelnen Elemente und deren Eigenschaften analysieren. Ihre »Aktoren«, wie die Zellen in einem Organismus, die Menschen in einer Gesellschaft, die Arten oder Individuen in einem Biotop. Dann müssen wir die »Konnektome« begreifen, die Vernetzungsmuster, Interaktionen, Rückkoppelungen. Je mehr aktive oder latente Rückkoppelungen in einem System existieren, desto höher ist der Grad der Emergenz, der spontanen Selbstorganisation.

Robustheit und Redundanz

Resilienz (vom lateinischen *resilire*, »zurückspringen«, »abprallen«) bedeutet auf Deutsch etwa »Widerstandsfähigkeit« und beschreibt die Toleranz eines Systems gegenüber Störungen.

Ursprünglich stammt der Begriff aus der Physik und Werkstoffkunde. Dort bezeichnet er den stabilen Gleichgewichtszustand eines Systems beziehungsweise die Eigenschaften elastischer und gleichzeitig robuster Materialien. Später machte der Begriff auch in der Psychologie Karriere. Anfang der siebziger Jahre zog die amerikanische Entwicklungspsychologin Emmy Werner ihn heran, um im Rahmen einer Langzeitstudie zu erklären, warum manche Kinder auf der Hawaiinsel Kauai zwar unter extrem widrigen Umständen aufwuchsen – Verwahrlosung, Gewalt, Missbrauch –, aber später dennoch zu sozialen und selbstbewussten Persönlichkeiten reiften. Seither forschen Psychologen daran, welche Faktoren zusammentreffen müssen, dass Menschen an Traumata und Krisensituationen nicht zerbrechen.

Resilienzforschung ist nach der globalen Wirtschaftskrise von 2009 eine Modewissenschaft geworden.[7] Die Tagung »Resilient Cities« beschäftigte sich mit der Frage, wie es katastrophengebeutelten Städten wie Hiroshima, Banda Aceh oder New Orleans gelingt, wieder auf die Beine zu kommen. Klinische Resilienzforschung überträgt die Sicherheitssysteme von Flugzeugen auf Operationsprozesse, um Kunstfehler und Hygienedesaster zu vermeiden. Im Angelsächsischen ist der Begriff mittlerweile so sehr in die Alltagssprache eingesickert, dass die »Sunday Times« kürzlich eine Geschichte über die zehn »most resilient« Fußgängerzonen Großbritanniens machen konnte. Welche Innenstadt schafft es am besten, sich dem Shop-Sterben, der sozialen Verwahrlosung entgegenzustemmen?

»Resiliente Organisationen brauchen überraschungsroutinisierende, redundanzachtende und nicht responsive Designs.«

Das Morgenspiel

In dieser wundersamen Systemprosa beschreibt Stefan A. Jansen, Direktor der Zeppelin-Universität am Bodensee, die Resilienz von Unternehmen.[8] Überraschungsroutinisierend? Kann man aus Überraschungen Routine machen? Nicht responsiv? Ja doch: Teile von Organisationen müssen auch schlichtweg stur so bleiben, wie sie sind.

Resilienz hat Teilmengen von Robustheit und Redundanz. Wenn in einem Flugzeug die elektronische Steuerung für das Seitenruder ausfällt, gibt es noch einen mechanischen Seilzug. Wenn auch der reißt, kann der Pilot versuchen, mit unterschiedlicher Handsteuerung der Triebwerke »schief geradeaus« zu fliegen. Redundanz bedeutet die Mehrschichtigkeit von Systemen. Robustheit hingegen bedeutet die »Härtung« gegenüber äußeren Störungen. Flugzeuge so zu panzern, dass sie beim Absturz nicht kaputtgehen, ergibt jedoch keinen Sinn. Redundanz wie Robustheit erzeugen evolutionäre Kosten. Die Schrottplätze der Panzerarmeen, die zerbröselten Drei-Meter-Mauern von Burgen, auch die Logos längst vergessener Großkonzerne zeugen davon. Was robust und redundant ist, kann womöglich lange überdauern, wird aber im plötzlichen Wandel einfach überflüssig.

Resilienz in Aktion lässt sich besonders gut an sogenannten »high-reliability organizations« (HROs) studieren. Gemeint sind Organisationen wie das Militär oder die Feuerwehr, die in extremen Situationen, unsicheren und stets wechselnden Milieus operieren müssen. Gerade in der Gefahr spielen weiche, psychologische Faktoren eine wichtige Rolle. Die Organisationsforscher Karl E. Weick und Kathleen M. Sutcliff haben in ihrem Buch »Managing the Unexpected« Resilienz am Begriff der Achtsamkeit festgemacht.

Bei vielen Waldbränden in den USA kommen immer wieder Feuerwehrleute ums Leben, weil sie von der explosions-

Kapitel 10

artigen Ausbreitung des Feuers überrascht werden. Sie sind, gerade weil sie so gut ausgerüstet und vorbereitet sind, nicht achtsam genug, um schnell auftretende Gefahrensituationen zu wittern und darauf zu reagieren. Sie waren in Routine vernarrt. Sie überhörten, weil sie so eifrig waren, die Aufforderung »Drop your tools!« – den Aufruf, alles fallenzulassen und sich schleunigst in Sicherheit zu bringen. Feuerwehrleute starben mit ihren Motorsägen in den Händen, so nah an sicherem Gelände, dass sie ohne Geräte die entscheidenden Minuten schneller gewesen wären. Oder sie verließen sich auf ihre Feuerschutzfolien, wie beim letzten verheerenden Unfall Ende Juni 2013 in Arizona, als 19 Feuerwehrleute umkamen.[9]

Achtsam können auch Gesellschaften gegenüber ihren Armen sein. Unternehmen gegenüber ihren Mitarbeitern. Männer gegenüber ihren Frauen. Oder Konsumenten gegenüber den Bedingungen, unter denen die Waren produziert werden, die sie kaufen. Je höher die Achtsamkeit, desto mehr werden die Konnektome, die Verbindungsmuster zwischen den Spielern des gesellschaftlichen Spiels, in Richtung Vertrauen selektiert.

Als wichtige Eigenschaften der Resilienz von Organisationen können wir also definieren:

- Flexibilität
- Achtsamkeit
- Nichtheldentum
- Dezentralität.

In seinem Buch »Adapt« beschreibt der britische Systemökonom Tim Harford, wie die amerikanische Bush-Administration den Irakkrieg verlor, weil sie weder achtsam noch flexibel noch dezentral reagierte. Der Kriegsherr Donald Rumsfeld glaubte, durch Zentralisierung von Informationen »alles unter Kontrolle« zu bekommen. Schon die Kriegsführung ignorierte Störungen auf der lokalen Ebene, wo jedoch die wahre Schlacht stattfand – eine Schlacht um die Köpfe, Bedeutungen, Emotionen. Kommandeure hatten weder Entscheidungsbefugnis noch Spielraum. Der Krieg wurde auf mehreren Ebenen verloren, obwohl er als Feldzug erfolgreich war.[10]

Antifragile Systeme lieben Stress

Drei wesentliche Eigenschaften bestimmen die Grundarchitektur eines vernetzten Systems:

- die Anzahl und die »Aufstellung« der Akteure
- die Anzahl und die Stärke der Verbindungen
- die Art der Rückkoppelung, des Feedbacks.

Resilienz, Robustheit und Dynamik, also die Zukunftsfähigkeit eines Systems, lassen sich mit diesen drei Faktoren grundlegend erfassen und beschreiben. In fragilen Systemen sind oft die Verbindungen schwach oder zu fixiert, um der Außen-Komplexität gerecht zu werden. Auf diesem Wege wird, wir kennen das alle aus dem Alltag, aus Komplexität Kompliziertheit. Der energetische Aufwand, die Zeit und Energie, die man in die Aufrechterhaltung des Systems einbringen muss, ist größer als sein Output.

Auf der anderen Seite des Spektrums finden wir antifragile Systeme. Mit diesem Ausdruck hat der Autor Nassim Nicholas Taleb die besondere Eigenschaft adaptiver Systeme benannt. Taleb teilt unsere Welt auf in Systeme, die fragil, instabil sind und bald schon verschwunden sein werden, und in »zufallsliebende« Systeme mit einer Art Hyperresilienz, die sich durch ständigen Wandel behaupten. Hier ein Auszug aus seinen Listen, in denen er Eigenschaften beider Systeme gegenüberstellt:

Fragiles System	Antifragiles System
Theorie	Heuristik
Effizienz	funktionale Redundanz
Bürokraten	Entrepreneure
Akademismus	Künstlertum
Tourist	Flaneur
Freundschaft	Attraktion
Ideologie	Mythologie
Schulden	Risikokapital
Signal	Resonanz
Mittelschicht	Boheme-Aristokratie
Rationalismus	skeptischer Empirismus
chronischer Stress	kurzfristiger Stress mit Erholungspausen

Talebs These lässt sich als eine Art dynamisches Evolutionsgesetz verstehen: Antifragile Systeme lieben Stress und erhöhen durch Störungen und Krisen ständig ihre Anpassungsfähigkeit.

Wie Netzwerke den Wandel treiben

Wenn man ein bisschen übt, kann man spontan spüren, ob Systeme »lächeln«. Ob sie elastisch und gleichzeitig stark genug sind, um wechselnden Anforderungen zu genügen. Dabei geht es um eine richtige Mischung aus Stabilität und Störungsfähigkeit, von Rückkoppelung und Dezentralität, Diversität und Variabilität.[11]

In der Welt der Komplexitätsforschung nennt man solche ausbalancierten, adaptiven Systeme »Small World Networks«. Duncan J. Watts hat in seinem Buch »Six Degrees – The Science of a Connected Age« die Eigenschaft solcher Systeme ausführlich beschrieben.[12] Small World Networks sind Systeme mit ausreichenden, aber nicht übermäßigen Vernetzungen. Jeder Akteur, jedes Element ist zwar mit allen anderen Elementen verbunden. Aber nicht alle Elemente direkt mit allen. Kein Teilbereich ist völlig fragmentiert oder nur durch einen einzigen Link verbunden. Aber das ganze System ist in sich strukturiert, es zeigt Ballungen und Offenheiten.

Ein gutes Beispiel für diese optimale Struktur ist das menschliche Gehirn. Es besteht aus rund 100 Milliarden Neuronen, die alle netzwerkfähig sind. Das heißt: Das Gehirn kann mehr Verbindungsvarianten herstellen, als es Atome im Weltall gibt. *The brain is wider than the sky.* Aber wären tatsächlich alle Gehirnzellen miteinander verbunden, würden wir unentwegt träumen oder wahnsinnig werden oder Kopfschmerzen haben oder einfach nichts denken und fühlen. Denn jeder Impuls würde durch einen anderen sogleich wieder aufgehoben oder umgeleitet. Es entstünde keine Repräsentation.

Das Gehirn ist eine Differenzmaschine, deren Aufgabe symbolische Repräsentation ist. Evolutionär erfunden wurde es, um ein Muster zu bilden, das mit der äußeren Wirklichkeit korrespondiert. Dafür muss das Gehirn Daten »verarbeiten«, also Thesen wagen und verwerfen, Modelle entwerfen und ergänzen, eine Repräsentation durch die andere spiegeln. Um das tun zu können, braucht es eine bestimmte innere Strukturierung.

Die Gesamtheit der Verbindungen eines menschlichen Gehirns entspricht deshalb eher einer Bündelung von Strängen, die über weite Strecken parallel laufen, als einer gleichförmigen Netzstruktur. Die Stränge verlaufen durch rund 18 Knotenpunkte, quasi die »Schaltstellen«, in denen das Gehirn Informationen »verarbeitet«.[13] Und das ist gut so. Wenn unser Gehirn übervernetzt ist, gerät es in einen heillosen Erregungszustand. Das kann man leicht mit bestimmten Substanzen erreichen.

Marihuana, LDS oder Meskalin zum Beispiel lassen zahlreiche zufällige Verknüpfungen entstehen. Das führt zu unentwegtem Kichern und der tiefen Einsicht, dass Schokolade blau schmeckt. Wenn man es bislang noch nicht wusste, kann das zwar eine aufregende Erkenntnis sein (wie wir in unserer Jugend feststellen konnten), erweist sich aber irgendwann als, nun ja, nebensächlich. Weshalb dauerhafter Drogengebrauch eher zu Demenz und Blödsinn führt, als zu höherer Erkenntnis. Wer das Gegenteil mag – Entkoppelung, Verlangsamung, Entregung – präferiert Alkohol. Der beschleunigt zunächst lokale Neuronennetzwerke, verlangsamt dann aber die Geschwindigkeit, mit der das Gehirn Erkenntnisoperationen verarbeitet. Was sich spätestens an der nächsten Laterne zeigt, gegen die man gelaufen ist, bevor man sie bemerkte.

Small World Networks weisen eine hohe evolutionäre Stabilität auf, weil sie Variabilität ermöglichen. Ein soziales Netzwerk kann sich immer wieder entlang neuer Freundschaftslinien neu bilden. Das Gehirn kann neue Eindrücke neu verbinden, und diesen Prozess der Flexibilität nennt man »Lernen«. Lernen kann das Gehirn lebenslang durch Umstrukturierung, Modularisierung (Abtrennung mancher Bereiche), durch stärkeres Feedback zwischen Subsystemen und viele andere Tricks. Nichts anderes meint die Fähigkeit der Selbstorganisation: die Fähigkeit, schnell auf neue Umwelt-Konfigurationen zu reagieren. Resiliente Systeme sind lern- und entlernfähig. Und dabei in gewisser Weise nicht effizient. Hocheffiziente Systeme, wie Maschinen, konzentrieren sich immer nur auf einen Algorithmus, auf einen singulären Prozess.

Der belgische Finanzexperte Bernard Lietaer, bekannt für seine Befürwortung von Komplementärwährungen, hält ein zu gutes Funktionieren des globalen Finanzsystems für die Hauptursache der Finanzkrise. Das System habe ständig versucht, seine Effizienz nach oben zu schrauben, deshalb musste es zwangsläufig einen Umkipp-Punkt (»Tipping Point«) erreichen. Lietaer plädiert für mehr Pleitentoleranz und mehr Chaos im Banken- und Finanzwesen. Im Interview mit der Zeitschrift »Brand eins« sagte er:

> »In natürlichen Systemen besteht eine Asymmetrie zwischen Effizienz und Belastbarkeit. Das heißt, dass ein System etwa doppelt so belastbar sein muss wie effizient, wenn es dauerhaft lebensfähig sein will. Um den Punkt der optimalen Balance herum gibt es nur einen sehr schmalen Sektor, das ›Vitalitätsfenster‹, in dem das System nachhaltig lebensfähig ist. Außerhalb dieses Vitalitätsfensters ist es entweder zu wenig effizient aufgrund zu hoher Vielfalt und Vernetzung oder zu wenig belastbar wegen zu geringer Vielfalt und Vernetzung.«

Können wir die Erde umbringen?

Wie vital, resilient, antifragil können Systeme überhaupt sein? Gibt es zum Beispiel so etwas wie einen »Tipping Point« der Natur, an dem die ganze planetare Biosphäre »umkippen« würde? Auf dieser Vorstellung, diesem Modell, basieren, wie auf dem Knappheitstheorem, die meisten ökologischen Ängste.

Nun ist das Umkippen von Seen oder bestimmten Biotopen tatsächlich möglich, es existiert ein Punkt, an dem sich ein See in eine Kloake verwandelt, entsprechend dem Schadstoffeintrag und abhängig von der Regenerationsfähigkeit. Aber wie ist das mit dem ganzen Planeten? An diesem Punkt kommt ein Skalen-Effekt ins Spiel: Es ist im Sinne der Resilienz nicht egal, wie groß und verzweigt ein System ist. In einem See sind viele Faktoren miteinander vernetzt, aber die Komplexität bleibt überschaubar, ein See ist ein teilweise geschlossenes System. In einem planetaren System namens »Erde« sind jedoch gigantische Vernetzungsoperationen am Werk, die auch noch mit kosmischen Energieströmen verbunden sind (kosmische Strahlung, Sonnenwind, UV-Eintrag, Magnetfelder und so weiter). Diese Verknüpfungen verschieben und verändern sich ständig und erzeugen dadurch immer neue Formen der Selbstorganisation.

Erle C. Ellis, Ökologieprofessor an der Universität Maryland, hat in einer viel beachteten Analyse (mit Kollegen) aufgezeigt, warum die globale Ökologie anderen Gesetzen folgt als die regionale:

»Tipping Points werden erreicht, wenn die Komponenten eines Systems so lange graduell auf eine externe Kraft reagieren, bis die dadurch entstehende Reaktion nichtlinear und synergistisch wird. Dies treibt das System schnell in einen neuen Zustand. Um solche Prozesse zu ermöglichen, müssen Systeme jedoch bestimmte Bedingungen erfüllen. Entweder müssen die externen Kräfte gleichförmig einwirken, und jedes Teil des Systems antwortet in gleicher Weise, oder das System muss hochgradig (über-)vernetzt sein, um synergistische Reaktionen zu ermöglichen. Für planetare Tipping Points müssten die Kräfte der Menschen überall auf dem Planeten einheitlich und linear wirken und alle Ökosysteme in derselben Weise reagieren. Aber selbst die Klimaerwärmung erfüllt die Bedingung nicht. Sie kühlt einige Regionen, andere macht sie wärmer, trockener oder feuchter. Ökosysteme reagieren höchst unterschiedlich auf die jeweiligen menschlichen Eingriffe, und der menschliche Eingriff selbst ändert sich im Zuge von Zeit und Technologie.«[14]

Um den Planeten zum Kippen zu bringen, müssten wir riesige Mengen von Gift, Schrott, Müll, Hitze, Strahlung, flächendeckend und über Tausende von Jahren an jedem Punkt der Erde in das Ökosystem einbringen, und diese Substanzen müssten auch noch unverrottbar und ewig toxisch sein! Ähnlich wie die Mäuse im Wald von Tschernobyl teilt uns dies eine ernüchternde, aber heilsame Wahrheit mit: Ab einer gewissen Komplexitätsstufe ist Störung immer nur Anlass für neue Entwicklung. Und der »ökologische Supergau« ist in Wirklichkeit nichts als eine umgedrehte, fast ödipale Größenfantasie: Wir halten uns für so mächtig, mit unseren Hinterlassenschaften den Planeten »morden« zu können. In Wirklichkeit sind wir nur Teil eines Systems, das sich ständig um- und weiterbaut. In Wirklichkeit sind auch Kunststoffe nur die Träger für neue Evolutionen der Mikroorganismen.[15]

Die Zukunft Europas

Können wir mit einer solchen Systemkomplexitätsanalyse ein so problematisches Gebilde wie »Europa« in die Zukunft verfolgen? Durchaus – wenn man Prognostik nicht als Eventprognostik missversteht. Es ist ein großer Unterschied, zu fragen: »Was wird in Zukunft geschehen?« – das kann in Einzelheiten tatsächlich niemand wissen. Oder zu fragen: »Wie und in welche Richtung wird sich dieses System in die Zukunft entwickeln?« Für die zweite Frage können wir die Resilienz eines Systems, seine Antifragilität, bestimmen und seine Umwelt-Komplexität messen. Wir können Aussagen über die Tendenz machen.

Europa ist ein historisch gewachsenes, ziemlich chaotisches System aus Bürokratien, eigenstaatlichen Eigenheiten, disparaten und gemeinsamen Interessen und Verschränkungen zwi-

Kapitel 10

schen diesen Ebenen. Ist es deshalb »fragil«, wie viele glauben? Vielleicht trifft sogar das Gegenteil zu: Gerade aus seiner Chaotik bezieht Europa Elemente von Antifragilität. Europa lernt unter Schmerzen, und es lernte auch aus seinen Krisen, aus seinem Streit. Wie in der Balkankrise. Es ist ein erstaunlich »schwammiges« Gebilde, seine Vernetzungen können sich auf einige Funktionen – Währung etwa oder Grenzverkehr – beschränken. Und es ist dezentral. Aber diese Dezentralität ist nicht »entspannt«. Europa lächelt nicht.

Denn es hat in seiner Systemarchitektur ein zentrales Feedback-Problem. Die einzelnen Länder sind durch einen komplizierten Vertrag aneinander gebunden, in dem jedoch die Rückkoppelungen schwach ausgeprägt sind. Das führte dazu, dass jedes Land Schulden machen konnte, seinen Staatshaushalt riskieren, ohne dass dies Konsequenzen hatte. Griechenland konnte fröhlich 8000 Polizisten zu viel einstellen, sich 10 000 unnütze Verwaltungsbeamte und eine nicht existierende Steuerbehörde leisten. Hier lag der Kern der Krise: eine Unter-Vernetzung, die auf den Banken- und Volkswirtschaftssektor überschwappte und dort »De-Synchronisation« verursachte.

Die ständigen Vergleiche mit »1914«, die in der Hochphase der Europakrise in jeder Talkshow hergebetet wurden, führten jedoch total in die Irre. Als die Ermordung des österreichischen Thronfolgers einen Weltenbrand auslöste, waren Europas Feudalsysteme marode geworden. Die wichtigsten »Spieler« auf dem Spielfeld, weder die Bevölkerung noch die erstarkende Industrie noch das Bürgertum, hatten ein Interesse an der alten imperialen Ordnung. Stattdessen trat der Nationalstaat als junge und kriegerische Machteinheit auf den System-Markt.

Auch die Weltwirtschaftskrise von 1928 hinkt als Vergleich zur Wirtschaftskrise 2009. In den zwanziger Jahren des vergan-

246

genen Jahrhunderts gab es auf der ganzen Welt gerade einmal zehn Industrienationen, die alle noch im Sinne eines nationalen Protektionismus funktionierten. Zerbröselnde Kolonialreiche mit hohen Kosten standen dort, wo heute mächtige, aufsteigende Schwellenländer und Absatzmärkte dominieren. Die Volkswirtschaften basierten noch auf rauchenden Schloten und Arbeitermassen, kaum ein Drittel der Bevölkerung war erwerbstätig, die meisten als Arbeiter. Die Mittelschichten waren schwach bis kaum vorhanden, die Politik in Bezug auf Nationalökonomie unerfahren. Die makroökonomischen Vernetzungen waren völlig unterentwickelt. Varianz und Variabilität der Volkswirtschaften waren gering. Das Netzwerk der globalen Ökonomie noch nicht geknüpft.

Es spricht also vieles, wenn nicht alles dafür, dass sich Europa durch seine Krisen weiterentwickelt. Ein weiteres Argument dafür ist der generelle Wandel der Ordnungssysteme, die unseren Planeten überziehen. Vor 3500 Jahren gab es auf der Erde ungefähr 600 000 eigenständige politische Einheiten: Stämme, Siedlungen, autonome Städte, abgelegene Weiler. Nach vielen »mergers and aquisitions«, Annektionen und Fusionen, ist die Anzahl der Einheiten auf 196 geschrumpft, so viele souveräne Nationalstaaten gibt es auf dem Planeten. Die Komplexitätsgesetze erzwingen, dass sich bei zunehmender globaler Vernetzung die Macht des Nationalstaats in zwei Richtungen verschiebt: einerseits auf eine internationale oder kontinentale Metaebene, in der sich große neue politische Macht- und Wirtschaftsblöcke konfigurieren; andererseits zurück auf jene Ebenen, in denen Bürgerdemokratie und Subsistenz zu Hause sind und tatsächlich funktionieren: in die Region, in die Stadt, in die Gemeinde.

Europa ist ein gutes Beispiel dafür, dass Komplexität eben nicht das ist, was zwangsläufig zusammenbrechen muss, damit

Kapitel 10

alles wieder einfacher und robuster wird. Im Gegenteil: Komplexität ist Selbstorganisation, deren Evolution durch Krisen angetrieben wird und die dabei nach und nach immer mehr Resilienz ausbildet.

Die Price-Formel

Am 6. Januar des Jahres 1975 wurde hinter einer angelehnten Tür im dritten Stock eines besetzten Hauses in der Drummond Street in London ein toter menschlicher Körper gefunden. Der bärtige Leichnam trug ein Nadelstreifenhemd und eine schwarze Smokinghose. Der Körper war bis auf die Knochen abgemagert, die Wangen bis zur Unkenntlichkeit eingefallen. Aber die Todesursache war eindeutig Selbstmord: Der Mann hatte sich mit einer spitzen Schere selbst die Halsschlagader geöffnet. Die Polizei nahm den Fall auf, schloss ihn bald wieder.

In seinem wunderbaren Buch »The Price of Altruism« beschreibt der israelische Geschichtsprofessor Oren Harman die tragische, abenteuerliche und vergessene Biografie des Wissenschaftlers George Price.[16] Der Evolutionsbiologe erlebte seine Kindheit in der Zeit der Großen Depression in New York, als Sohn eines erfindungsreichen Unternehmers in der Beleuchtungsbranche der Broadway-Theater. Sein Vater starb, als er vier Jahre alt war, und seine Mutter brachte ihn und seinen Bruder mit Gelegenheitsjobs durch. Der begabte Student wurde erst berühmter Chemiker, arbeitete am Manhattan-Projekt der Atombombe mit, was ihn jedoch seelisch in schwere Zwiespälte brachte. Später wurde er Star-Programmierer für IBM. Er verfasste Hunderte von Studien, Aufsätze für wissenschaftliche Zeitungen wie »Science« und »Nature« über Täuschungen der Parapsychologie und Innovationsgenetik. Ende der sechziger Jahre ging er nach London, wo er bis

248

zu seinem Ende ein Leben zwischen sozialem Abstieg, Genie und religiöser Erweckung führte.

George Price war Moraltheoretiker, Gottsucher, Evolutionsforscher und Universalist mit tiefer Erlösungssehnsucht. Seine Biografen vermuten, dass seine enormen geistigen Leistungen und seine soziale Verzweiflung auf einer Form des Asperger-Syndroms beruhten. Sporadischer Rückzug, Depressionen und eine seltsame Aura der Abgeschlossenheit kennzeichneten seinen Lebensstil sowie eine ständige Unruhe, ein Misserfolgszwang im Privaten wie im Beruflichen. Seine Ehe, viele Liebschaften und Vaterschaften scheiterten, ebenso diverse universitäre Berufungen. George Price war bis zum Alter von 45, fünf Jahre vor seinem Tod, überzeugter Atheist und Anhänger der Evolutionstheorie. Und konvertierte in seinen letzten Lebensjahren aus, wie er sagte, »tiefen wissenschaftlichen Gründen« zum Christentum. Er versuchte, Obdachlose vom Alkoholismus zu heilen, lebte mit ihnen in Wohngemeinschaften und teilte sein letztes Hemd mit ihnen. Er wurde zum Penner und Alkoholiker, weil er es nicht ertragen konnte, dass die Welt des Mitgefühls und die Welt der Evolution, die Wissenschaft und das Leben, der Geist und die Wirklichkeit getrennte Sphären sein sollten.

Price war stark an der »Frage aller Fragen« interessiert, die auch Adam Smith, Charles Darwin und viele andere Denker bereits umgetrieben hatte: Wie kommt, in einem System, in dem die Gesetze der evolutionären Selektion gelten, das Gute in die Welt? Und hat das Gute eine Chance gegen das Böse? Ist der Kampf um Macht, Status und Dominanz der Normalzustand, aus dem nur die kurzen, flüchtigen Ausnahmen von Kooperation und Zivilisation herausragen? Ist die Menschheit deshalb zum Massaker verdammt, zum ewigen Schlachthaus, wie Price den Zweiten Weltkrieg empfand?

George Price versuchte, den höchsten Link zu schaffen. Die Verbindung zwischen Evolutionstheorie und Gott. Dem Guten und der Zukunft. Das war für einen sterblichen Menschen wahrscheinlich einfach zu viel.

Price arbeitete an einer »Weltformel der sozialen Evolution«, die er zehn Jahre vor seinem Tod veröffentlichte. Die berühmte Price-Gleichung lautet:

$$\overline{w}\Delta\overline{z} = cov(w_i, z_i)$$

$\overline{w}$ ist die Anzahl der »kopierten« Eigenschaften in eine andere Gruppe

$\overline{z}$ ist die durchschnittliche Eigenschaft einer Gruppe von Lebewesen

w ist der adaptive Fitnessfaktor einer bestimmten Eigenschaft

z benennt die Eigenschaft selbst

Diese abstrakte Formel beschreibt, wie Kooperation unter Nicht-Verwandten zu evolutionären Vorteilen für die jeweilige Gruppe führt. Wenn eine Gruppe mehr kooperiert als die andere, haben ihre Mitglieder bessere Chancen auf gesunde Nachfahren und evolutionären Erfolg als eine Gruppe mit mehr Konflikten und Hierarchieproblemen. Und zwar unabhängig von den Verwandtschaftsgraden, die in der klassischen Evolutionstheorie den Grad der Kooperation zwischen Individuen regulieren, die sogenannte »kinship selection«. George Price' Formel versuchte, die Prinzipien der biologischen Evolution auf ein Kultursystem zu übertragen. Darwinismus goes social.

Der Dar-Win-Win-Ansatz

Hat die Geschichte eine Richtung?

Führt die Evolution irgendwohin?

In der Evolutionsbiologie existiert ein »großes letztes Tabu«.

Eine zentrale wissenschaftliche Streitfrage, die George Price mit seiner Gleichung berührte. Dabei geht es nicht um den evolutionären Nachweis der Existenz Gottes, sondern um die Frage, auf welcher konkreten Ebene Evolution wirkt und funktioniert. Erbittert bestehen die Vertreter der »puren Evolution« darauf, dass es einzig das Individuum ist. Die »Fitten«, im Sinne von »an die Umwelt angepassten«, tragen ihren Gencode weiter in die nächste Generation – das ist das ganze Geheimnis. Andere Evolutionstheoretiker bestreiten diese These vom »rein egoistischen Gen«. Der Glaubenskampf handelt letztlich von Physik und Metaphysik. Gibt es im Wirken der Evolution so etwas wie eine Metaebene, ein höheres Prinzip? Eine Richtung? Gar einen Sinn?

Die Price-Formel ist in der Wissenschaft bis heute umstritten. Einige halten sie für eine Tautologie (»Was überlebt, überlebt...«), andere für genial, wieder andere für eine Ketzerei an der Darwin'schen Lehre, die keine Gruppenselektion vorsieht. In der Tat wirkt die Formel seltsam selbstreferenziell. Sie erklärt auf mathematische Weise, wie sowohl Kooperation und »Güte« als auch Bösartigkeit und Hass in sozialen Systemen dominant werden können. Dort, wo Bösartigkeit belohnt wird – im Sinne eines Verstärkungselements der Fitness durch die Umwelt (der w-Faktor) –, setzt sie sich als Dominanzprinzip unweigerlich durch. Wo Ressourcen entstehen, die sich bei Kooperation vermehren (zum Beispiel Wissen, Bildungspotenziale und so weiter), driften die sozialen Regelsysteme jedoch in Richtung Vertrauen und gegenseitiger Hilfe. Die Formel erklärt Schweden oder Somalia oder Nordkorea gleichermaßen. Sie beweist, was ist.

Doch andere haben Price' Faden wieder aufgegriffen. Ronald A. Fisher, einer der Begründer der bis heute gültigen »evolutionären Synthese« (der Standard-Evolutionstheorie; einer

Kapitel 10

Verbindung von Vererbungslehre und Selektionstheorie), formulierte schon im Jahre 1913 diese ganz andere Sicht auf Darwins Werk:

»Von dem Moment an, wo wir Darwins Evolutionstheorie voll und ganz begreifen, verstehen wir, dass wir es keineswegs nur mit einer Beschreibung der Vergangenheit oder einer Erklärung der Gegenwart zu tun haben, sondern den Schlüssel zur Zukunft in den Händen halten. Je konsequenter wir das Theorem anwenden, desto klarer wird, dass nicht nur die Organisation und Struktur der Körper biologische Konsequenzen hat. Sondern auch die Konstitution unserer ethischen und ästhetischen Natur, das Verständnis der Sinne und der Schönheit, unsere Vorstellungen von Leidenschaft, Scham oder Erstaunen, unsere Momente religiösen oder mystischen Durchdringens – all das hat Konsequenzen für das biologische Werden und die Zukunft des Menschen.«[17]

Die amerikanische Evolutionsbiologin Joan Roughgarden spinnt diesen Faden weiter. In »The Genial Gene« entwickelt sie einen »Dar-Win-Win«-Ansatz. Sie spricht von der »sozialen Selektion«, in der die Effekte der Evolution auf die Entwicklung der Gesellschaft wirken. Kooperation schlägt Konkurrenz, doch auch Konkurrenz kann eine Variante der Kooperation sein. Vielleicht ist es kein Zufall, dass hier eine Frau Evolution als kooperatives System definiert.[18]

Und auch E. O. Wilson hat sich ins Lager der Ketzer begeben. Gegen das immer noch vorherrschende darwinistische Dogma setzt er in seinem Alterswerk »Die soziale Eroberung der Erde« einen neuen Ansatz. Er beschreibt den Menschen als exzentrisches Doppelwesen, das sowohl durch seine Gene als auch durch die Kultur geformt wird. Und sich so selbst entwickelt – durch die Spiegel von Sprache und Bewusstsein ebenso wie durch die Macht der Meme, der Kultur.[19]

Vier Replikatoren

Wenn wir verstehen wollen, in welche Richtung sich die Welt bewegt, müssen wir am Ende diese zwei Grunddisziplinen verbinden, die bislang in getrennten Schubladen lagerten: die Evolutionstheorie mit ihren schlichten Wirkweisen von Mutation und Selektion (oder Varianz und Auslese) und die Netzwerk-Komplexitätstheorie, die Systeme als Anordnungen von Verbindungen begreift.

Als Ergebnis entsteht die evolutionäre Netzwerktheorie: das beste Werkzeug, das wir haben, um die Zukunft zu verstehen. Und so lässt sich alles zusammenfügen. Komplexität entsteht in einer Schichtung von Replikatoren:

Der erste Replikator ist der molekulare.

Der zweite Replikator ist der genetische.

Der dritte Replikator ist der systemische – Ökonomien, Organisationen und Gesellschaften.

Der vierte Replikator ist der memetische – Kultur, Mentalität, Ideen.

Jeder dieser Replikatoren erzeugt immer wieder Kopien und Varianzen von sich selbst. Moleküle erzeugen Muster, Schwingungen, erste Ordnungsstrukturen durch ihre (atomaren) Vernetzungen. Die DNA repliziert mit sich selbst auch ihre Eigenschaften, variiert aber immer auch einen winzigen Teil. Dieser evolutionäre Spalt, dieser winzige Spielraum erweitert sich explosionsartig auf der Ebene des Gesellschaftlichen und Ökonomischen. Hier kommt es gleich zu einer Flut von Replikationssystemen. Tribale, agrarische, hierarchische, imperiale, industrielle Sozialformen entstanden parallel und getrennt auf unserem Planeten, bevor sie sich heute mehr und mehr gegenseitig zu befruchten beginnen. Ständig werden dabei soziale Systeme umgebaut, umgeschrieben, vermischt und vermengt. Es entstehen neue Hybriden, die sich in der globalen Welt durchsetzen oder eben nicht.

Eine weitere Stufe bildet die Kultur. Große, komplexe Gehirne entstehen immer dann, wenn außer den Eigenfunktionen auch »Fremdfunktionen« bewältigt werden müssen.[20] Unsere Spiegelneuronen erhöhen die Varianz- und Freiheitsgrade.[21] Wir sind Gruppenwesen, aber wir können auch Widerspruch anmelden, Widerstand leisten, anders sein. Kooperation und Sonderlingstun, Querdenken und Gemeinschaftsdenken – diese Oszillation führt zu ständig neuen Kaskaden der gesellschaftlichen Komplexitätsentwicklung. Der amerikanische Komplexitätsphilosoph Robert Wright drückt es so aus:

»Die unermüdliche Tendenz des unsichtbaren Geistes, sich ständig mit anderen Bewusstseinseinheiten zu vernetzen, ist ein zentrales Thema der Geschichte. Die Kulmination dieses Prozesses, das Entstehen eines einzigen planetaren Bewusstseins, ist das, was wir heute erleben – mit allen disruptiven, aber genuin integrativen Effekten.«[22]

Evolution bringt keine fertigen Konzepte hervor. Sie hat keinen Masterplan. Evolution ist eine Serie erfolgreicher Fehler, wie es der britische Evolutionswissenschaftler Steve Jones formuliert.[23] Aber das Evolutionsprinzip gilt auch für gesellschaftliche Kooperationssysteme. Die Spieltheorie erklärt uns dabei, wie sich Menschen unter bestimmten Bedingungen sehr wahrscheinlich verhalten werden. Zahllose Experimente zeigen: Wir verhalten uns bedingt kooperativ. Wir sind taktische

Egoisten, wenn es um gemeinsame Vorteile geht. Wir sind kooperative Egoisten oder egoistische Kooperateure, je nach Lage der Dinge. Wir kooperieren zumeist, wenn der andere kooperiert, und wenn wir beim Spiel beobachtet werden. Innerhalb gesellschaftlicher Rahmenbedingungen (Gerichtsbarkeit, Moral, Demokratie) kooperieren wir effektiver miteinander. Wodurch sich höhere gesellschaftliche Komplexität herausbildet.[24]

Auf diese Weise entsteht, Schicht für Schicht, eine mehrstufige Evolution. Oder auch: das Zukunftsspiel.

Die Metaevolution

Der Molekularbiologe Enrico Coen hat in seinem Werk »Cells to Civilisations« beschrieben, wie die verschiedenen Ebenen der Evolution ineinandergreifen:

Populationsvariation

Beharrungsvermögen (persistence)

Verstärkung (reinforcement)

Konkurrenz

Kooperation

Rekombination

Rekursion (Recurrence)[25]

Mit diesen Verknüpfungen wird also unentwegt Komplexität selektiert. Nicht irgendeine, sondern antifragile Komplexität. Dieser Prozess vollzieht sich auf der organisch-biologischen Ebene, wo sich komplexe, universale Organismen mit lernfähigen Immunsystemen durchsetzen. Man findet ihn in der Ökonomie, wo sich Unternehmen und Unternehmer am Markt behaupten und sich selbst verwandeln können. Einzelne Unternehmen, Produkte, Strategien müssen allerdings fragil sein, damit sich Märkte verfeinern und verbessern können. Pleiten sind Teil der Antifragilität der Ökonomie. In der menschlichen Geschichte überlebten die größeren Gehirne mit den nervöseren Nervensystemen. Aber am Ende wurden nur diejenigen von der Evolution »freigegeben«, die lernen konnten, diese Nervosität kulturell zu moderieren. Kulturen überleben mit reicher Kunst, Sprache, Musik und Mythen, die kognitive Erleichterung ermöglichen, mit Humor, integrierter Differenz, sprich: mit einer Kompetenz des Zweifelns. Gewinner sind gesellschaftliche Systeme, die ihr kollektives kognitives System laufend an wechselnde Bedingungen anpassen können, die mit ihren Aufgaben wachsen.

Mehrschichtige Evolution zieht aus dem Chaos ihre Dynamik. Und sorgt so für alle Wunder, die das Leben ausmachen: *den Klang der Jahreszeiten, das Lachen der geliebten Person, das tiefe Blau des Planeten, den Genuss eines langen Mahles, das Klingen der Stimmen über den Platz, den Geschmack der Luft am Meer …*

Der systemische Evolutionswissenschafler John Tooby formuliert es so:

»Entropie lässt die Dinge fallen, aber das Leben rüstet das Spiel auf geniale Weise auf, sodass die Dinge, wenn sie fallen, oft an den richtigen Platz fallen.« [26]

Wenn wir Zukunft wagen, beginnen wir, uns als Träger dieser Metaevolution zu begreifen. Und uns gleichzeitig von ihr tragen zu lassen.

Hier sind wir also.

Nervös, ein bisschen verängstigt, schütteln wir uns den Staub der Äonen aus den Kleidern.

Wir sind gekommen, um zu bleiben.

»Etwas« hat uns erwartet.

Die kommende Komplexität.

11 Vor dem Jupiter
Unsere letzte Reise in die Zukunft

Wir brauchen keine anderen Welten.
Mit neuen Welten können wir nichts anfangen.
Was wir brauchen, sind Spiegel.
Stanislaw Lem

When everything is connected to everything else,
for better or worse, everything matters.
Bruce Mau

Sternenkind

Vor uns liegt die gewaltige, sturmumtoste Kugel des Jupiters. Ein Ligeti-Chor hebt an; klagende, fragende, schrille, flüsternde Stimmen. Ein sägender, singender Ton erklingt; eine flüchtige Sekunde nur.

Ein Raumschiff schwebt in der Tiefe des Raumes. Weiß, knochenhaft, filigran erinnert es an ein überdimensioniertes Spermium. Und wirkt dennoch winzig, wie ein Hauch im Vergleich zum riesigen Rund des größten Planeten des Sonnensystems.

Ein Spalt öffnet sich im vorderen Teil, dem Steuermodul des Schiffes. Licht fällt hindurch. Eine kleine, runde Kapsel erscheint.

Die Stimmen steigern sich zum Crescendo.

Dave Bowman, der einzige überlebende Astronaut einer geheimen Mission in die äußeren Bezirke des Sonnensystems, tritt den letzten Teil seiner Reise an. Man hört seinen stoßwei-

Kapitel 11

sen Atem in seinem roten Raumanzug, der ihn wie ein riesiges Insekt aussehen lässt. Auf seiner Helmscheibe spiegeln sich die bunten, ständig wechselnden Lichter zahlloser Kontrollinstrumente. Ruhig und konzentriert drückt er Knöpfe. Es surrt und schnurrt. Der beruhigende, bedrohliche Sound einer Technik, die zerbrechliches Leben vor dem Vakuum schützt.

Ein schwarzer, gewaltiger Monolith schwebt zwischen den Monden.

Lichter füllen den Raum wie Perlen. In einer einzigen rasenden Bewegung aus Licht und Farben wird Bowmann in einen kosmischen Tunnel hineingezogen.

Alle Monde stehen in Konjunktur, in einer einzigen, geraden Reihe.

Eine endlose Viertelstunde rast Bowman durch seinen Trip. Schwebt durch kristalline Welten, wabernde Blasen, rast durch eine explodierende Supernova.

Die Musik stoppt.

Nun steht Dave Bowman, der letzte Held der Menschheit, in seinem roten Raumanzug, ohne Helm in einer bizarren antiken Wohnung. Eine Mischung aus römischer Villa und Renaissancepalast. Der Fußboden leuchtet in einem intensiven Licht, das dem Leuchten des Jupiters ähnelt. Er sieht sich selbst in einem barocken Spiegel. Er ist gealtert. Falten umgeben seine weit aufgerissenen Augen.

Ein alter Mann sitzt am Tisch. Der Kopf wie eine Krähe. Er greift nach einem antiken, fein ziselierten, an römische Kelche erinnerndes Weinglas. Es fällt vom Tisch. Zerschellt auf dem leuchtenden Boden.

Dave Bowman im Raumanzug sieht sich selbst, wie er, an den Rand des Todes gealtert, mühsam versucht, die Scherben aufzuheben.

Ein Greis liegt im Bett. Sein Gesicht ist eine faltige Maske des Vergehens. Langsam, unendlich langsam, hebt er die Hand. Mit den Klauen eines Sterbenden zeigt er auf den schwarzen, stummen Monolithen, der plötzlich im Zimmer steht.

Stille.

Das All.

Die Erde.

Das Kind.

Also sprach Zarathustra.

Technologie als Urmutter

So begann, vor bald einem halben Jahrhundert, meine Initiationsreise in die Zukunft. Die rätselhafte letzte Szene von Stanley Kubricks Filmepos »2001 – Odyssee im Weltraum« hat sich tief in meine neuronalen Muster eingegraben.

In den frühen siebziger Jahren – ich machte gerade Abitur und lag im rebellischen Grabenkrieg mit den Eltern – habe ich diesen Film zigmal gesehen. In einem Kino mit Liegesitzen und einer gewaltigen Leinwand, dem ersten Sensurround-Kino, das es in Deutschland gab. Immer in der Sonntagsmatinee, um elf Uhr, weil dann das Kino leer war und die süßlichen Schwaden, die unsere eingeschworene Clique von langhaarigen 2001-Fans produzierte, niemandem auffielen. Und weil der Eintritt statt neun nur fünf Mark kostete.

In vieler Hinsicht war der Film kein Erfolg. Mädchen, die ich in diese Vorführungen schleppte, waren irgendwie peinlich berührt von all diesem kosmischen Pathos. Ich war ihnen plötzlich unheimlich, und sie verdrückten sich nach dem Kino schnell zu ihren Eltern. Kubricks Spaceopus war irritierend, abgedreht, unerlöst. Und nie ein kommerzieller Erfolg. Als ich den Film vor einigen Jahren meinen Söhnen vorführte, ver-

Kapitel 11

suchten sie dauernd, den Schnellvorlauf zu betätigen. »2001«
ist quälend langsam. Allein die Szene, in der der dämonisch
intelligente Bordcomputer den Raumfahrerkollegen von Dave
umbringt, dauert ungefähr eine halbe Stunde. Eine Ewigkeit,
in der außer dem Atmen des Opfers und dem Blinken der
Kontrollleuchten kaum etwas passiert.

Erst in einem anderen Jahrtausend dämmerten mir die psychologischen und metaphysischen Dimensionen von Kubricks
Filmmeisterwerk.

Das Raumschiff auf dem Weg zum Jupiter ist Schauplatz
einer ungeheuerlichen narzisstischen Verwöhnungsfantasie.
Ein Uterus. Die Lebenserhaltungssysteme umgeben die Helden wie eine Hülle aus Komfort, Sorge und permanenter Aufmerksamkeit. Bildschirme registrieren jede Körperfunktion.
Die Kontrollpanels sind überall, und sie sind schön, vielfarbig,
ästhetisch, wahnsinnig sexy. Technologie wird hier endgültig
zur Urmutter.

Doch die Rebellion regiert auch hier. Junge, athletische
Männer entfernen sich von allen Profanitäten der sozialen
Welt, allen Bindungen, Verunreinigungen, schwachen Gefühlen, Verstrickungen in Genealogie, Erbe und Vergangenheit.
Legendär die Szene, in der Dave über eine Distanz von 80 Millionen Kilometern die Geburtstagsgrüße seiner spießigen Eltern
auf der Erde entgegennimmt, die sich mit ihren Ratenverträ-
gen, lächerlichen Geburtstagstorten und gesundheitlichen
Zipperleins abplagen. In Daves Gesicht spiegelt sich nur unendliche Coolness. Und die bunten Lichter des Lebenserhaltungs-
systems.

Odysseus reist zu den Sternen.

Höchste Freiheit. Und höchste Geborgenheit gleichzeitig.
Das kann, wie im wahren Leben, nicht gutgehen. Und so klopft
Doktor Faust – oder vielmehr Mephisto – an die Weltraum-

schleuse. Die große Raumschiffmutter verwandelt sich, wie im Märchen, in eine Hexe, die das Blut ihrer Kinder vergiftet. Die Nabelschnüre werden gekappt. Der Bordcomputer bringt die Raumfahrer in den Tiefkühlkammern um. Dave bleibt der einzige Überlebende, allein auf dem Weg zu den Sternen.

Die Prozesse, die Dave auf seiner Odyssee durchläuft, entsprechen den klassischen Metamorphosen der abendländischen Literatur. Nach Friedrich Nietzsche beginnt die menschliche Existenz mit dem Kamel-Sein. Das Kamel lässt alles über sich ergehen. Übt Demut, Selbstverleugnung, Genügsamkeit. Trainiert Leidensfähigkeit.

»Was ist das Schwerste, ihr Helden? so fragt der tragsame Geist, dass ich es auf mich nehme. Ist es nicht das: sich erniedrigen, um seinem Hochmuth wehe zu thun?«

Es folgt die Verwandlung des Kamels zum Löwen, dessen Ziele Macht und Selbstbestimmung sind, Autonomie, Aufbruch, Grenzüberschreitung. Der Löwe rebelliert gegen die ewigkeitsbeanspruchenden, abhängig machenden Werte des »großen Drachen«.

»Freiheit sich schaffen und ein heiliges Nein auch vor der Pflicht: dazu, meine Brüder bedarf es des Löwen. Recht sich nehmen zu neuen Werthen – das ist das furchtbarste Nehmen für einen tragsamen und ehrfürchtigen Geist.«[1]

Dem Löwendasein folgt die Katharsis. Wir verglühen beim Wiedereintritt in die Atmosphäre, vergehen in Kaskaden von Licht. Aber wir erfinden uns neu.

Das wiedergeborene Kind. Der Schöpfermensch. Der Supermensch.

Also sprach Zarathustra.

Stanley Kubrick hat den religiösesten Film aller Zeiten gedreht. Und den blasphemischsten zugleich. Wir sind Helden des Aufstiegs. Aber am Ende stehen wir vor einem schwarzen Spiegel. Und sehen immer nur uns selbst. Auch die Götter sind nur Maschinen.

Eine Minute über Wasser

Wie können wir jemals an die Zukunft glauben, solange es den Tod gibt?

Irgendwann um mein zehntes Lebensjahr herum wurde mir bewusst, wie ungeheuer lange die Zeit dauert, in der ich tot sein werde. Diese Aussicht auf den gigantischsten aller Abgründe hat mich bis heute nicht verlassen. Sie hat sicher zu einer Berufswahl beigetragen, in der ich zumindest im Geiste diese lächerlich kleine Zeitspanne des individuellen Lebens ein wenig ausdehnen kann.

Wie ist ein Universum möglich, in dem wir so viel Komplexität erfahren können, nur um mit dem nächsten Hauch hinweggeweht zu werden, für die nächsten Milliarden Jahre?

Wie können wir jemals die Angst überwinden, wenn die Wunder, die uns umgeben – *der harsche Klang der Jahreszeiten, das Lachen der geliebten Person, das tiefe Blau des Planeten, der Genuss eines langen Mahles, das Klingen der Stimmen über den Platz, der Geschmack der Luft am Meer* – vorbei sind, kaum dass sie entstanden?

Es gibt viele Varianten, damit umzugehen. Zynische, sentimentale, zornige, weise oder einfach nur lapidare. Der amerikanische Filmemacher Woody Allen, bekannt für seine ironischen Kommentare zum Thema Tod, sagte einmal gänzlich humorlos:

»Wir treiben dahin, alleine im Kosmos, und üben monströse Gewalt gegeneinander aus, einfach nur aus Frustration und Schmerz.«

Rapper Ice-T formulierte:

»Wir sind dazu da, unseren Kopf gerade mal eine Minute über Wasser zu halten, um dann gleich wieder unterzugehen. Ein Mensch ist einfach ein weiteres Tier im großen Dschungel. Wir haben eine Menge verschiedener Instinkte, und die sind alle animalisch. Wir töten, weil wir ärgerlich sind oder Nahrung brauchen. Wir haben Babys, weil sich das gut anfühlt und wir für jemanden sorgen wollen. Das Leben ist wirklich kurz, und du wirst sterben, und deshalb solltest du jemanden zurücklassen, der weiter versucht, den Kopf über Wasser zu halten.«

Der britische Ökonom Wilfried Beckermann näherte sich dem Thema mit einem finalen Seufzer:

»Die Chancen, dass die Menschheit mehr als eine kleine Blase im Prozess der Evolution darstellt, sind äußerst gering.«[2]

Manche ertragen das Dasein auch stoisch-humorvoll, wie der Philosoph Odo Marquard:

»Vor Erweckungsutopien gefeit, vertraue ich auf einen Gott, der mich nach dem Tod nicht aufweckt, sondern ruhig weiterschlafen lässt.«[3]

Kapitel 11

Der Biologe Richard Dawkins lässt in seinem Buch »Der ent-
zauberte Regenbogen«, einem Klassiker der Evolutionsphilo-
sophie, einen tröstenden Blick zu: »Aber da ist auch das, was
uns im Grauen des Todes wieder trösten kann. Jene Ahnung,
dass das unentwegte Werden und Vergehen einen höheren
Sinn hat.« Ausgerechnet Dawkins, der normalerweise jeden
Versuch, der Evolution einen Sinn zu verleihen, im Namen
seines heiligen Atheismus bekämpft. Sein Kollege Stephen Jay
Gould bleibt da lieber nüchtern auf dem Teppich:

> »Wir sind hier, weil eine seltsame Gruppe von Fischen eine
> seltsame Anatomie von Flossen hatte, die in Beine für land-
> bewohnende Kreaturen mutierten; weil Kometen die Erde
> verwüsteten und die Dinosaurier ausrotteten, sodass Säuge-
> tiere eine Chance hatten; weil die Erde auch in den Eiszeiten
> niemals richtig durchfror; weil eine kleine und empfindliche
> Spezies, die in Afrika vor einer viertel Million Jahre erschien,
> es geschafft hat, bis heute mit Ach und Krach zu überleben.
> Wir mögen uns nach einer höheren Antwort sehnen, aber
> es existiert keine.«

Ein bisschen weiter denkt und formuliert es nur Ex-Apple-
Chef Steve Jobs in seiner berühmten Rede 2005 in Princeton:

> »Niemand will sterben. Selbst Menschen, die in den Himmel
> möchten, wollen nicht sterben, um dahin zu kommen. Und
> doch ist der Tod das Ziel, dass wir alle gemein haben. Und
> so soll es auch sein, denn der Tod ist höchstwahrscheinlich
> die beste Erfindung des Lebens. Er bewirkt den Wandel. Er
> entrümpelt das Alte, um Platz zu machen für das Neue.«[4]

Sterblichkeit als Hormesis der Evolution

Der Sinn von Altern und Tod ist in der Evolutionsbiologie lange ein offenes Problem gewesen. Warum verwirft die Natur mit jedem komplexen Organismus eine mühsam aufgebaute Struktur? Ist das nicht tatsächlich reine Energieverschwendung oder »Komplexitätsvergeudung«, also »unevolutionär«?

Und müsste nicht, im Umkehrschluss, früher oder später eine unsterbliche oder zumindest sehr langlebige Spezies die Herrschaft übernehmen und alle anderen, kurzlebigen Spezies verdrängen, allein aufgrund ihrer akkumulierten Erfahrung, ihres überlegenen Wissens?

Müsste Unsterblichkeit nicht evolutionär von gewaltigem Vorteil sein?

Experimente mit spieltheoretischen Simulationen zeigen, warum das nicht so ist. Und wohl auch nie der Fall sein wird. Der Brasilianer André C. R. Martins ließ in einer Evolutionssimulation eine sterbliche Spezies gegen eine unsterbliche antreten. Über einige Generationen entwickelten sich beide Spezies gleich gut – wenn sich an den äußeren Parametern nichts oder wenig änderte. Aber sobald Wandel in den Umweltparametern stärker wurde, sank die Umweltfitness der unsterblichen Spezies rapide. Und die Sterblichen trugen den Adaptionssieg davon. Früher oder später rotteten sie die Unsterblichen sogar aus.[5]

Auch hier gelten die Gesetze der »Resilienz durch Störung«. Wenn sich die Umwelt verändert, bekommt die neue Mutation eine Chance. Säugetierpopulationen, vor allem Menschen, haben neben dem genetischen noch einen kulturellen Mechanismus – da jede Generation immer »gegen den Stachel« löckt, kommt es zu immer neuen Varianten von sozialem und kulturellem Verhalten. Damit ist die jüngere Generation tendenziell immer ein wenig besser an die neuen Bedingungen angepasst.

Kapitel 11

Wenn die Alten ewig währten, könnte sich das Neue nicht durchsetzen. Während die Sterblichkeit dem Individuum schadet und durchaus auch evolutionäre Kosten verursacht (etwa den Verlust von Erfahrung), bildet sie einen enormen Vorteil für die Art. Die Tode erlauben den adaptiven Gen- und Kulturlinien, sich schneller durchzusetzen.

Sterblichkeit ist die Hormesis der Evolution.

Ein unsterblicher Organismus müsste, da er Umweltadaptionen nicht durch Mutationen und Juvenilität ausgleichen kann, auf alle möglichen Umweltveränderungen eingestellt sein. Er müsste superprädiktiv werden, also jede mögliche Störung perfekt voraussagen können, um sich dagegen zu wappnen. Zwangsläufig würde ein solcher Organismus versuchen, seine Umwelt Stück für Stück in Richtung Kontrolle und Berechenbarkeit zu modellieren (in gewisser Weise tun wir das ja heute schon).

Ray Kurzweils unsterbliche Nachkommen würden sich in einen Kokon der Stasis, der Nichtveränderung einweben. Sie würden die ganze Welt in ein Kontrollpult verwandeln. Die Götter würden sich von der Welt zurückziehen. Sie würden den Wandel unterdrücken – mit allen Machtmitteln, die einer langlebigen Spezies zur Verfügung stünde.

Die Götter würden, allmächtig geworden, das Universum erkalten lassen.

Sterblichkeit, so müssen wir erkennen, ist ein ziemlich guter Weg der Evolution, um das Leben zu bewahren. Sie ist nicht Feind, sondern Bedingung der Komplexität. Aber welche nützliche Illusion hilft uns, mit der subjektiven Kehrseite dieser evolutionären Wahrheit fertig zu werden?

Antike Denk-WG

Im Jahre 1750 machte der Schweizer Militäringenieur, Uhrmacher und passionierte Archäologe Karl Weber mit seinem Ausgrabungsteam in den Ruinen der Stadt Herculaneum eine ungewöhnliche Entdeckung.

Die vulkanische Schlacke, die 1700 Jahre zuvor beim Ausbruch des Vesuvs alles Leben in Herculaneum erstickt hatte, hatte sich im Lauf der Zeit in eine betonharte Masse verwandelt. In diese bis zu 25 Meter dicke Schicht ließ Weber Schächte bis auf 20 Meter Tiefe treiben. Von dort aus gruben seine Leute mühsam Tunnel in alle Richtungen, die wie beim Bergbau mit Stützbalken gesichert wurden. Man nutzte Hämmer, Meißel, Spitzhacken und Tran-Grubenlampen, also das, was die Technik des damaligen Bergbaus hergab.

Irgendwann durchbrach der kleine Trupp von Archäologen die Wände einer römischen Villa. Der Raum, den sie betraten, war für die römische Architektur des ersten Jahrhunderts nach Christi ziemlich ungewöhnlich. Ein einfaches Mosaik bedeckte den Boden. An den Wänden des tonnenförmigen Gewölbes fanden sich fast zweitausend faustgroße runde Spulen, schwarze Zylinder, die aussahen »wie runde Wurzelstücke auf einem Stock«. In der Mitte des Raumes schälte sich aus dem verdichteten Bimsstein etwas heraus, was sich als Überrest eines großen, von allen Seiten zugänglichen Schrankes entpuppen sollte. Im ganzen Raum verstreut lagen verkohlte Reste von Wachstafeln.

Als man die Zylinder näher untersuchte, stellte sich heraus, dass sie aus Schichten karbonisierten Papyrus bestanden. Immer wenn man versuchte, sie aufzurollen, zerfielen sie. Langsam begriffen die Ausgräber, was sie da gefunden hatten. Eine Bibliothek. Genauer: Eine Privatbibliothek. Die (bis heute) einzige nahezu vollständig erhaltene Bibliothek der

Kapitel 11

Antike, mit über 1700 Rollen. Die Rollen waren die Bücher, und die Wachstafeln waren kleine »Notizblöcke«, auf denen die Lesenden Anmerkungen notierten. Die iPads oder Post-its der Antike.[6]

Herculaneum ging, wie das benachbarte Pompeji, in der gewaltigen Eruption des Vesuvs im Jahr 79 nach Christus unter. In Minutenabständen rasten pyroklastische Druckwellen die Hänge des Vulkans herunter und töteten alle Bewohner, die nicht aufs offene Meer fliehen konnte. Millionen Tonnen Staub, Asche, pulverisierte Lava und Tuffstein begruben danach in einem tagelangen Bombardement die beiden Städte. Und so wurden wie durch ein apokalyptisches Wunder zwei der schönsten, wohlhabendsten Städte der römischen Kultur vollständig konserviert. Es gibt wohl niemanden, der sich der Faszination entziehen kann, in einer römischen Stadt umherzugehen, in der selbst die Preise für den Wein noch in Graffitiform an den Wänden kleiner Weinschänken am Straßenrand stehen. In Sesterzen, nicht Euro!

Herculaneum, anders als Pompeji direkt am Golf von Neapel gelegen, war zu seiner Zeit eine besondere Stadt. Am ehesten vergleichbar mit dem heutigen Monte Carlo oder Sylt. Hier verbrachten Feldherren und Senatoren in prächtigen Villen an den Hängen über dem Strand ihren Lebensabend – beschaulich, aber auch gesellig, wie die Bordelle, Badeanstalten und Theater beider Städte beweisen. Schon damals gab es offenbar den Effekt der Rentner-Umtriebigkeit und »Sun Cities« für die Reichen.

Anders als Pompeji ist die Ausgrabungsstätte von Herculaneum kein unbesiedeltes Gelände. Auf der Lava- und Bimssteinschicht wuchern seit Jahrhunderten Wohnsiedlungen, Garagen, Nutzfelder, Schrottplätze. Deshalb ist die Villa dei Papiri, zu der die damals entdeckte Bibliothek gehörte, bis

268

heute nicht vollständig ausgegraben. Dennoch ist ihre architektonische Grundstruktur vollständig bekannt – und so faszinierend, dass ein exakter Nachbau in Malibu entstand, finanziert von der Getty Foundation.

Die ganze Architektur der Villa dei Papiri – mit Terrassen zum Meer, kleinen Podesten im steinernen Garten, mehreren Gemächern, die offenbar für Gäste ausgelegt waren – machte eher den Eindruck eines Hotels, eines belebten Gästehauses als einer Privatvilla für einen einzelnen Aristokraten. Womöglich handelte es sich um eine Art philosophischen Alterssitz, eine Art Intellektuellen-Wohngemeinschaft, in der über Fragen der Welt und der Wirklichkeit debattiert wurde. Die Statuen, Fresken und Mosaike geben Hinweise auf die Weltanschauung der Besitzer – ein anmutiger Athlet, ein wilder Eber, ein trunkener Satyr.[7] Die meisten Hinweise gibt jedoch die ungewöhnliche Auswahl der Bibliothek. Viele der Werke galten in der damaligen römischen Epoche als skandalös. Sie entstammten der Feder oder dem Umfeld eines damals sehr umstrittenen »Genussphilosophen«: Epikur.

In einem Briefgedicht, das in der verkohlten Bibliothek gefunden wurde, lädt der Absender den Hausherrn Piso ein, ihn zu besuchen – zum »Zwanzigsten«, der monatlichen Feier zu Ehren des großen Epikur:

»Morgen, Freund Piso, wird dein Musikgenosse dich um drei Uhr nachmittags in seine bescheidene Bude locken.
Und wenn Du Euter missen musst oder Wein, abgefüllt in Chios,
So wirst Du doch getreue Kameraden finden –
Wirst Dinge hören, süßer als im Land der Phaiaken.«[8]

In einem seiner überlieferten Briefe schrieb Epikur:

Kapitel II

»Wenn wir also behaupten, dass die Lust das höchste Ziel sei, meinen wir nicht die Gelüste der Zügellosen und die Schlemmereien, wie manche Ignoranten, Gegner und Verleumder meinen, sondern die Freiheit von Körperschmerz und Seelenstörung ... Nicht Saufereien und Orgien am laufenden Band, nicht der Genuss von Knaben und Frauen, von Fischen und was eine luxuriöse Tafel sonst noch bietet, macht das lustvolle Leben aus, sondern das nüchterne Nachdenken, das die Gründe für alles Wählen und Meiden ermittelt und jene Meinungen vertreibt, die der Seele die größte Verwirrung verursachen.«[9]

Modulare Emergenz

In seinem preisgekrönten Buch »Die Wende – Wie die Renaissance begann« beschreibt der amerikanische Historiker Stephen Greenblatt einen weiteren spektakulären Fund in der geheimnisvollen Villa.[10] Eines der gewaltigsten und zartesten, poetischsten, ketzerischsten Manuskripte der Antike, Lukrez »De rerum natura – Über die Natur der Dinge«. Ein Werk, das bis zu dieser Ausgrabung nur ein einziges Mal, wahrscheinlich im Kloster von Fulda, aufgefunden wurde.

Lukrez wurde um 97 vor Christus geboren. Über sein persönliches Leben ist wenig bekannt; sicher ist nur, dass auch er ein Anhänger des Epikur war und unverheiratet blieb. Der Kirchenvater Hieronymus schreibt in seiner Chronik zum Jahr 54 vor Christus, dass Lukrez nach der Einnahme eines Liebestranks *(amatorio poculo)* dem Wahnsinn verfallen sei und schließlich Selbstmord verübt habe. Ein Genussmensch? Ein Ekstatiker? Ein Extremist?

Lukrez war, zu seiner Zeit schon, ein multimobiler Mensch. Er bereiste den gesamten antiken Raum, von Ägypten bis Mesopotamien, von Syrakus bis, wahrscheinlich, Gallien. Dazwischen kam er, das ist zumindest nicht unwahrscheinlich, immer wieder in der Villa dei Papiri vorbei. Die einzige Schrift, die von ihm erhalten ist, ist eine Art Gesang, ein gewaltiges Gedicht in Versen und vielen tausend Zeichen, das gleichzeitig eine komplette Weltlehre beinhaltet und das Wissen seiner Zeit in einen neuen Zusammenhang stellte: Naturwissenschaften, Kosmologie, Ernährungskunde, Kulinarik, Liebeskunst. Der spanische Philosoph George Santayana nannte seine Lehre der Partikel »den großartigsten Gedanken, auf den die Menschheit je gekommen ist.«[11]

Glaubender Atheismus: Lukrez leugnet nicht die Existenz der Götter. Die Götter sind für ihn allerdings Wesen, die in einer anderen Dimension existieren und den Menschen eher gleichgültig gegenüberstehen. Religion ist für ihn eine verständliche Illusion. Die Idee eines »kümmernden« oder auch »strafenden« Gottes lehnt Lukrez jedoch als Größenfantasie ab, eine »Ausgeburt pöbelnder Beleidigung«.[12] Ebenso hält Lukrez die Idee der unsterblichen Seele für eine tröstliche, aber haltlose Illusion. Die Seele stirbt mit dem Tod.

> »Nichts kann je aus dem Nichts entstehn durch göttliche Schöpfung.
>
> Denn nur darum beherrschet die Furcht die Sterblichen alle,
>
> Weil sie am Himmel und hier auf Erden gar vieles geschehen
>
> Sehen, von dem sie den Grund durchaus nicht zu fassen vermögen.
>
> Darum schreiben sie solches Geschehn wohl der göttlichen Macht zu.«[13]

Modulare Emergenz: Für Lukrez setzen sich die Weltphänomene aus kleinen, unsichtbaren Teilen zusammen, aus Bausteinen, die er »Keime« nannte. Diese Teile sind unendlich an der Zahl, haben aber eine begrenzte Verschiedenartigkeit. Die Zusammensetzung bildet dabei »erstaunliche Gesetze«, die sich aus den Einzelteilen selbst nicht erklären lassen. Das Wesen dieser Teile ist ihr Drang zu ständiger Neukonfiguration und Wiederverwertung. Sie sind unzerstörbar und ewig, aber alles, zu dem sie sich zusammensetzen, zerfällt wieder.

Das Lied der Autopoiese: Zukunft – oder Geschichte – entsteht nach Lukrez durch winzige Abweichungen, die Natur ist ein ewiges Experiment. Während die Partikel (der Begriff Atome hatte sich zu Lukrez' Zeit noch nicht durchgesetzt) in den Dingen oder Organismen »arbeiten«, werden sie von Zufallskräften, *declinatio* oder *inclinatio*, abgelenkt. »Die Familie der Tiere entsteht und gedeiht und des Äthers umkreisende Feuer werden niemals erlöschen.«[14] Der Zufall der Verbindungen bedingt aber auch die Freiheit des Menschen, seine Chance, sich immer neu zu entscheiden und zu bewegen.

> »Leihe mir jetzt ein offenes Ohr, mein Gajus, und widme
> Aller Sorgen entledigt den Geist der Erkenntnis der Wahrheit.
> Leicht sonst könnt' es geschehen, dass, ehe du richtig verstanden,
> Du mein emsig geschaffenes Werk nichtachtend verwürfest.
> Denn es beginnt von dem Himmelssystem und dem Wesen der Götter
> Völlig den Schleier zu ziehn und der Welt Elemente zu lehren.
> Denn aus ihnen erschafft die Natur und ernähret und mehret
> Alles; auf diese zuletzt führt alles sie wieder zurück,
> Wenn es vergeht. Wir nennen sie Stoffe und Keime der Körper
> Oder die Samen der Dinge nach unserer Lehre Bezeichnung,
> Oder wir sprechen wohl auch von ihnen als Urelementen,
> Weil aus ihnen zuerst ein jegliches wurde gebildet.«[15]

Die Wurzel des Leidens bilden Fehlerwartungen. Nicht die Sünde ist für Lukrez die Ursache für das Leid der Welt. Er sieht in den »höheren Zielen«, den ewigen Idealen und Ideologien, im »überzogenen Streben« die Ursache des Unglücks. »Menschen erleiden die schlimmsten Übel, nur um die fremdesten Begierden zu erfüllen.«[16]

Lukrez sah die Zerbrechlichkeit der Welt als ihr inneres Wesen und ihre Kontinuität gerade in dieser Zerbrechlichkeit. Und er war auch noch Prognostiker. In einer Passage über Kosmologie nimmt Lukrez – sein Hauptwerk entstand im Jahre 55 – den kommenden Ausbruch des Vesuvs in prophetischer Weise vorweg:

»Trotzdem sprech' ich es aus. Vielleicht wird bald das Erlebnis
Selbst mein Wort noch bewähren, vielleicht wirst selbst du noch sehen,
Wie durch ein Beben der Erde im Augenblick alles in Staub stürzt.
Möge jedoch Fortuna, die Lenkerin, uns es ersparen,
Möge uns mehr die Vernunft als das eigne Erlebnis belehren,
Dass auch die Welt zugrunde kann gehn in klirrendem Einsturz.«[17]

Der Sinn des Lebens ist Glück, Genuss und das Vermeiden von Leiden nicht nur für sich selbst. Spätestens hier berührt sich Lukrez' Lehre mit dem Buddhismus, der in einem anderen Teil der Welt seinen Anfang nahm. Aber sein Weltbild handelt nicht von der ewigen tragischen Wiederkehr, dem Rad des Leidens durch das Ich, das nur durch den Eingang ins Nirwana zu unterbrechen wäre. In Lukrez' Welt ähnelt die Wirklichkeit einem ewig strudelnden Fluss, dessen Bett und Ufer und Richtung sich ständig verändert. In diesem Fluss sind wir die Fische oder Wassertropfen oder Moleküle. Und für den Ozean, behauptet Lukrez, ist kein Wassertropfen unwichtig.

»Unter allen, da die sterblich sind, kreist doch das Leben,
weil sie sich, den Läufern gleich, die Fackel weitergeben.«[18]

Das letzte Tor

Am letzten Tor können wir üben, den Tod loszulassen.

Ich sage bewusst »loslassen«. Und nicht »überwinden« oder »akzeptieren« oder »die Angst verlieren«. Das ist schlechterdings unmöglich. Die Evolution hat uns – auf der Ebene der kreatürlichen Emotion – mit der instinktiven Todesfurcht ausgestattet, und wir wären von allen sieben Affen verlassen, wenn wir den Tod auch noch »umarmen« oder »willkommen heißen« würden.

Loslassen meint, dass wir uns auf eine Wahrnehmungsebene begeben, in der »Tod« eine andere Bedeutung hat. Diese Ebene ist uns allen nicht völlig fremd. Wenn wir Kinder haben, führt die Generativität dazu, dass wir in gewisser Weise in ihnen weiterleben wollen. Wir machen unser Testament, weil wir wissen, dass mit unserem Verschwinden nicht die Welt verschwindet.

Loslassen benötigt Stoizismus. Was aber keineswegs bedeutet, »das Übel mit Gleichmut zu ertragen«, wie es Bertrand Russell dem Stoizismus unterstellte (»Vernichtung der gegenwärtigen Welt durch Feuer und anschließend Wiederholung des gesamten Vorganges! Kann man sich etwas Sinn- und Zweckloseres vorstellen?«).[19]

»Ein besonderes Merkmal der stoischen Philosophie ist die kosmologische, auf Ganzheitlichkeit der Welterfassung gerichtete Betrachtungsweise, aus der sich ein in allen Naturerscheinungen und natürlichen Zusammenhängen waltendes universelles Prinzip ergibt.« So heißt es in Wikipedia. Kaiser Mark Aurel, der letzte bedeutende Stoiker- und Philosophen-Kaiser des Römischen Reiches, beschrieb diese Haltung so (»Selbstbetrachtungen« VII, 9):

»Alles ist wie durch ein heiliges Band miteinander verflochten. Nahezu nichts ist sich fremd. Alles Geschaffene ist einander beigeordnet und zielt auf die Harmonie derselben Welt.«

Angst, die uns von der Zukunft trennt, entsteht dann, wenn wir diese Kontexte als Abgründe wahrnehmen, als unlösbare Widersprüche zwischen Ich und Welt, Körper und Universum. Doch diese Rekursionen bilden keine Eingrenzungen, sondern Verbindungen, in der Fachsprache der Systemtheorie »Re-Entrys«. Sie sind nicht die Abgrenzungen, sondern die Öffnungsmuster unserer Existenz. Durch diese Erweiterungen kehrt die Komplexität wieder zu uns zurück. Frei nach Martin Heidegger: Das »Dasein« ist solange in Sorge, als es kleiner ist als die Welt. Wir können uns »Ent-Sorgen«, indem wir das Ganze nicht nur sehen, sondern sind.

Oder, wie es die systemische Beraterin Silke Seemann formuliert:

»Die Mühelosigkeit verdankt sich einer In-Differenz von Bewusstsein und Welt, von innen und außen. Das Dao fordert, das In-der-Welt-Sein zu einem Welt-Sein zu *entgrenzen*, zu entdifferenzieren.«[20]

Wenn wir uns als Teil einer nach oben offenen Komplexitätsspirale sehen, kann uns dies auch entlasten. Wir müssen nicht mehr als tragische Helden zwanghaft zu den Sternen aufsteigen, um dann rauschhaft in der großen Katharsis unterzugehen – der ewige heroische Versuch, das unentwegte Ikarus-Fahrstuhl-Drama. Wir können uns endlich entspannen, als Teil eines größeren Werdens. Aber auch in Verbindung zu den vielen Menschen, die heute leben. Und noch leben werden. [21]

Auf diese Weise wird die Zukunft von jenem Ort, an dem wir in die Bedeutungslosigkeit stürzen, zu einem Raum, zu dessen Entstehen wir beigetragen haben. Von einem Ort der Vernichtung unserer Existenz zu einem Werk unserer Urheberschaft.

Ist das alles nur ein schwacher Trost? Natürlich möchten wir im ganz konkreten Woody-Allen-Sinn ewig leben (»Unsterblichkeit möchte ich nicht durch meine Werke erreichen, sondern indem ich ewig lebe; am besten in meinem Appartment«). Unser Kontrollpult soll ewig dastehen und mit den Lichtern flackern. Aber vielleicht wird auch das irgendwann öde. Von John Keats, der das Beste der europäischen Romantik mit der Kühle des Angelsachsentums vereint, stammt dieses Gedicht:

> »Now more than ever seems it rich to die,
> To cease upon the midnight with no pain,
> While thou art pouring forth thy soul abroad
> In such an ecstasy!«[22]

Der Zukunftsgarten

Jetzt, wo die Zukunftstore allmählich mit ihrem verführerischen Summen aufhören, habe ich zum Gärtnern zurückgefunden. Anstatt Selbstversorgungskampf übe ich heute allerdings eher epikureisches Gärtnern.

Der tägliche Umgang mit Pflanzen, Wachstum, zellulärem Geschehen ähnelt der seltsamen Tätigkeit des Zukunftsforschers. Wer gärtnert, braucht einen weiten Blick. Man muss vorausahnen, wie ein Garten in zwei, fünf, zehn, ja fünfzig Jahren aussieht. Große Bäume brauchen ein Jahrhundert, mindestens. Man lernt etwas über viele Prinzipien der Zukunftsgenese. Etwa über »Pfadabhängigkeit« – eine Pflanze wächst immer in mehreren Phasen, und wenn sie auch nur in einer davon vernachlässigt wird, wird sie nie Früchte tragen. Man lernt etwas über Substanz und Ergebnis – wie sich die Erde über die Zeit verändert, molekular auslaugt oder anreichert.

Der Gärtner braucht kein Kontrollpult. Er nutzt die Kräfte der Selbstorganisation, die ihn reichlich umgeben. Um mich herum sind zellulare Strukturen ständig damit beschäftigt, neue Moleküle, Proteine, Vitamine zu schaffen. Dagegen ist die mechanische Welt nur klobig und schwerfällig. Wachstum ist elegant.

Nur eins ist sicher: Man wird nie »endgültig gewinnen«.

Nachdem ich die Tomaten mit ihrem sensiblen Hang zu Fäule oder Vertrocknen in den Griff bekommen habe, experimentiere ich in diesem Jahr mit frischem Pferdemist. Für Zucchini, Rosen und Kürbis hat sich das als Segen herausgestellt, aber die Kartoffeln bekamen eine seltsame Gelbfäule, und die Karotten verzweigten sich schrecklich.

Den großen Schneckenangriff im Mai habe ich – ich gestehe meine Umweltsünde! – mit Waffen zurückgeschlagen, die aus finsteren Laboren stammen. Der alte Kirschbaum neigt sich dem Ende zu. Ebenso die beiden Pflaumenbäume, die im letzten Jahr genau zehn zuckersüße Pflaumen produziert haben, die der Hund so lecker fand, dass er neun von ihnen verschlang.

Die Äpfel haben alle Schorf. Die Kohlrabi sind wegen der Hitze klein und hart. Dafür wachsen Quitten wie Unkraut.

»Ich möchte, dass der Tod mich beim Kohlpflanzen antreffe – aber derart, dass ich mich weder über ihn noch über meinen unfertigen Garten gräme«, schrieb Montaigne in »Philosophieren heißt Sterben lernen«.[23] Wussten Sie, dass Okra blüht wie Malven oder eine Orchidee? Und Topinambur, dieses sonnenblumenähnliche Unkraut, Darmkrämpfe verursacht und sich, hat es einmal Wurzeln geschlagen, nie wieder ausrotten lässt?

Kapitel 11

Dieses Jahr ist es so heiß, dass sogar die Bananenstaude anfängt, Früchte zu tragen – auf dem 48. Breitengrad – und die Auberginen sich zu einem richtigen Wald verdichtet haben. Global Warming kann ein Segen sein, wenn man auf der richtigen Seite gärtnert.

Manchmal träume ich nachts vom perfekten Zukunftsgarten. Einer vollautomatische Anlage mit perfektem Genfood, in exakten Reihen gezogen. Die Tomaten, riesig und saftig, wohlschmeckend. Emsige Roboter jäten jedes noch so kleine Unkraut, sprühen Schutzmittel, ernten genau zur richtigen Zeit. Die Äpfel ohne Wurmlöcher, die Auberginen glänzende Schönheiten. Eine künstliche Sonne zieht durch die milchige Luft. Ernten kann ich einfach mit einem Klick-klick von meinem Kontrollpult aus, das mit wunderbar leuchtenden Bildschirmen ausgestattet ist. Darauf kann ich sogar den Gang der Sonne kontrollieren. Alles funktioniert mit einer simplen Handbewegung, beim Ernten der Karotten ertönt ein Geräusch: schrapp, schrapp, schrapp. Schon sind die Reihen gesät, die Möhren geschnitten, eingekocht, eingefroren, in exakt gleichen Teilen zum Verzehr vorbereitet.

Es ist die Zukunft.

Schweißgebadet wache ich auf.

Pilze finden, nicht suchen

Eine Danksagung

I rarely end up where I was intending to go.
But often I end up somewhere that I needed to be.
Douglas Adams, »The Long Dark Tea-Time of the Soul«

Irren im Wald

In den schweren Zeiten meiner Kindheit brachte mir meine
Großmutter bei, dass man Pilze nur findet, indem man sie
nicht sucht.

Pilze entstammen einem Reich irgendwo zwischen tiefen
Träumen und moosiger Vergänglichkeit. Nach Bakterien,
Algen, den Amöben und Moosen sind sie die nächste Art, die
vor fast einer Milliarde Jahren auf der Erde entstanden sind.
Pilze können giftig sein. Oder köstlich nach dem Reich der
Erde schmecken.

»Ich habe auch Pilze studiert, damit ich mich nicht umbringe,
wenn ich esse, was ich finde«, schrieb der Philosoph und Musiker John Cage in seinen Tagebüchern.[1]

Pilze sind die Fruchtkörper eines Netzwerkes, das größere
Anstrengungen für sein Weiterleben eigentlich gar nicht nötig
hat. Auf geschickte Weise scheinen sie sich dem evolutionären Zwang zu widersetzen. Solange es den Wald gibt – und
es wird ihn, entgegen allen Untergangsgesängen noch lange
geben –, kann sich der Pilz einfach auf diskrete Weise unterirdisch ausbreiten, als Rhizom, als unendlich wachsendes
Netzwerk.

Eine Danksagung

Nur manchmal, wenn es auf eine bestimmte Weise regnet – andauernd, mäßig, warm, möglichst bei Windstille, ach, Pilze sind anspruchsvoll –, leisten sie sich den Luxus der Fruchtkörper, die über Nacht aus dem Boden schießen und übermorgen schon von Maden zerfressen sein können.

Zum erfolgreichen Pilzesuchen braucht man eine Haltung, die den Misserfolg bejaht. Wie oft bin ich kilometerweit durch den Wald geirrt, umsummt von Mücken, mit drückenden Wanderschuhen, und habe maximal eine vertrocknete Krause Glucke gefunden, drei popelige Ritterlinge und einen *Tylopilus felleus,* den gemeinen Bitterpilz, der so tut wie ein leckerer Steinpilz, aber kotzbitter schmeckt.

Meine Großmutter Hildegard hat mir gezeigt, wie man auch damit umgeht.

Die Flucht

1954, im Jahr vor meiner Geburt, schloss meine Großmutter zum letzten Mal die Tür ihrer schönen Altbauwohnung in Pirna bei Dresden zu, die in den letzten schweren Bombenangriffen einige Risse abbekommen hatte, aber wie durch ein Wunder nicht zerstört worden war. Alle Möbel, die Vorhänge, das Alltagsgeschirr waren an Bekannte und Verwandte verteilt worden. Das Meißner Porzellan und das Silbergeschirr ging an die Bediensteten, die vor dem Krieg der Familie Fröbe gedient hatten, oder an deren Kinder. Meine Großeltern nahmen den Zug nach Berlin, wechselten in den Westsektor – es gab noch keine Mauer – und landeten mit einem überfüllten Zug in Helmstedt. Dort stand das größte Flüchtlingslager der »Westzone«. Meine Großeltern wurden in nach Geschlechtern getrennte Baracken eingewiesen. Von nun an waren sie Bittsteller im Sozialsystem Westdeutschlands. Flüchtlinge, wie sechs Millionen andere Ostdeutscher auch.

Hildegard Fröbe, geborene Menzer, war die Tochter eines Postbeamten. 1905 bei Dresden geboren, erlebte sie in ihrer Jugend die Blüte der sächsischen Elbmetropole. 1929 heiratete Hildegard »ihren« Fritz Fröbe, das vierte von sieben Kindern eines Bergbaumeisters, der in der Bergbaustadt Freiberg im Erzgebirge mit einer Silbermine reich geworden war. Fritz und seine drei Brüder sollten Beamte werden, denn Beamte haben, wie meine Großmutter nie müde wurde zu betonen, »immer was, auch wenn alles in Scherben fällt, wenn's auch nicht viel ist«.

Meinen Großvater Fritz – der Schauspieler Gert Fröbe war mein Groß-Großcousin, also sein Cousin – kannte ich ausschließlich als pensionierten Amtsrichter, dessen wahrhafte Identität in der Rolle »Ehemann von Hildegard« bestand. Mit zunehmendem Alter erlebte ich ihn als gutmütigen, brummig verzweifelten Menschen, der niemandem Böses wollen konnte. Mit siebzig begann er, auf dem Klappsofa im Wohnzimmer stundenlang Horaz- und Homer-Verse, die er im Internat auswendig gelernt hatte, auf Altgriechisch zu rezitieren:

Ἄνδρα μοι ἔννεπε, Μοῦσα, πολύτροπον, ὃς μάλα πολλὰ
Sage mir, Muse, die Taten des vielgewanderten Mannes …

In dieser winzigen Dreizimmer-Sozialbauwohnung, im siebten Stock eines Nachkriegs-Sozialwohnungsbau-Hochhaus-Klotzes, mitten in einer Landschaft voller rauchender Schlote, eines von Ruß und Proletariertum bis an den Horizont geschwärzten Ruhrgebiets, verbrachte die erzbürgerliche Fröbe-Familie ihren Lebensabend. Hildegard blieb trotz dieses ungeheuren sozialen Abstiegs bis zu ihrem Tod ein Energiebündel. Sie war eine Liberale, die in ihrem Leben immer nur die (mentalen und realen) Trümmer von Diktaturen beseiteräumen musste. Sie hatte viele Talente, die Frauen in ihrer Zeit nur begrenzt entfalten konnten. Sie konnte singen. Dichten. Motivieren. Eine zerbröckelte Familie zusammenhalten. Sie konnte hoffen bis ans Ende der Welt.

Mehr Hildegardness!

Die Formulierung, »Pilze finden, nicht suchen«, stammt ursprünglich vom kleinen Tiger, einer Figur des Zeichners Janosch. Der kleine Tiger ist auf ähnliche Weise im Universum verloren wie wir alle. Die Welt ist nicht so schön, wie der kleine Tiger es sich immer in seinen Träumen vorgestellt hat. Das findet er bei seiner Schatzsuche heraus. Die Leute sind genau genommen alle recht kompliziert. Manchmal richtig übellaunig. Sie haben einen Spleen, und hoppla! – dieser Spleen wird bisweilen mörderisch. Dann muss man »das Hasenpanier« ergreifen und »die Beine in die Hand nehmen«.

Wenn wir uns furchtbar nach Liebe sehnen, verhalten wir uns selten attraktiv. Wenn wir dringend Karriere machen wollen, flüchtet das Leben durch die Hintertür. Wenn wir »ums Verrecken« (ein typischer Ausdruck meines Vaters) glücklich werden wollen, wird nichts draus.

Was meine Großmutter Hildegard mir auf den Weg gab, war eine Art Erwartungsmanagement.

Meine Großmutter hat die Welt nie schöngeredet. Sie war sentimental, aber nie weinerlich. Den Verlust ihrer geliebten Heimatstadt Dresden nahm sie hin, als unweigerliche Konsequenz. Die Vorstellung im Dritten Reich »nichts von den KZs gewusst zu haben«, fand sie bizarr, lächerlich. Wenn ich mich mit ihr – was selten, aber in der rebellischen Zeit bisweilen

Pilze finden, nicht suchen

vorkam – über politische Dinge stritt, sah sie mich mit leicht ironisch erhobenen Augenbrauen an und fragte mich in ihrem melodiösen Sächsisch:

Sind die Menschen wirklich (»wirglisch«) so, wie du dir das denkst?

Meine Großmutter war eine evolutionäre Humanistin. Sie glaubte nicht an ein Utopia, an den geläuterten, besseren Menschen in einer guten Gesellschaft. Wie auch, nach ihrer Lebenserfahrung? Aber sie traute den Menschen, und der Welt, etwas zu. Das Europa von heute zum Beispiel – katastrophal überschuldet, hoffnungslos verworren, am Ende? Meine Großmutter hätte nur mit dem Kopf geschüttelt. Und auf das von Stacheldraht und zerbombten Städten geprägte Europa ihres Lebens hingewiesen. Was hätte meine Großmutter zur »größten Finanzkrise aller Zeiten« gesagt? Angesichts ihrer Erfahrungen mit Hyperinflation, Weimarer Republik, Sozialismus hätte sie wohl gesagt: Seid ihr denn alle meschugge (sie benutzte tatsächlich das jiddische Wort)? Was regt ihr euch so auf? Das soll eine Krise sein?

Müssen Familien immer harmonisch, glücklich, friedfertig sein? Meine Großmutter hätte sich diese Frage nie gestellt, weil es in unserer durch Mauern, Kriege und andere Traurigkeiten zerrissenen Familie diese Option gar nicht gab.

Im Englischen gibt es die schöne Nachsilbe *-ness,* im Sinne von »charakteristische Art und Weise«. Oona, die Frau an meiner Seite, hat eine ganz spezifische *Oonaness.* Ihre Art und Weise zu lachen, Kopfweh zu haben, den Hund zu beschimpfen, ironisch zu sein, bildet ein Muster, dass sich nicht nur in unseren Nachkommen, sondern in den Mustern der Welt wiederfindet.

Hildegardness ist ein ganz besonders schönes Muster. Ein prächtiges Mem für die Kohärenz der Welt. Ich bin mir ganz

283

Eine Danksagung

sicher, dass unsere Nachkommen sich noch in Millionen von Jahren daran begeistern werden. Auf allen von der Menschheit und ihren Derivaten bewohnten Entitäten, auf allen Orbit-Habitaten und Terraform-Planeten, auf allen Kommandobrücken der Sternenflotte wird Hildegardness gefeiert werden. Und alle werden sich prächtig amüsieren.

Anmerkungen

Vorwort: Im Keller meines Vaters

1 Patrick Stewart: »Ich habe einen Traum«, in: »Zeit« 5/2003 (http://www.zeit.de/2003/05/Traum_2fStewart)

2 Matthias Horx: »Technolution – Wie unsere Zukunft sich entwickelt«, Frankfurt 2007

3 John Brockman: »This Explains Everything", New York 2013, S. 58

4 Julian Huxley: »Die Grundgedanken des evolutionären Humanismus«, in: Julian Huxley: »Der evolutionäre Humanismus. Zehn Essays über die Leitgedanken und Probleme«, München 1964. Siehe auch Michael Schmidt-Salomon: »Manifest des evolutionären Humanismus. Plädoyer für eine zeitgemäße Leitkultur«, Aschaffenburg 2006

5 Schmidt-Salomon, zitiert nach http://de.wikipedia.org/wiki/Evolution%C3% A4rer_Humanismus

1 Der apokalyptische Spießer

1 Wer diese spüren will, sollte sich die Ted-Konferenz in Mogadischu anschauen mit dem Motto »rebirth« (http://tedxmogadishu.com)

2 Kishore Mahbubani: »The Great Convergence – Asia, the West and the Logic of One World«, New York 2013, S. 2

3 http://www.spiegel.de/politik/deutschland/augstein-kolumne-am-schmelzpunkt-des-sozialen-systems-a-913612.html

Anmerkungen

4 http://www.spiegel.de/wirtschaft/soziales/us-notenbank-haelt-banken-fuer-krisenfest-a-887570.html

5 Hans Magnus Enzensberger: »Enzensbergers Panoptikum – Zwanzig Zehn-Minuten-Essays«, Berlin 2012, S. 69

6 Alice Park: »The Two Faces of Anxiety«, in »Time« 5. 12. 2011, S. 33

7 Alice Park: »Anxiety«, S. 34

8 http://medical-dictionary.thefreedictionary.com/Anxiety

9 Jeffrey P. Kahn: »Angst – Origins of Anxiety and Depression«, Oxford 2012, S. 96. Siehe auch Joanna Bourke: »Fear – A Cultural History«, London 2005, S. 390

10 Hans Rosling, Entwickler des Datensystems GAPMINDER, mit dem man die Entwicklung jedes einzelnen Landes der Erde verfolgen kann – von der Geburtenrate über Einkommen, Gesundheitsstatus, Ernährung, religiöse Bindungen etc. – hat diese »Kulturthese« auf charmante Art und Weise widerlegt. In seinem Vortrag auf der TED-Konferenz in Doha wies er nach, dass die Religion keinerlei Einfluss auf die Geburtenrate in den verschiedenen Ländern der Erde hat; http://www.gapminder.org/videos/religions-and-babies/

11 Daniel Kahneman: »Schnelles Denken, langsames Denken«, München 2012, S. 72

2 Der Fahrstuhl-Effekt

1 »The Next Supermodel: Why the World Should Look at the Nordic Countries«, in: »The Economist«, 8. 2. 2013

2 Claus Leitzmann, Rainer Stange: »Ernährung und Fasten als Therapie«, Berlin/Heidelberg 2010, S. 202

3 Berthold Seewald: »Kriegsleute – Wie die Wikinger das Abendland modernisierten«, in: Welt Online (http://www.welt.de/kultur/article2924847/Wie-die-Wikinger-das-Abendland-modernisierten.html)

Anmerkungen

4 Siehe Bertelsmann-Studie zum Vertrauensfaktor sowie das »Radar gesellschaftlicher Zusammenhalt« der Jacobs University Bremen; http://www.sueddeutsche.de/leben/ studie-der-bertelsmann-stiftung-deutsche-haben-nur-maessigen-gemeinsinn-1.1722289; Stefan Bergheim: »Die breite Basis gesellschaftlichen Fortschritts: Freiheit, Vertrauen, Toleranz, Bildung und vieles mehr«, Deutsche Bank Research, 2008 (http://www.dbresearch.de/PROD/ DBR_INTERNET_DE-PROD/PROD0000000000229332. pdf)

5 Kathryn Schulz: »Being Wrong – Adventures in the Margin of Error«, London 2011, S. 73. Siehe auch Eugene Winograd, Ulrich Neisser: »Affect and Accuracy in Recall – Studies of ›Flashbulb‹ Memories«, Cambridge, Mass., 1992

6 Siehe auch David McRaney: »You Are Not So Smart – Why Your Memory Is Mostly Fiction, Why You Have Too Many Friends on Facebook, and 46 Other Ways You're Deluding Yourself«, London 2012, S. 175 (dt. Ausgabe: »Ich denke, also irre ich«, München 2012)

7 Julia Weiler, Irene Daum: »Mentales Zeitreisen – Neurokognitive Grundlagen des Zukunftsdenkens«, in: »Psychatrie«, 76, 2008, 539–548; Bridget Murray: »What Makes Mental Time Travel Possible?«, in: »APA-Monitor«, 34/9, 2003, S. 62

8 Michael Corballis: »The Recursive Mind – The Origins of Human Language, Thought, and Civilisation«, Princeton 2011, S. 211

9 Manfred Dworschak, Johann Grolle: »Als wären wir gespalten«, in: »Spiegel« 21. 5. 2012 (http://www.spiegel.de/spiegel/ print/d-85833401.html)

10 Das Beispiel stammt aus Michael Blastland, David Spiegelhalter: »The Norm Chronicles«, London 2013, S. 47

11 Gerd Gigerenzer: »Risiko – Wie man die richtigen Entscheidungen trifft«, München 2013, S. 95

287

Anmerkungen

12 Wie beispielsweise die KiGGS-Studie des Robert-Koch-Instituts herausgefunden hat. KiGGS: Studie zur Gesundheit von Kindern und Jugendlichen in Deutschland, http://www.kiggs-studie.de

13 Shell-Studie und Generationen-Barometer. Siehe auch: »Bitte schön spießig«, in: »Zeit«, 21/2013

14 http://www.zeit.de/gesellschaft/2013-05/elternzeit-statistik-vaeter

15 Siehe auch Sabine Beppler-Spahl: »Glücksstudie – Den Kindern geht's gut!«, Novo Argumente (http://www.novo-argumente.com/magazin.php/novo_notizen/artikel/0001346)

16 Hat sich dieser Wandel der Erziehungskultur bereits positiv ausgewirkt? Ja: Die Jugendgewalt geht seit einigen Jahren zurück. Dies zeigen unsere seit 1998 wiederholt durchgeführten Schülerbefragungen ebenso wie die Statistiken der kommunalen Unfallversicherer. Letztere belegen, dass schwere schulische Gewalttaten seit 1997 um 40 bis 50 Prozent abgenommen haben. Und schließlich bestätigt sogar die Kriminalstatistik der Polizei trotz der steigenden Anzeigebereitschaft der Opfer den positiven Trend. Natürlich haben zu dieser erfreulichen Entwicklung auch andere Faktoren beigetragen. Aber mitentscheidend ist: Kinder werden heute von ihren Eltern weniger geschlagen und liebevoller erzogen als vor 20 oder 30 Jahren. Quelle: Christian Pfeiffer: »Mehr Liebe, weniger Hiebe«, in: »Süddeutsche Zeitung«, 14. 1. 2012 (http://www.sueddeutsche.de/politik/wandel-der-kindererziehung-in-deutschland-mehr-liebe-weniger-hiebe-1.1258028)

17 American Psychiatric Association: »Diagnostic and Statistical Manual of Mental Disorders«, Washington, DC, 1952

18 In Europa maßgebend für die Klassifikation psychischer Störungen ist daneben auch das ICD-10 (International Statistical Classification of Diseases and Related Health Disorders, 10th Revision) der Weltgesundheitsorganisation von 1992, das als

standardisierte Diagnosekriterien in der medizinischen Welt Anwendung findet, wobei hier alle Erkrankungen definiert werden (http://lexikon.stangl.eu/2478/diagnostic-and-statis-tical-manual-of-mental-disorders-dsm)

19 Ulrich Beck: »Risikogesellschaft. Auf dem Weg in eine andere Moderne«, Frankfurt am Main 1986, S. 122

20 Ein weiteres schön verschrobenes Zitat von Marquard: »Je besser es den Menschen geht, desto schlechter finden sie das, wodurch es ihnen besser geht: Die Entlastung vom Negativen verführt zur Negativierung des Entlastenden.« In: »Berliner Zeitung« 26. 2. 2008

4 Das magische Denken

1 Erzählt nach Margaret Heffernan: »Willful Blindness – Why We Ignore the Obvious at Our Peril«, New York 2011, S. 67ff.

2 »Computerspiele für die Seele«, in: »Focus« 6/2013, S. 92

3 Siehe Gottfried Schatz: »Die tragische Substanz – Wie Korro-sion und genetische Fehler Alterung und Krebs bewirken«, in: »Neue Zürcher Zeitung« 7. 11. 2012, S. 53

4 Mina Bissell: »Experimente, die zu einem neuen Verständnis von Krebs führen«, Video auf TED.com: http://www.ted.com/talks/mina_bissell_experiments_that_point_to_a_new_understanding_of_cancer.html

5 Moderne Zelltherapien, die auf den Wachstumsprozess von Tumoren einwirken, sind vielversprechend, aber die Hürden sind hoch. Solche Therapien müssen nicht nur zielgenau die Myriaden von Enzymen, Botenstoffen, RNA- und DNA-Über-tragungen kontrollieren, die der Tumor in seinem jeweiligen Status produziert. Sie müssen auch noch prediktiv sein, das heißt, die Mutationen, die der Tumor durchläuft, vorher-sagen können. Denn ein Tumor im »vollen Lauf« wechselt

Anmerkungen

nicht in Tagen oder Wochen, sondern in Stunden die Struktur seiner Gene.

6 Siehe auch Michael Slezak: »Fighting Cancer Darwin's Way«, in: »New Scientist« 22. 6. 2013, S. 6f. Siehe auch: Colin Barras: »Are Tumours Our Oldest Ancestors?«, in: »New Scientist« 12. 3. 2011, S. 23

7 Ganz sicher ist selbst das nicht. Es gibt auch Studien, die das Gegenteil beweisen. Mehr zu dieser Debatte in Martin Seligman: »Flourish – Wie Menschen aufblühen«, München 2012, S. 282ff.

8 David MacRaney: »You Are Not So Smart – Why Your Memory Is Mostly Fiction, Why You Have Too Many Friends on Facebook, and 46 Other Ways You're Deluding Yourself«, London 2012, S. 120

9 David DiSalvo: »What Makes Your Brain Happy and Why Should You Do the Opposite«, New York 2011, S. 23

10 Robert Trivers: »Deceit and Self-Deception«, London 2011, S. 69 (dt. Ausgabe: Robert Trivers: »Betrug und Selbstbetrug – Wie wir uns selbst und andere erfolgreich belügen«, München 2013)

11 Trivers, »Deceit and Self-Deception«, S. 143

12 Trivers, »Deceit and Self-Deception«, S. 69

13 Trivers, »Deceit and Self-Deception«, S. 71

14 Gerd Bosbach, Jens Jürgen Korff: »Lügen mit Zahlen – Wie wir mit Statistiken manipuliert werden«, München 2011, S. 108

15 Neal Freedman von den National Institutes of Health der USA und seine Kollegen werteten Informationen von rund 229 000 Männern und 173 000 Frauen aus, die seit Mitte der neunziger Jahre an einer großen Studie (NIH AARP Diet and Health Study) teilnahmen. Nach neuen Erkenntnissen der Forscher des University Medical Center Utrecht hingegen mindern zwei bis vier Tassen Kaffee am Tag die Wahrscheinlichkeit, eine Herzkrankheit zu erleiden, um 20 Prozent. Erfreulich ist auch das Ergebnis einer Studie des Instituts für Ernährungs-

Anmerkungen

forschung, laut dieser verringert der Kaffeegenuss auch die
Gefahr, an Diabetes 2 zu erkranken, um 23 Prozent.

16 Ming Hsu, et al.: »Neural Systems Responding to Degrees of
Uncertainty in Human Decision-Making«, in: »Science« 310,
1680 (2005); DOI: 10.1126/science.1115327

17 vgl. Kathryn Schulz: »Being Wrong – Adventures in the Margin
of Error«, London 2011, S. 94

18 Chris Berdik: »Mind Over Mind: The Surprising Power of
Expectations«, New York 2012

5 Die Menschheitswette

1 Zitiert nach Matt Ridley: »Apocalypse Not«, in: »Wired« 9/2012,
S. 148

2 Der Brite Thomas Robert Malthus war Sozialphilosoph, angli-
kanischer Pfarrer und Professor für Geschichte und politische
Ökonomie. Berühmt wurde er vor allem durch seine Bevöl-
kerungstheorie, die er in zwei Werken 1798 und 1820 entwickelte.

3 Unbedingt ansehen: das Video von Hans Rosling, »The River
of Myth«, auf GAPMINDER: http://www.gapminder.org/
videos/the-river-of-myths/

4 Die beste Zusammenfassung findet sich in »World Population:
We Are 7 Billion«, in: »The Economist« 22. 10. 2011

5 »Global Population to Peak in 2070«, in: »New Scientist«
2. 8. 2001. Siehe auch Matthias Horx: »Das Megatrend-
Prinzip – Wie die Welt von morgen entsteht«, München 2011,
S. 268, sowie »Demography: A Tale of Three Islands, The
World's Population Will Reach 7 Billion – Don't Panic!«,
in: »The Economist« 22. 10. 2011

6 Andrew Zolli: »Resilience – Why Things Bounce Back«, London 2012, S. 14 (dt. Ausgabe: »Die 5 Geheimnisse der Über-

Anmerkungen

lebenskünstler – Wie die Welt ungeahnte Kräfte mobilisiert und Krisen meistert«, München 2013)

7 »Time« 27. 5. 2012

8 »Süddeutsche Zeitung« 30. 10. 2011

9 »Cognitive therapy« in Wikipedia, the free encyclopedia. Siehe auch Eric R. Kandel: »Placing Psychotherapy on a Scientific Basis«, in: John Brockman (Hrsg.): »This Explains Everything«, New York 2013, S. 292

10 J. W. Forrester, ein Computerexperte vom Massachusetts Institute of Technology, beschäftigte sich damals schon seit längerer Zeit mit weitreichenden Konflikten, die im globalen Zusammenhing stehen, und entwickelte hierzu »system-dynamische Methoden«. 1970 schlug er diese als ein angemessenes Instrument für die Verbreitung der Anliegen des Club of Rome vor. Der Vorschlag wurde angenommen und ein Team von Wissenschaftlern unter der Leitung von Dennis L. Meadows zusammengestellt. (http://www.urbaner-metabolismus.de/wachstum.html)

11 Cole/Freemann/Jahoda: »Models of Doom – A Critique of the Limits to Growth«, New York 1975, S. 109

12 http://www.carboncommentary.com/wp-content/uploads/2011/10/Peak_Stuff_17.10.11.pdf

13 Rund 100 000 tiefgefrorene Schweinebauchspeicheldrüsen wurden allein in Frankfurt am Main bei Hoechst täglich angeliefert, püriert und extrahiert. Die Produktion von Rinderinsulin kam noch hinzu. Fast 300 Millionen insulinpflichtige Diabetiker gibt es inzwischen weltweit. Würden alle noch Insulin vom Schwein erhalten, benötigte man für die Produktion die Bauchspeicheldrüsen von rund 1,5 Milliarden Schweinen pro Jahr. Statistiken zufolge gibt es eine knappe Milliarde Schweine weltweit. Vgl. »Pharmazeutische Zeitung« 37/2010: »Insulin: Hormon aus Bakterien, Hefen und Pflanzen«; http://www.pharmazeutische-zeitung.de/index.php?id=35237

Anmerkungen

14 Im unlängst veröffentlichten Bericht »2052«, geschrieben von
Club-of-Rome-Mitglied Jorgen Randers, werden dieselben
linearen Fehler gemacht. Statt der Apokalypse der Über-
population wird nun ein »Human Peak« von 8,1 Milliarden
Menschen bereits 2042 angenommen, aufgrund der schnel-
len Verringerung der Geburtenrate in den Städten. Das
Wachstum der Schwellenländer wird stark herabgesetzt, die
Menschheitskatastrophe ähnelt nun eher einer schrecklichen
Agonie als einer Explosion. Jorgen Randers gibt auf seinen
Pressekonferenzen unumwunden zu, seine Arbeit sei »aus
persönlichen Motiven« entstanden.

15 Wolfgang König, Wolfhard Weber: »Propyläen Technik-
geschichte«, Band 4: »Netzwerke – Stahl und Strom«, 1997

16 http://visual.ly/abundance-elements

17 Siehe auch Paul Sabin: »The Bet – Paul Ehrlich, Julian Simon,
and Our Gamble over Earth's Future«, New Haven 2013

18 John Tierney, in: »The New York Times Magazine« 2. 12. 1990

19 Julian L. Simon: »The State of Humanity«, Cambridge, Mass.,
1995, S. 7

20 David Eagleman: »The Umwelt«, in: John Brockman (Hrsg.):
»This Will Make You Smarter – New Scientific Concepts to
Improve Your Thinking«, New York 2012, S. 143 ff.

21 In »Sylvicultura oeconomica – Über die Ökonomie der Wild-
bäume« formulierte der Sohn eines Oberforstmeisters aus
Chemnitz, eben jener Hans Carl von Carlowitz, 1713 zum
ersten Mal das Nachhaltigkeitsprinzip.

22 Josef H. Reichholf: »Stabile Ungleichgewichte – Die Ökologie
der Zukunft«, Frankfurt 2008, S. 42 ff.

23 Siehe auch Novo-Argumente Online: »Ressourcendebatte –
Das Primat der Technologie«. Geologen schätzen, dass die
Kupfervorräte, gemessen an der gegenwärtigen Kupferpro-
duktion, für einige hundert Millionen Jahre ausreichen. Und
Erdöl? Schätzungen zufolge werden etwa 1010 t Kohlenstoff

Anmerkungen

pro Jahr in den Meeren durch Algen gebunden. Nach Vaclav Smil (»Oil – A Beginner's Guide«) gelangt etwa ein Prozent davon in Sedimentgesteine am Meeresgrund. Gesetzt den Fall, wiederum nur ein Prozent dieser Menge würde am Ende zu Rohöl (in diesem liegt der Massenanteil von Kohlenstoff bei etwa 85 Prozent), handelt es sich um eine Million Tonnen im Jahr. Seit mehr als zwei Milliarden Jahren findet dieser Vorgang nun statt, insgesamt also könnten in der Erdkruste 10^{15} Tonnen Erdöl vorhanden sein oder, anders ausgedrückt, eine Million Gigatonnen. Man kann mit solchen Abschätzungen leicht um Größenordnungen neben der Realität liegen. Aber ob die vorhandenen Mengen noch für Jahrtausende, Jahrzehntausende oder gar Jahrhunderttausende genügen, ist nicht entscheidend. Wichtig ist: Nicht nur bei Metallen und Mineralien, auch bei Erdöl können die irdischen Vorräte für alle sinnvollen Planungshorizonte als unendlich angesehen werden.

24 »Spiegel« 33/2012, S. 82

25 »Belgier entwickeln Elektromotor ohne Seltene Erden«, http://www.zeit.de/auto/2013-02/elektromotor-technik

26 Holger Fuss: »Die Klugheit des Kirschbaums«, in: »Berliner Zeitung« 26. 6. 2004 (http://www.berliner-zeitung.de/newsticker/michael-braungart-ist-ein-oeko-visionaer--seine-ideen-stellen-alles-auf-den-kopf--was-wir-unter-umweltschutz-verstehen-die-klugheit-des-kirschbaums,10917074,10188846.html)

27 http://www.spiegel.de/panorama/gesellschaft/sioux-stamm-in-reservat-verklagt-brauereien-wegen-alkoholismus-a-824854.html

28 Siehe auch die Reportage über die »Grüne Revolution« in Äthiopien: http://www.spiegel.de/wissenschaft/mensch/landwirtschaft-und-bewaesserung-im-norden-aethiopiens-a-911326.html

29 K. von Koerber, J. Kretschmer und S. Prinz: »Globale Nahrungssicherung für eine wachsende Weltbevölkerung«, in: »Journal

für Verbraucherschutz und Lebensmittelsicherheit« 2, 2009,
S. 175

30 The World Bank: »World Development Report 2008«, Washington, D. C.; Vereinte Nationen: »Millenniums-Entwicklungsziele: Bericht 2012«, New York

31 »Zeit online« 6. 3. 2012, http://www.zeit.de/wissen/2012-03/trinkwasser-un-bericht

32 ebd.

33 Martin Seligmann: »Flourish – Wie Menschen aufblühen«, München 2012, S. 334

34 Christian Strunden: »Wasser – Eine unendliche Ressource«, in: »Novo Argumente« (http://www.novo-argumente.com/magazin.php/novo_notizen/artikel/0001279)

35 Sendhil Mullainathan und Eldar Shafir: »Knappheit: Was es mit uns macht, wenn wir zu wenig haben«, Frankfurt 2013

36 WHO: Health Topics. Global Burden of Disease, http://www.who.int/topics/global_burden_of_disease/en/

6 Die Kunst des Zweifelns

1 Benjamin Bidder: »Der Mann, der den dritten Weltkrieg verhinderte« (http://einestages.spiegel.de/static/topicalbum background/7601/der_mann_der_den_dritten_weltkrieg_verhinderte.html

2 http://www.systemdynamics.org/conferences/2005/proceed/papers/SALGE184.pdf

3 Djatlow saß Jahre später vor Gericht und bekannte sich der »kriminellen Leitung eines explosionsgefährlichen Versuches« für schuldig. Das Gericht verurteilte ihn zu zehn Jahren Haft. Die enorme Strahlung, der er ausgesetzt war, schien ihm auf geheimnisvolle Weise nichts anhaben zu können. Sein Sohn starb an Leukämie, er selbst erst 1995 im Alter von 65 Jahren

Anmerkungen

an Herzversagen. Doch da gab es das System, dem er seine zweifelsfreie Überzeugung verdankte, längst nicht mehr.

4 Das Zitat stammt aus einer seiner Kabarettshows, die ich in den neunziger Jahren sah. Siehe auch Matthias Beltz: »Gut und Böse: Gesammelte Untertreibungen«, Zweitausendeins Versand, 2008

5 http://www.welt.de/kultur/history/article110264897/Lasst-uns-die-Amerikaner-in-die-Luft-jagen.html

6 Thomas C. Schelling: »Micromotives and Macrobehavior«, New York 2006

7 http://de.wikipedia.org/wiki/Kubakrise

8 Fred Charles Iklé, Gerald J. Aronson, Albert Madansky: »On the Risk of an Accidental or Unauthorized Nuclear Detonation«, U.S. Air Force Project RAND RM-2251, RAND Corporation, Santa Monica 1958 (http://www.rand.org/content/dam/rand/pubs/research_memoranda/2006/RM2251.pdf)

9 Die Zahl stammt aus John Casti: »X-Events – The Collapse of Everything«, New York 2012, S. 166

10 Sharon Bertsch McGrave: »The Theory That Would Not Die – How Bayes Rule Cracked the Enigma Code, Hunted Down Russian Submarines & Emerged Triumphant from Two Centuries of Controversy«, London 2011, S. 183 ff.

11 Siehe auch Roger Martin: »The Opposable Mind – Winning Through Integrative Thinking«, Boston 2009, S. 8

12 Zitiert nach Evgeny Morozov: »To Save Everything, Click Here – Technology, Solutionism and the Urge to Fix Problems that Don't Exist«, London 2013, S. 275 (dt. Ausgabe: »Smarte neue Welt – Digitale Technik und die Freiheit des Menschen«, München 2013)

13 Jonathan Haidt: »The Righteous Mind – Why Good People are Divided by Politics and Religion«, London 2012

14 Siehe auch McRaney: »You Are Not So Smart«, London 2012, S. 127

Anmerkungen

15 Gerd Gigerenzer: »Risiko – wie man die richtigen Entscheidungen trifft«, München 2013, S. 97
16 Jonathan Haidt: »Rigtheous Mind«; S.189 ff.
17 Marc Pagel: »Wired for Culture: The Natural History of Human Cooperation«, London 2013. Eine wichtige Rolle spielt dabei die Evolution der Sprache, die sich nach Pagel »entwickelte, um nicht zu kommunizieren«, vgl. »Languages evolved to prevent us communicating, writes Professor Pagel in New Scientist this week« (http://www.reading.ac.uk/news-and-events/releases/PR478283.aspx)
18 »Ethnic Cleansing and the Normative Transformation of International Society« (http://www.comm.ucsb.edu/faculty/mstohl/failed_states/2000/papers/jacksonpreece.html)
19 Siehe auch Michael Jürgs: »Der kleine Frieden im Großen Krieg – Westfront 1914: Als Deutsche, Franzosen und Briten gemeinsam Weihnachten feierten«, München 2005. Oder Heinrich Rieker: »Nicht schießen, wir schießen auch nicht! Versöhnung von Kriegsgegnern im Niemandsland 1914–1918 und 1939–1945«, Bremen 2006
20 Mahzarin Banaji: »Our Bounded Rationality«, in: John Brockman (Hrsg.): »This Explains Everything«, New York 2013, S. 95
21 Siehe unser Buch: A. Sellner, C. Stephan, M. Horx: »Infrarot – Wider die Utopie des totalen Lebens«, Berlin 1983
22 Kathryn Schulz: »Being Wrong«, London 2009, S. 5
23 David Eagleman: »Overlapping Solutions«, in: John Brockman (Hrsg.): »This explains everything«, S. 91
24 McRaney: »You Are Not So Smart«, S. 79
25 McRaney: »You Are Not So Smart«, S. 101
26 Martin Hecht: »Trotzdem lachen«, in: »Psychologie heute«, 11/2011, S. 39
27 Mehr zu den evolutionären Aspekten von Humor: Hurley/Dennett/Adams: »Inside Jokes – Using Humor to Reverse-Engineer the Mind«, Cambridge, Mass., 2011

7 Warum wir die Apokalypse lieben

1 »Interview with Ted Kaczynski, Administrative Maximum
Facility Prison, Florence, Colorado, USA«, in: »Earth First
Journal« 6/1999, Link über die engl. Wikipedia-Seite zu
Ted Kaczynski

2 http://www.equinox-net.de/wp/wp-content/downloads/
unabomber.pdf

3 http://en.wikipedia.org/wiki/Toba_catastrophe_theory

4 http://www.spiegel.de/wissenschaft/natur/ausbruch-des-vul-
kans-toba-brachte-menschheit-dem-aussterben-nahe-a-867281.
html

5 ebd.

6 Annalee Newitz: »Scatter, Adapt and Remember – How
Humans Will Survive a Mass Extinction«, New York 2013

7 Siehe auch Rebecca Solnit: »A Paradise Built in Hell – The Extra-
ordinary Communities That Arise in Disaster«, New York 2010

8 http://www.brainpickings.org/index.php/2012/03/28/daniel-
dennett-wisdom/

9 Zitiert nach Hans Magnus Enzensberger: »Zickzack. Aufsätze«,
Frankfurt am Main 1997, S. 98

10 Gerhard Henschel: »Menetekel – 3000 Jahre Untergang des
Abendlandes«, Frankfurt am Main 2010, S. 47

11 Henschel: »Menetekel«, S. 81

12 Henschel: »Menetekel«, S. 64

13 Henschel: »Menetekel«, S. 68

14 Henschel: »Menetekel«, S. 119

15 http://de.wikipedia.org/wiki/Heldenreise; Christopher Vogler: »Die Odyssee des Drehbuchschreibers«, Frankfurt am
Main 1997, S. 210

16 Friedrich Scholz: »Nach dem Ende«, München 1986

17 Dan Jones: »Your Manipulative Mind – The Argumentative
Ape«, in: »New Scientist« 26. 5. 2012, S. 33

18 Zitiert nach Susan Cain: »Quiet – The Power of Introverts in a World That Can't Stop Talking«, London 2012, S.115

19 Adam Smith: »Der Wohlstand der Nationen«, München 1978, S. 16f.

20 Albert Einstein: »Ideas and Opinions«, New York 1954, S. 13

8 In welcher Richtung liegt die Zukunft?

1 http://www.heise.de/tr/downloads/08/4/6/3/portrait1_tro805.pdf und http://www.wired.com/medtech/drugs/magazine/16-04/ff_kurzweil?currentPage=all

2 http://www.arte.tv/de/ray-kurzweil-auferstehung-der-toten/2151166,CmC=4150924.html

3 Bryan Appleyard: »The Brain is Wider Than the Sky – Why Simple Solutions Don't Work in a Complex World«, London 2011, S. 72

4 http://www.orga-dich.de/artikel/zeitplanung/pareto-prinzip-oder-wieso-80-ausreichen/

5 http://humanity.kulando.de/post/2009/04/28/paretoprinzip-80-20-regel-in-die-richtige-richtung-entwickeln

6 http://www.sonnenseitensucher.de/post/2011/08/03/Die-80-20-Regel-aka-das-Pareto-Prinzip.aspx

7 http://www.zeitzuleben.de/832-das-8020-prinzip/

8 http://tagyourlife.de/zeitmanagement/vilfredo-pareto-und-die-80-20-regel-pareto-prinzip

9 Kurt Tepperwein: »Das Geldgeheimnis – Über den meisterhaften Umgang mit Geld«, München 2001, S. 222

10 Gary Westfahl, Arthur Charles Clarke: »Science Fiction Quotations«, New Haven 2005, S. 235

11 http://www.economist.com/news/leaders/21569393-fears-innovation-slowing-are-exaggerated-governments-need-help-it-along-great

Anmerkungen

12 David Edgerton: »The Shock of the Old – Technology and Global History Since 1900«, Oxford 2007, S. 35

13 http://www.johndcook.com/blog/2012/12/17/the-lindy-effect/

14 http://www.fastcodesign.com/1671964/why-are-old-technologies-so-hard-to-kill-nassim-taleb-has-a-theory

15 http://www.thebaffler.com/past/of_flying_cars

16 Keith Wilcox (Columbia Business School) und Andrew Stephen (University of Pittsburgh) in: »Neue Zürcher Zeitung« 24. 12. 2012

17 »Are Close Friends the Enemy? Online Social Networks, Self-Esteem and Self-Control« (soll 2014 im »Journal of Consumer Research« erscheinen)

18 Shalini Misra, Daniel Stokols: »Psychological and Health Outcomes of Perceived Information Overload«, in: »Environment and Behaviour« 44/8, 2012, 737–759

19 Evgeny Morozov: »To Save Everything, Click Here – Technology, Solutionism and the Urge to Fix Problems that Don't Exist«, London 2013

20 Morozov, »To Save Everything, Click Here«, S. 12

21 Coren L. Apicella, Frank W. Marlowe, James H. Fowler, Nicholas A. Christakis: »Social Networks and Cooperation in Hunter-Gatherers«, in: »Nature«, Band 481, S. 497–501; online 25. 1. 2012, DOI: 10.1038/nature10736

22 http://de.wikipedia.org/wiki/Dunbar-Zahl

23 McRaney: »You Are Not So Smart«, London, 2012, S. 146

24 http://www.spiegel.de/panorama/das-sind-die-beliebtesten-vornamen-2012-a-895465.html

25 http://www.welt.de/vermischtes/article111967423/Die-Amish-leben-freiwillig-wie-vor-300-Jahren.html

26 Helen Fisher: »Anatomy of Love – A Natural History of Mating, Marriage, and Why We Stray«, New York 1994

27 »Stern« 44/2012, S. 130

28 William Gibson: »Misstrauen Sie dem unverwechselbaren

Anmerkungen

Geschmack – Gedanken über die Zukunft als Gegenwart«, Stuttgart 2013, S. 17

29 http://www.rushkoffcom/blog/?currentPage=3; siehe auch Douglas Rushkoff: »Present Shock – When Eveything Happens Now«, New York 2013

30 Holm Friebe: »Die Stein-Strategie – Von der Kunst, nicht zu handeln«, München 2013, S. 168

31 Ich habe das am Beispiel der Megatrends in meinem Buch »Das Megatrend-Prinzip« ausgeführt.

32 Philip F. Schewe: »Maverick Genius – The Pioneering Odyssey of Freeman Dyson«, New York 2013, S. 288

9 Wie zerbrechlich ist die Welt?

1 Andrew Zolli: »Resilience – Why Things Bounce Back«, London 2012, S. 14 (dt. Ausgabe: »Die 5 Geheimnisse der Überlebenskünstler. Wie die Welt ungeahnte Kräfte mobilisiert und Krisen meistert«, München 2013)

2 Henry Morgenthau: »Germany Is Our Problem«, New York 1945

3 Predrag Pljevaljcic: »Posttraumatisches Wachstum nach dem Krieg – Trauma, posttraumatisches Wachstum und psychische Belastetheit im Hinblick auf die Emotionsregulation«, Saarbrücken 2012. Siehe auch Nassim Nicholas Taleb: »Antifragile – Things That Gain from Disorder«, New York 2012, S. 44ff. (dt. Ausgabe: »Antifragilität«, München 2013)

4 Siehe auch »The Curious Case of the Fall in Crime«, in: »Economist« 20. 7. 2013

5 Jared Diamond: »Vermächtnis – Was wir von traditionellen Gesellschaften lernen können«, Frankfurt am Main 2012, S. 152 f.

6 John Horgan: »The End of War«, San Francisco 2011

7 Horgan: »The End of War«, S. 22

Anmerkungen

8   Horgan: »The End of War«, S. 22

9   Horgan: »The End of War«, S. 74

10 Horgan: »The End of War«, S. 74

11 http://www.hsrgroup.org/docs/Publications/
    HSB2007/2007HumanSecurityBrief-Chapter3-TrendsIn
    ArmedConflictCoups.pdf

12 Siehe auch »What Makes Heroic Strife – Computer Models that
    Can Predict the Outbreak and Spread of Civil Conflict Are
    Being Developed«, in: »Economist« 21. 4. 2012, S. 77; http://
    www.spiegel.de/netzwelt/web/big-data-extremereignisse-
    mittels-statistik-vorhersagen-a-912347.html

13 Siehe auch die Arbeit des Psychologen Roy Baumeister, der
    nachwies, dass Aggressionsakte und Selbst-Aggressionsstra-
    tegien oft auf »ego depletion« (»Selbst-Erschöpfung«) zurück-
    gehen. Nicht ein schwaches, sondern ein übersteigertes
    Selbstwertgefühl, das auf eine nicht-bestätigende Realität
    trifft, neigt zu Gewaltausbrüchen. Auch diese These lässt sich
    in die bestehende Bürgerkriegs-Situation auf der Welt ein-
    bringen; http://ocean.otr.usm.edu/~w535680/Bushman%20
    %26%20Baumeister%20(1998).pdf; http://www.emotional-
    competency.com/papers/baumeistersmartboden1996[1].pdf

14 2012 sagte Heinsohn mit seiner These sogar die Anzahl der
    Toten des damals beginnenden Bürgerkrieges in Syrien vor-
    aus: 140 000. »Wie viele Tote wird es in Syrien geben?«, Focus
    24/2012, S. 40

15 Der starke Fall der Geburtenrate in Sri Lanka – auf heute
    2,5 Kinder von sechs in den siebziger Jahren – war mit Sicher-
    heit ein wesentlicher Beitrag zum Ende des Bürgerkriegs zwi-
    schen Singhalesen und Tamilen. Auch in Afrika bekommen
    die Frauen heute im Durchschnitt nur noch vier Kinder, nicht
    mehr sieben oder acht. Die Geburtenrate der islamischen
    Republik Iran liegt heute deutlich unter der Reproduktions-
    rate, bei 1,8 Kindern pro gebärfähiger Frau. Vor zwanzig,

Anmerkungen

dreißig Jahren bekamen iranische Frauen noch rund sechs Kinder: die zornigen Jugendlichen der islamischen Revolution, die heute an den Schalthebeln sitzen.

16 Lewis F. Richardson: »The Problem of Contiguity – An Appendix to Statistics of Deadly Quarrels«, in: »General Systems: Yearbook of the Society for the Advancement of General Systems Theory« 61, 1961

17 Horgan: »The End of War«, S. 92

18 Horgan: »The End of War«, S. 101

19 Horgan: »The End of War«, S. 102

20 Horgan: »The End of War«, S. 87

21 Horgan: »The End of War«, S. 103

22 Paul J. Zak: »The Moral Molecule – The New Science of What Makes Us Good or Evil«, London 2012, S. 140

23 Horgan: »The End of War«, S. 115

24 Horgan: »The End of War«, S. 118

25 Robert Wright: »Nonzero – The Logic of Human Destiny«, New York 2000, S. 37

10 Das Morgenspiel

1 Stuart A. Kauffmann: »The Origins of Order – Self-Organization and Selection in Evolution«, Oxford 1993, S. 156

2 http://videos.arte.tv/fr/videos/tchernobyl_une_histoire_naturelle--6878158.html

3 http://diepresse.com/home/panorama/klimawandel/652070/Tschernobyl_Tritt-man-drauf-kommt-der-schnelle-Tod

4 Siehe auch das wunderbare Buch von Doug Saunders: »Die neue Völkerwanderung – Arrival City«, München 2013, sowie Jonathan Watts: »Rio Favelas Become Real Estate Gold«, in: »Guardian« 25. 1. 2013, S. 19

5 http://de.wikipedia.org/wiki/Hormesis

Anmerkungen

6 Stuart A. Kauffman: »At Home in the Universe – The Search for the Laws of Self-Organization and Complexity«, Oxford / New York 1995 (dt. Ausgabe: »Der Öltropfen im Wasser – Chaos, Komplexität, Selbstorganisation in Natur und Gesellschaft«, München, Zürich 1996)

7 Die Konferenz »Resilience 2011« an der Arizona State University versammelte die Theoretiker verschiedener Disziplinen – Wirtschaftswissenschaftler, Klimaforscher, Managementberater – zum ersten großen Resilienz-Kongress mit dem Ziel, das Verständnis »of the relationships among resilience, vulnerability, innovation and sustainability« zu befördern.

8 »Resistenz durch Resilienz«, in: »Auf«, Zeppelin-Universität, Nr. 4, 2013, S. 27

9 Karl E. Weick, Kathleen M. Sutcliffe: »Managing the Unexpected – Resilient Performance in an Age of Uncertainty«, New York 2007; Karl E. Weick: »Drop Your Tools – An Allegory for Organizational Studies«, in: »Administrative Science Quarterly«, 1996, S. 301–313; siehe auch http://www.spiegel.de/panorama/buschbrand-in-arizona-die-letzten-minuten-des-feuerwehrtrupps-a-908896.html

10 Tim Harford: »Adapt – Why Sucess Always Starts with Failure«, London 2011, S. 71 ff. (dt. Ausgabe: »Trial and Error – Warum nur Niederlagen zum Erfolg führen«, Reinbek 2012)

11 Siehe auch Scott E. Page: »Diversity and Complexity (Primers in Complex Systems)«, Princeton 2011

12 Duncan J. Watts: »Six Degrees – The Science of a Connected Age«, New York 2003, S. 69 ff.

13 Olaf Sporns: »Networks of the Brain«, Cambridge, Mass., 2010 sowie ders.: »Discovering the Human Connectome«, Cambridge, Mass., 2012

14 http://ecotope.org/people/ellis/papers/brook_2013.pdf; siehe auch Erle C. Ellis: »From The Brink«, New Scientist 9.3.2013, S. 30

Anmerkungen

15 http://www.sueddeutsche.de/wissen/neue-organismen-im-meer-leben-auf-kunststoff-1.1708692

16 Oren Harman: »The Price of Altruism – George Price and the Search for the Origins of Kindness«, New York 2010

17 Harman: »The Price of Altruism«, S. 70

18 Joan Roughgarden: »The Genial Gene – Deconstructing Darwinian Selfishness«, Berkeley 2009

19 Edward O. Wilson: »Die soziale Eroberung der Erde – Eine biologische Geschichte des Menschen«, München 2013. Siehe auch Jesse J. Prinz: »Beyond Human Nature – How Culture and Experience Shape Our Lives«, London 2012

20 http://www.spiegel.de/wissenschaft/mensch/neandertaler-ausgestorben-weil-hirnmasse-nicht-ausreichte-a-888624.html

21 http://www.faz.net/aktuell/feuilleton/buecher/rezensionen/sachbuch/zwei-buecher-ueber-empathie-gespiegelte-perspektiven-1814212.html

22 Robert Wright: »Nonzero«, New York 2000, Kapitel 4

23 http://www.theguardian.com/science/2013/mar/16/ask-grown-up-will-humans-evolve

24 Siehe auch Manfred Drennig: »Tauschen und Täuschen – Warum die Gesellschaft ist, wie sie ist«, Wien 2008; Brian Skyrms: »Evolution of the Social Contract«, Cambridge 1996

25 Enrico Coen: »Cells to Civilizations – The Principles of Change That Shape Life«, Princeton 2011; dt. Ausgabe: »Die Formel des Lebens – Von der Zelle zur Zivilisation«, München 2012, S. 60

26 John Brockman: »This Explains Everything – Deep, Beautiful and Elegant Theories of How the World Works«, New York 2013, S. 191

11 Vor dem Jupiter

1 Friedrich Nietzsche: »Also Sprach Zarathustra«, Echo Library, 2007; S.17f.

2 David Shields: »The Thing About Life Is That One Day You'll Be Dead«, New York 2009, S. 214ff.

3 Volker Breidecker: »Mauerschau in der Zentralstation«, in: »Süddeutsche Zeitung« 23. 10. 2006, S. 14

4 http://news.stanford.edu/news/2005/june15/jobs-061505.html

5 André C. R. Martins: »Change and Aging Senescence as an Adaptation«; http://www.plosone.org/article/info: doi/10.1371/journal.pone.0024328 2011

6 Abbé Antonio Piaggio erfand Jahre später eine Maschine, mit der er eine Rolle abrollen konnte. Mehr als 40 Jahre hat er an den Rollen gearbeitet; leider konnte er kein Griechisch. Die fragilen Blätter, die man so erhielt, wurden aufgeklebt und sind großteils erhalten. 1793 begann man mit der Veröffentlichung der Volumina Herculanensia, bis 1855 waren elf Bände erschienen.

7 Der Besitzer der Villa muss mehrfach gewechselt haben, eine Zeit lang war die Villa wahrscheinlich im Besitz (oder Betrieb) des einflussreichen Politikers Lucius Calpurnius Piso (ehemaliger römischer Statthalter in Makedonien), der für sein ausgeprägtes Interesse an griechischer Philosophie bekannt war. Cicero portraitierte Piso als einen dekadenten Denker, der sich »im Weindunst seiner griechischen Freunde suhlt.«

8 Phaiaken galten als besonders glückliche Menschen, da ihr Wohnort eine äußerst fruchtbare Insel war.

9 Diogenes Laertios: »Leben und Lehre der Philosophen«, Buch 10, 130–132, Übersetzung von Fritz Jürß

10 Stephen Greenblatt: »Die Wende – Wie die Renaissance begann«, München, 2012

Anmerkungen

11 Greenblatt: »Die Wende«, S. 195

12 Greenblatt: »Die Wende«, S. 193

13 Übersetzung von Hermann Diels, 1924; http://www.textlog.de/lukrez-lehrsatz-nichts.html

14 Greenblatt: »Die Wende«, S.197

15 http://www.textlog.de/lukrez-natur-inhalt.html

16 Greenblatt: »Die Wende«, S. 87

17 http://www.textlog.de/lukrez-weltuntergang.html

18 Greenblatt: »Die Wende«, S. 258

19 Bertrand Russell: »Philosophie des Abendlandes«, Wien, Zürich 1992, S. 274

20 Diesen Gedankengang verdanke ich Silke Seemann. Herzlichen Dank! Zitat aus Silke Seemann: »Healthmanagement or Lifedesign – Versuch einer Integralen Introspektion«, S. 32–47, in: »Revue für postheroisches Management«, Heidelberg 2011; http://www2.hsu-hh.de/icu/forschung/publikation_silke.html

21 Mark Johnston hat in seinem Buch »Surviving Death« einen ähnlichen lukrezianischen Ansatz gewählt. Er sieht unser wahres Überleben im »Ideal der Agape, das uns weiterleben lässt im Vorwärtsdrang der Menschheit«. Mark Johnston: »Surviving Death«, Princeton 2010; siehe auch Tobias Hürter, Thomas Vašek: »Den Tod überleben«, in: »Hohe Luft« 3/2013, S. 22

22 John Keats, »Ode to a Nightingale«; http://englishhistory.net/keats/poetry/odetoanightingale.html

23 Greenblatt: »Die Wende«, S. 258

Pilze finden, nicht suchen

1 John Cage: »Tagebuch – Wie die Welt zu verbessern ist (Du machst alles nur noch schlimmer)«, geschrieben 1965, Reprint 1998

Personen- und Institutionenregister

Adams, Douglas 279
Addis, Donna 47
Adenauer, Konrad 117
Allen, Woody 164, 262f., 276
Ambrose, Stanley 148
Andropow, Juri Wladimiro-
     witsch 118
Angell, Norman 208
Arendt, Hannah 135, 199
Armstrong, Neil 60–62
Assad, Baschar al- 213
Auden, W. H. 85, 139

Barnum, Phineas Taylor 74
Beck, Aaron T. 93
Beck, Ulrich 54
Beckermann, Wilfried 263
Beltz, Matthias 124
Berdik, Chris 82
Bernhard, Thomas 141
Bissell, Mina 72
Blair, Bruce G. 119
Bogdan, Leonid 225
Bosch, Carl 89
Braungart, Michael 108f.
Breivik, Anders 36, 43, 85
Brown, Dan 91
Brynjolfsson, Erik 181

Cage, John 279
Carlowitz, Hans Carl von 105
Carter, Angela 26
Castaneda, Carlos 143
Castro Ruz, Fidel 231
Castro Ruz, Raúl (Modesto)
     231
Catherine, Duchess of Cam-
     bridge (Catherine Elizabeth
     »Kate« Middleton) 185
Chabrol, Claude 122
Cha-cheper-Re-seneb 152
Chamberlin, Thomas 130
Che Guevara (eigentl.: Ernesto
     Guevara Serna) 122f., 229
Christakis, Nicholas A. 183
Chruschtschow, Nikita Sergeje-
     witsch 126
Cioran, Emil 144
Club of Rome 87, 91, 94f., 96f.,
     98f., 116
Coen, Enrico 255
Coffin, Sir Isaac 100
Corballis, Michael 47
Costner, Kevin 120, 125
Crookes, Sir William 88f.
Csíkszentmihályi, Mihály 159
Curie, Marie 36

308

Personen- und Institutionenregister

Darwin, Charles (Robert)
133, 138, 249, 252
Davies, Robertson 87
Dawkins, Richard 264
De Clercq, John 107
Dennett, Daniel 150
Descartes, René 136
Diamond, Jared 187, 207f.
DiSalvo, David 75, 80f.
Djatlow, Anatolij 120–122
Dostojewski, Fjodor 39
Dudo von Saint-Quentin 38
Dyson, Freeman 193

Eagleman, David 137
Edgerton, David 177
Ehrenreich, Barbara 218
Ehrlich, Paul R. 87–89, 91–93,
101–103, 111, 116
Eichmann, Adolf 134f.
Einstein, Albert 163, 198
Eliot, T.S. 26
Ellis, Erle C. 244
Ember, Carol 217f.
Ember, Melvin 217f.
Emmerich, Roland 153f.
Enzensberger, Hans Magnus 25
Epikur 269f.

Festinger, Leon 68–70
Fisher, Helen 187
Fisher, Ronald A. 251
Foerster, Heinz von 117

Fowler, James H. 183
Freeman, Christopher 95
Friebe, Holm 190
Friedman, Thomas 209
Fröbe, Gert 281

Gaddafi, Moamar 213
Gibson, William 188
Gigerenzer, Gerd 14, 133
Goebbels, Joseph 201
Goethe, Johann Wolfgang von
58, 122, 198
Goldstein, Joshua 210
Goodall, Chris 98
Gorbatschow, Michail 122, 140
Göring, Hermann 201
Gould, Stephen Jay 264
Graeber, David 179
Gramsci, Antonio 143f.
Greenblatt, Stephen 270
Grosz, Stephen 17, 84

Haber, Fritz 89
Haidt, Jonathan 133
Hammond, Aleqa 111
Harford, Tim 238
Harman, Oren 248
Harvard School of Public
Health 115
Hedges, Chris 218
Heffernan, Margaret 65, 75
Hegel, Georg Wilhelm Fried-
rich 143f., 204

Personen- und Institutionenregister

Heidegger, Martin 275
Heine, Heinrich 198
Heinsohn, Gunnar 212f.
Henschel, Gerhard 152
Hieronymus 270
Himmler, Heinrich 201
Hirstein, William 46
Hitler, Adolf 85, 127, 198f.,
    201, 205, 214
Hofmannsthal, Hugo von
    151
Horgan, John 208
Hsu, Ming 81
Hussein, Saddam 213
Huxley, Julian 15
Ice-T (eigentl.: Tracy Marrow)
    263

Iklé, Fred C. 127f.

Jahoda, Marie 95
James, William 82
Janosch (eigentl.: Horst
    Eckert) 282
Jansen, Stefan A. 237
Jesus von Nazareth 115
Joas, Hans 85
Jobs, Steve 264
Jones, Jim 159
Jones, Steve 254
July, Miranda 189
Jünger, Ernst 151

Kaczynski, Theodore (»Ted«)
    143f.
Kahn, Herman 127
Kahn, Jeffrey P. 28
Kahneman, Daniel 13, 34, 47f.
Kant, Immanuel 14, 143, 152
Kästner, Erich 34
Kauffman, Stuart A. 224, 234
Keats, John 276
Keech, Marian 68–70
Kennedy, John F. 125f., 140
Kierkegaard, Sören 26
Korda, Alberto 229
Koresh, David 159
Kubrick, Stanley 127, 259f., 262
Kurzweil, Ray 164–167, 180,
    190, 193f., 266

Lake, Anthony 112
Lamartine, Alphonse de 44
Lanza, Adam 157
Lanza, Nancy 157
Lao Tse 195
Larsson, Stieg 40
Lem, Stanislaw 257
Lewis, C. S. 176
Lichtenstein, Alfred 150
Lietaer, Bernard 242f.
Lukrez 270–273

Madansky, Albert 127f.
Malle, Louis 122
Malthus, Thomas Robert 88, 95

Personen- und Institutionenregister

Mankell, Henning 41
Mann, Thomas 151
Mark Aurel, röm. Kaiser 274f.
Marquard, Odo 55, 263
Martins, André C. R. 265
Marx, Karl 123, 143
Massachusetts Institute
of Technology (MIT)
94, 181
Mau, Bruce 257
McAfee, Andrew 181
McDonough, William 108f.
McLuhan, Marshall 34
Mead, Margaret 216f.
Meadows, Dennis L. 94
Meehl, Paul E. 74
Meir, Golda 209
Menzel, Adolph 152
Mercier, Hugo 158
Mersch, Peter 106
Merzenich, Michael 70
Middleton, Hugh 119
Mill, John Stuart 208
Monod, Jacques 233
Montaigne, Michel Eyquem
Seigneur de 277
Morgenthau, Henry 203
Morozov, Evgeny 181f.
Mubarak, Mohammed Hosni
213
Mukherjee, Siddhartha 73
Mullainathan, Sendhil 114
Myers, David G. 83

Napoleon III. (Charles Louis
Napoléon Bonaparte), Kaiser
der Franzosen 99
Neisser, Ulrich 44f.
Neumann, John von 127
Newitz, Annalee 149
Nietzsche, Friedrich Wilhelm
218, 261
Nostradamus 74

Obama, Barack 12

Pagel, Marc 133
Pareto, Vilfredo 111
Petrow, Stanislaw 117, 119f., 145
Pinker, Steven 207
Piso, Lucius Calpurnius 269
Platon 33
Plinius der Ältere 152
Popper, Karl 202
Price, George 248–251
Prigogine, Ilya 105
Proust, Marcel 144

Reagan, Ronald 118
Reason, James 121
Reich, Wilhelm 122
Reichholf, Josef H. 106
Richardson, Lewis Fry 216
Rilke, Rainer Maria 198
Robock, Alan 149
Roughgarden, Joan 252
Rumsfeld, Donald 238f.

Rushkoff, Douglas 188
Russel, Bertrand 138, 274

Santayana, George 271
Sarrazin, Thilo 18
Sawitzki, Walentin 126
Schacter, Daniel L. 47
Schelling, Thomas 126
Schiller, Friedrich von 198
Scholz, Friedrich 155
Schulz, Kathryn 136
Seemann, Silke 275
Seeßlen, Georg 160
Seligman, Martin 113
Shafir, Eldar 114
Sherif, Muzafer 219f.
Shermer, Michael 75
Silver, Nate 12
Simon, Herbert A. 31
Simon, Julian L. 92f.,
    100–102, 106, 109–111, 116
Smith, Adam 161, 249
Sperber, Dan 158
Standage, Tom 116
Starck, Philippe 184
Sterling, Bruce 164
Sutcliff, Kathleen M. 237

Taleb, Nassim Nicholas
    178, 239f.
Thatcher, Margaret 209

Toffler, Alvin 173, 188
Tooby, John 256
Trivers, Robert 77–79

Uexküll, Johann von 103
Unicef (Kinderhilfswerk
    der Vereinten Nationen,
    engl.: United Nations
    Children's Fund) 112
Updike, John 31

Vogler, Christopher 154

Walzer, Michael 131
Watts, Duncan J. 240
Weber, Karl 267
Weick, Karl E. 237
Weltbank 116
Weltgesundheitsorganisation
    (WHO, engl.: World
    Health Organization)
    115f.
Werner, Emmy 236
William, Duke of Cambridge
    185
Wilson, E. O. 199, 252f.
Winston, Sally 26
Wright, Robert 221, 254

Zak, Paul J. 218
Zolli, Andrew 202

ISBN 978-3-570-55225-4, 352 S. m. Abb., € 14,99 [D]

Bestsellerautor Stephen Greenblatt zeigt, wie die Wiederentdeckung eines antiken Textes – Lukrez' *De rerum natura* – das Denken radikal veränderte und die Menschen zu Beginn des 15. Jahrhunderts in die Moderne führte.

»Greenblatt schreibt so schwungvoll, wie ein epikureisches Atom durch die Gegend saust. Ein Schmöker.«
Süddeutsche Zeitung

»Eine meisterhaft inszenierte Verführung.«
Frankfurter Allgemeine Zeitung

www.pantheon-verlag.de

ISBN 978-3-570-55269-8, 528 S. m. Abb., € 14,99 [D]

Wie haben wir, Homo Sapiens, es geschafft, den Kampf der sechs menschlichen Spezies ums Überleben für uns zu entscheiden? Warum ließen unsere Vorfahren, die einst Jäger und Sammler waren, sich nieder, betrieben Ackerbau und gründeten Städte und Königreiche? Warum begannen wir, an Götter zu glauben, an Nationen, an Menschenrechte? Warum setzen wir Vertrauen in Geld und Gesetze und unterwerfen uns der Bürokratie und dem Konsum?

»Man will gar nicht aufhören, zu lesen. Dieses Buch lässt Hirne wachsen.« *Zeit Wissen*

www.pantheon-verlag.de

ISBN 978-3-570-55215-5, 624 Seiten, € 16,99 [D]

»Ein großartiges Buch; ein Alterswerk, das man wahrscheinlich einmal als eines der wichtigsten Werke der Ökonomie würdigen wird. Kahneman schildert ebenso präzise wie charmant – immer wieder lässt er den Leser in Denkfallen tappen und bringt ihn zum Schmunzeln über die eigenen Unzulänglichkeiten.«
Süddeutsche Zeitung

»Eine Betriebsanleitung für unser Gehirn – geschrieben von einem Psychologen aus Princeton und Wirtschaftsnobelpreisträger.«
Denis Scheck, ARD, »Druckfrisch«

www.pantheon-verlag.de